丁晓平 著

毛泽东家风

人民出版社

目　录

序章
人民会说话的

　　没有想到，第一次到韶山是在这样一个春天的夜晚。从长沙机场出发，大约一个小时的车程。一路上，朋友不断以主人身份介绍毛泽东主席生前身后在韶山的种种传奇，给伟人苦难辉煌的人生抹上了一层宗教般的神圣亮色。我知道，他们和我一样，对伟人的这种朴素而诚实的敬仰，来自一种对历史的敬畏和尊重。因为，伟人就诞生并成长于我们此时此刻脚下的这片土地。

　　我们先来读一读《韶山来信》①——

韶山来信

　　"韶山冲来长又长，砍柴做工度时光。鸡鸣未晓车声叫，隔夜难存半合粮。韶山冲来冲连冲，十户人家九家穷。有女莫嫁韶山冲，红薯柴棍度一生。"无论如何也让人难以想象，伟人毛泽东就诞生在这首民谣所歌唱的地方。或许它有文学演绎的成分，但像中国内地许许多多的山村一样，贫穷和落后这顶帽子戴在韶山的头上，也是合适不过的。"长夜难明"啊！

　　漫漫长夜，东方欲晓。

---

　　① 本文刊载于 2016 年 6 月 28 日的《解放军报》。

九十五年前的一九二一年，也是在这样一个春天的夜晚，二十八岁的毛泽东偕新婚妻子杨开慧，召集二弟毛泽民、王淑兰夫妇和小弟毛泽覃、继妹毛泽建开了一个家庭会议，谈及家庭及国难当头、民生多艰的情形，劝弟弟毛泽民把家里的事安排好，走向社会，参加革命，要舍家为国、舍己为民。他说："房子可以让给人家住，田地可以给人家种，我们欠人家的钱一次还清，人家欠我们的一笔勾销。"几天后，二弟毛泽民像此前已经跟随毛泽东到长沙求学的毛泽覃、毛泽建一样，离开韶山，去了长沙。

再往前十年的一九一一年，那也是一个春天，毛泽东第一次离开韶山去长沙。直至一九七六年九月九日逝世，五十八年间，他回故乡韶山仅仅只有八次。一九二七年，也是在春天，他第六次回乡，用了三十二天时间考察农民运动，发表了著名的《湖南农民运动考察报告》。是的，在那个春天的夜晚，毛泽东离开韶山时向乡亲们发出了气壮山河的誓言："革命不成功，我毛润之也不回韶山了！"

故土萦怀，乡情依依。毛泽东是一个重情执礼的人。但无论是战争年代还是和平建设时期，无论身处何方身处什么位置，他都深深地眷恋着生他养他的家乡，思念着韶山的亲友师朋。更何况，他现在已经成为中国共产党和中国政府的最高领导人，韶山的父老乡亲更没有忘记他，或者说，对他充满更多的期望和期待。俗话说，大树底下好乘凉嘛！韶山亲友求他办事的也就慢慢地多了起来。那个时候，韶山没有电话，没有电报，更没有手机，没有微博、微信，坐在中南海的毛泽东与韶山的乡亲们的联络，完全靠原始的"鸿雁传书"。

是的，韶山来信啦！一封又一封，应接不暇。完全可以想象，也完全可以理解，韶山来信——除了问候之外，更多的则是写信"求"他，或要求帮助调入北京安排工作，或要求解决求学入党问题，或要求政府给予特殊照顾和待遇。怎么办？

家书抵万金。对亲友提出的要求，毛泽东当然重视，几乎每一封都亲笔回复。想当初，一九二五年的春天，他第五次回韶山"养病"，创建了中国农村最早的党支部之一——韶山党支部，领导群众向地主土豪劣绅展开"平粜阻运"的斗争，不就是希望父老乡亲们的生活富裕起来吗？如今，你毛泽东当了国家主席，难道就不管不顾韶山的亲戚朋友、乡里乡亲了吗？

树高千尺，也忘不了根。毛泽东无限眷恋着韶山，思念着乡亲。早在一九三七年十一月二十七日，时值抗日战争全面爆发的紧张时刻，毛泽东在延安写信给表兄文运昌，满怀深情地说："我为全社会出一些力，是把我十分敬爱的外家及我家乡一切穷苦人包括在内的，我十分眷念我外家诸兄弟子侄，及一切穷苦同乡，但我只能用这种方法帮助你们，大概你们也是已经了解了的。虽然如此，但我想和兄及诸表兄弟子侄们常通书信，我得你们片纸只字都是欢喜的。"毛泽东在这封信中，严词拒绝了表兄来延安工作的请求，他说："家境艰难，此非一家一人情况，全国大多数人皆然，惟有合群奋斗，驱除日本帝国主义，才有生路。吾兄想来工作甚好，惟我们这里仅有衣穿饭吃，上自总司令下至火夫，待遇相同。因为我们的党专为国家民族劳苦民众做事，牺牲个人私利，故人人平等，并无薪水。如兄家累甚重，宜在外面谋一大小差事俾资接济，故不宜来此。道路甚远，我亦不能寄旅费。"

毛泽东的童年大部分时间都是在外公外婆家度过的，他得到了舅舅、舅母们无微不至的关怀和照顾，结下了深厚的感情，与表兄文运昌更是情同手足，交往最为密切。要知道，毛泽东的少年时代，正是经过文运昌的介绍和帮助，才使父亲同意他进入湘乡东山高等小学堂读书；也正是文运昌借给他《新民丛报》《盛世危言》等新书刊，令他大开眼界，思想得以启蒙。新中国成立后，文运昌致信毛泽东，要求为其介绍工作。毛泽东给另一位表兄文南松回信说："运昌兄的工作，不宜由我推荐，宜由他自己在人民中有所表现，取得信任，便有机会参加工作。"还有一次，文运昌致信毛泽东，要求为外婆家的十五位亲戚解决求职、求学的问题。这十五个人，年龄在十二岁到十八岁之间，都有一定的文化，身体健康，并没有提出要官要权的非分之想，只是想谋得一条生路，不算太过分。但当这封信送到毛泽东手里时，他只是在信笺的页眉上批示了一行字："许多人介绍工作，不能办，人们会说话的。"

——"人们会说话的。"不要小看这简简单单的六个字，体现的却是人民领袖对人民话语权的敬畏与尊重。"得人心者，得天下。"毛泽东为什么如此在乎"人们会说话的"？首先是因为他在乎作为一名中国共产党人的信仰和投身中国革命的理想；其次是因为他在乎作为执政党的领袖他要兑现他对民族、国家和人民的承诺。权，要为民所用；利，要为民所谋。没有私心杂念的毛泽东以他的大爱和无私，替代了那种基于血缘和亲情、乡情、友情的"小爱"与"自私"，他把对家乡对亲友的真爱，化作一种对整个国家全体人民和法律制度的敬畏，慎思、慎言、慎行、慎独，让人民赋予他的所有权力，在人民监督的阳光下运行。我们不妨晒一晒毛泽东的两封信，从中可清晰地看到毛泽东在韶山来信问题上的处理方式、方法和态度。

——一九五四年四月二十九日，毛泽东致信湘乡县石城乡党支部和乡政府，明确表示了他对外婆家亲戚的态度。他说："我的亲戚唐家圫文家，过去几年常有人来北京看我。回去之后，有些人骄傲起来，不大服政府管，这是不对的。文家任何人，都要同乡里众人一样，服从党与政府的领导，勤耕守法，不应特殊。请你们不要因为文家是我的亲戚，觉得不好放手管理。我的态度是：第一，因为他们是劳动人民，又是我的亲戚，我是爱他们的。第二，因为我爱他们，我就希望他们进步，勤耕守法，参加互助合作组织，完全和众人一样，不能有任何特殊。如有落后行为，应受批评，不应因为他们是我的亲戚就不批评他们的缺点错误……我相信，只要我和你们都采取正确的态度，只要他们不固执成见，他们的缺点错误是可以改正，并会进步的。"

——一九五〇年九月二十日，毛泽东致信时任中共湖南省委书记黄克诚、省人民政府主席王首道和中共中央中南局第三书记邓子恢，说："据说长沙地委和湘潭县委现正在进行在我的家乡为我建筑一所房屋，并修一条公路通我的家乡。如果属实，请令他们立即停止，一概不要修建，以免在人民中引起不良影响。是为至要。"

在韶山，在这个春天的夜晚，我逐字逐句地阅读毛泽东致韶山亲友的书信，表面的平静难以掩饰自己内心的翻江倒海——伟人从历史的深处，以他那大中华脸庞的微笑悄悄地向我走来。正是在这样的阅读中，我终于在韶山找到了一个问题的答案——今天，为什么还有成千上万的人民群众，自发地从祖国的四面八方赶来，排队长达两个小时参观毛泽东的故居，虔诚地向毛泽东铜像鞠躬、敬献鲜花，几乎天天如此。

从公开的文献来看，一九四九年十一月十四日至一九五八年九月十日的十年间，毛泽东共计给韶山的九十三位亲友写过八十七封回信。每每回复韶山来信，日理万机的毛泽东大都是集中在某一天完成。譬如，一九四九年十一月二十八日，他给表兄文南松、塾师毛宇居、堂弟毛泽荣等四人写了回信；一九五〇年五月十二日，他就给弟媳周文楠、邻居毛爱桂等七人写了回信。毛泽东的回信，长则一二百字，短则只有一行十来个字。他坦诚地向家乡亲友一再声明："我毛泽东是中国共产党的主席，不是韶山毛家的主席，家乡亲友要勤耕守法，好自为之。"凡会见来北京的亲友，他总要强调他的三条原则："恋亲，但不为亲徇私；念旧，但不为旧谋利；济亲，但不以公济私。"

一九五九年六月，新中国成立十周年前夕，毛泽东回到了阔别三十二年的韶山。三十二年一别，三十二年重逢，人生能有几个三十二年呢？白天，他与村干部座谈，参拜父母墓地，访问邻里故居，视察学校宗祠，赤身下水库游泳，宴请烈属亲朋，天南海北，谈笑风生。在人民群众中间，他抽着纸烟，打着赤脚，打成一片，真的是回到了家里，没有了距离。

回家了。这一夜，毛泽东住在韶山宾馆一号楼，一会儿在卧室踱步，一会儿躺下沉思，一会儿凭窗凝视，通宵未眠，诗兴大发，提笔写下了《七律·到韶山》："别梦依稀哭逝川，故园三十二年前。红旗飘起农奴戟，黑手高悬霸主鞭。为有牺牲多壮志，敢教日月换新天。喜看稻菽千重浪，遍地英雄下夕烟。"

"恋亲，但不为亲徇私；念旧，但不为旧谋利；济亲，但不以公济私。"在毛泽东的乡情世界里，他始终在公权与私利、亲友利益与人民利益的问题上保持着清醒的头脑。毛泽东重视每一封韶山来信，更重视"人们会说话的"。他深知"打江山容易坐江山难"，深知"水能载舟，亦能覆舟"。法治时代靠法律约束人们的行为，但总有人盯着法律的空子谋自己的私利。

"人们会说话的。"毛泽东一句朴实的批语，不仅赢得了家乡亲友的理解，也给今天的执政者们许多启示——要敬畏人民的心声，谨慎使用人民赋予的权力，牢记人民的利益高于一切。否则，人民会说话的！

第一次来韶山，在这个春天的夜晚，我还发现了一个秘密——自从毛泽东一九五九年回故乡后，韶山的亲友们从此不再给他添麻烦，他再也没有收到求他办事、说情的韶山来信……

我们再来看一看《韶山来人》[①]——

韶山来人

"来客人了？韶山来的？"当秘书叶子龙把老家来人的消息说出口，正在批阅文件的毛泽东赶紧停下来，一脸的惊喜如阳光洒在脸上，半信半疑地问道："他们是什么时候来的？都是谁来了？"

自一九二七年就一直没有回过韶山的毛泽东，怎么也不会想到，离家二十二年，在新中国即将成立的时刻，他日夜思念的家乡竟然有亲人来北京看望他。

"客人是昨天到北京的，据介绍，一个是您的堂弟毛泽连，一个是您的表弟，姓李。"叶子龙说。

"呵，是九弟润发来了！"毛泽东掩饰不住兴奋，"太好了！"

因为正在筹备政治协商会议，日理万机的毛泽东当天没有时间和毛泽连见面，就定于第二天上午在中南海菊香书屋见面。

在韶山，毛氏算是个大家族。在堂兄弟中，毛泽连和毛泽东的关系更

---

① 本文刊载于 2016 年 12 月 26 日的《解放军报》。

加特殊，因为毛泽连的胞姐就是毛泽东的继妹毛泽建。

一九四九年八月十五日，韶山解放，人民解放军来了，老百姓欢欣鼓舞。第四野战军一三八师师长任昌辉派人去韶山打听毛泽东亲属的下落，第一个见到的人就是毛泽连。于是，毛泽连和姑表弟李祝华就成了第一批去北京的韶山人。

一见面，毛泽连激动地握着毛泽东的手，话未出口泪先流："主席三哥……"

毛泽东激动地说："你是泽连润发九弟吧？"

"我是润发呀！"毛泽连声音颤抖着，"我这次和表弟一同来京，是代表家乡人民来看望您的。"

"好！好！"毛泽东激动地说，又关切地问李祝华，"你父亲叫李星明吧，还在不在？"

"家父已经去世多年了。"李祝华也激动不已。

"那姑妈呢？"

"还在。"

坐下后，毛泽东感叹地说："几十年不见了，都有些认不出了。我很想念你们，也很想念家乡。你们来了，真是太好了！"

当得知毛泽连眼疾严重到几乎失明却没钱医治的情况后，毛泽东答应一定要把九弟的眼睛治好。后来，他派儿子毛岸英和秘书田家英将毛泽连送到协和医院，治好了眼疾。

在北京住了两个月后，毛泽连和李祝华觉得麻烦三哥这么久了，心里有些过意不去，就主动要求回家。毛泽东挽留他们多住了几天。临行前，毛泽东特别叮嘱毛泽连说："九弟，你有困难，回去以后，不要去麻烦政府，你的困难我知道，我今后如能帮你接济点就接济一点。你是我的亲戚，凡事要在乡亲面前带个好头，不能大事小事都去找政府。"

身体不好的毛泽连，母亲也疾病缠身，家庭生活负担确实重。这位纯朴的农民并未因为三哥是国家主席而向政府要这要那，始终牢记毛泽东的话，安心种着几亩水田，勉强维持生活，在乡亲面前带了个好头。

一九五〇年九月，毛泽东的塾师毛宇居等人到北京谈及乡亲们的生活时，特别提到了他的困难，请求是否可以让地方政府给予适当照顾。毛泽东说："泽连的困难我晓得，现在也不是泽连一人有困难，我要解决全国人民的困难，如果我只解决他一人的困难，那我这个主席就不好当了。当然，泽连的困难我会自己尽力接济的。"

对韶山来人，毛泽东要求极为严格，但他绝不是那种坐视亲友困难而不顾、没有人情味的人。毛泽连是他韶山亲友中最贫穷也最为牵挂的一位，也是来京次数最多的一位，共十一次，但毛泽东从未运用手中的权力为其解决任何个人问题，只是连续十年用自己的稿费接济他。到了晚年，患病躺在床上的毛泽东把李敏、李讷姐妹俩叫到身边，语重心长地说："我快不行了，有件事情只好请你们去做，家乡还有两个叔叔，连饭都吃不饱，你们要经常回去看看。"

这两个叔叔，一个就是毛泽连，另一个叫毛泽荣。

毛泽荣小名宋五，比毛泽东小四岁。这个性格耿直血气方刚的堂弟，在三哥毛泽东的教育和影响下，参加农民协会和平粜活动。大革命失败后，毛泽荣被国民党反动派追捕，被迫改名流浪他乡，直到一九三七年抗战全面爆发后才回韶山。新中国成立后，韶山乡亲们到北京去了一拨又一拨，却偏偏没有他毛泽荣的份儿。尽管毛泽东也给他寄来了钱物，但他内心还是犯了嘀咕。直到一九五三年十一月，他终于进京见到了三哥。

毛泽荣敢说真话，多次向毛泽东反映乡间实际情况和急需解决的问题。一九六〇年九月，一见面，毛泽荣就像竹筒倒豆子似的，把社队干部虚报产量、不科学种田、盲目下令密植造成减产、谁提意见就给谁扣"反党反红旗"的大帽子，还将大队割"资本主义尾巴"、社员养家禽全部没收等情况，一一汇报给毛泽东。最后，他跟毛泽东说："你住在北京城里，不知道。现在乱了套，会饿死人哩！"毛泽荣这次进京"告状"，引起毛泽东和中央高层高度重视。一个月后，中央发出《关于农村人民公社当前政策问题的紧急指示信》，坚决纠正错误，允许社员经营自留地和小规模家庭副业。

毛泽建是一九二九年八月二十日牺牲的。生前，她和丈夫陈芬将牺牲的胞姐陈淑元、梁泽南夫妇的遗孤陈国生收作养女。陈国生也因此喊毛泽东为舅舅。毛泽东没有忘记这个外甥女。一九五一年五月，应毛泽东邀请，陈国生进京见到了她的三舅。谈话中，毛泽东回忆起自己的童年和少年时代。当毛泽东讲到母亲给他取名"石三伢子"的故事时，陈国生提起了为毛泽建修墓的事情，说："泽建妈妈的墓埋在衡山金紫峰麓，墓上只有一块石碑。三舅，是否可以跟政府讲一下，请他们拨一笔款，把墓修一下。"

毛泽东沉思了一会儿，说："全国烈士很多很多，有千百万人。现在百废待兴，万事开头难啊！政府搞建设需要大量资金，哪有钱去修墓啊！对牺牲的烈士，我们纪念他们，怀念他们，等国家经济形势好转以后，我们要为他们修墓立碑，刻石铭功，让后人都记着他们。可现在不行，国家还困难啊！我父母的墓也是一个草坟，有好多人建议重修，我不让哩！"

美不美，家乡水；亲不亲，故乡人。每次韶山来人，毛泽东都格外高兴。但韶山来人，毛泽东并非有求必应，而是经常当面拒绝或回信婉拒。对于毛氏家族的堂兄弟如此，对外婆家的表兄弟，也是如此。

长毛泽东十二岁的表兄文涧泉，精明能干，曾参加过毛泽东在家乡开展的农民运动，打土豪斗劣绅，一九二七年还曾陪同毛泽东考察湘乡的农民运动。新中国成立后，他曾先后七次进京与毛泽东相会。

文涧泉一生务农，极少离开乡里，如今有了表弟主席，去了京城，大开眼界。但他并不知道他在北京的开支，都是表弟毛泽东从自己的稿费中支付的，并非公家报销。因此，他又有了新想法：到上海等大城市去转一转瞧一瞧。他向毛泽东提出这个要求，并请表弟帮忙将一位亲戚安排到北京读书。毛泽东一口回绝："来京及去上海等地游览事，今年有所不便，请不要来。赵某求学事，我不便介绍，应另想法。"还有一次，文涧泉在菊香书屋看到韶山来的乡亲都穿着毛泽东给他们做的新衣服，个个喜出望外，心也动了，就说："表弟，你给韶山的老乡每人做了一件，就把我这唐家圫的表兄忘了，也给我缝制一件长袍吧？"毛泽东摇了摇头说："现在平均每人只有一丈多布票，哪有这么多布来缝什么长袍啊！"文涧泉一听有些不高兴。毛泽东知道表兄心里不舒服，就让工作人员把自己的旧长袍送给了他。

来北京次数多了，坐过汽车、火车的文涧泉又向毛泽东提出要坐一下飞机，开开洋荤。毛泽东耐心地劝道："坐飞机太贵了，还是坐火车的好。"文涧泉不让步，说："你堂堂一个国家主席，我就不相信买不起一张飞机票？"毛泽东毫不客气地说："不是我买不起飞机票，现在国家正在搞建设，缺钱花，大家都要节约，我是主席，更应带好头啊！"

要新长袍，主席没做；要坐飞机，主席没让。这并不是毛泽东对他的这个表兄有意见。恰恰相反，这正是毛泽东处理亲友关系的原则——亲亲，但不为亲徇私；念亲，但不为亲谋利；济亲，但不以公谋私。亲者严，疏者宽。对有恩于自己的表兄文运昌，毛泽东亦是如此。

文运昌一共六次进京，每次都受到毛泽东热情接待。一九五四年秋，文运昌在北京住了一段时间后，仍舍不得离开。这时，毛泽连、邹普勋几位乡亲在北京小住一段时间后准备回家，毛泽东便叫他们同行。文运昌一听有些不高兴，说："主席，我还没有打算走呀！"毛泽东听了，生气地说："你走不走由你，我不管你了！"文运昌没奈何，只好打道回府。

韶山来人，毛泽东这么下"逐客令"的情况，真是少有。后来，他曾有些难过地说："我的亲戚，过去为了我受了苦。现在有缺点，应该批评。我管也不好，不管也不好，管了，他们有意见，但不管也不行，我还得要管。"

毛泽东外祖家一共有八个表兄弟，他都十分关心，百忙中抽空给他们写了很多信，并多次接他们到中南海做客，寄钱赠物，深情无限。但当他们提出找工作、入党、上学等额外要求时，毛泽东从未答应。

韶山来人，左爱右亲，有公有私，上分下明。毛泽东是个坚持原则不徇私情的人，也是一个有人情味的人！诚如他在与堂侄毛远翔谈话时所说："你们要好好学习，努力工作。人在世上要多做点有益的事情，有益于社会和人民，要懂得，每个人天天都在写着自己的历史，这历史的好坏，全在于自己而不在于他人。"

读了《韶山来信》，看了《韶山来人》，我相信，人们就懂得并领会了毛泽东的家风。由此，我们可以得出这样一个结论：

　　——领袖的家风是政风，也是民风。

　　——领袖的家风是历史，也是现实。

　　——领袖的家风是一面镜子，我们都可以拿来照一照。

　　——领袖的家风是一部教科书，我们都应该来学一学。

上卷 亲情篇

第一章
叛逆孝子　疾革呼儿

—— 毛泽东和父亲母亲

韶山冲来长又长，砍柴做工度时光。

鸡鸣未晓车声叫，隔夜难存半合粮。

韶山冲来冲连冲，十户人家九家穷。

有女莫嫁韶山冲，红薯柴棍度一生。

无论如何也让人难以想象，伟人毛泽东就是诞生在这首民谣所歌唱的地方。韶山冲当年流传的这首民谣或许有文学演绎的成分，但像中国内地许许多多的山村一样，贫穷和落后这顶帽子同样也戴在韶山的头上。"禾镰上壁，没得饭吃。"东北距长沙约九十公里、东南离湘潭约五十公里的韶山冲，在毛泽东还没有成为中国的领袖之前，毫无疑问那是一个偏僻得不能再偏僻的地方。

毛泽东的出生地韶山冲南岸上屋场，尽管贫穷落后，但山清水秀，"介三湘而远七泽，发岳麓而控东台"，风景如画，"潆洄地涌，水飞雪浪之花，九嶷天开，山横玉枕之案；绵亘百余里，蜿蜒来八面之龙。山苍莽，际无隆，狩幸致南巡之大舜"，"皎月是长明公不老，白云乃不速之客"，"九天

毛泽东的父亲毛贻昌，字顺生，号良弼、行一

毛泽东的母亲文素勤

韶乐，时来迭奏罗音；三邑童叟，每日瞻依仙境"。[①]

在这个"每日瞻依仙境"的山沟里，毛泽东这个农民的儿子在他十六岁之前，就从来没有离开过它方圆十里地的地方。

母亲文素勤在她二十六岁时生下了她的第三个孩子毛泽东。这一年，父亲毛顺生二十三岁。因为前面两个儿子都在襁褓中夭折了，这给文素勤的打击很大。为了把第三个孩子平安地养大，她干脆回到湘乡的娘家唐家圫，而且还在一座观音庙那里叩拜一块巨石给孩子认作干娘，并给孩子取名"石三伢子"。因此毛泽东的童年是在外公外婆家度过的，一直在那里生活到九岁才回韶山冲读书。

俗话说"女大三，抱金砖"。毛顺生十岁时父母给他订下十五岁时完婚的这门亲事，从此在他的勤劳经营下，家道还真的交上了好运。"好铁不打钉，好男不当兵"，十六岁这年，新婚不久的毛顺生为了还清家中的债务，被迫外出当兵，好挣一些饷银养家糊口。在兵营，毛顺生省吃俭用，一年后退伍回家，用积攒的钱还清了债务。从此，他开始经营耕作自家祖传的六七亩田地，过着日出而作日落而息的日子，为一家的温饱精打细算。"吃不穷，

[①] 引自韶山布衣名士周定宁《韶山记》，清光绪六年（1880年）作。

用不穷，人无计算一世穷。谁会盘算，谁就会过好日子；不会盘算的人，你给他金山银山也是空的！"毛顺生虽然没有读过书，识不得几个字，但在外当过一年兵的经历自然也让他比那些老实巴交的农民要"见多识广"了。"拼命地节省"的他把从自家人嘴里节省下来的稻谷加工成白米，挑到一个叫银田寺的集市去赶集出售，或者零售给那些穷苦的脚夫和手工业者；同时将稻谷加工剩下的米糠用来养猪。慢慢地，毛顺生就有了一些积蓄，他将这些积蓄赎回父亲毛翼臣典出去的一部分田产。到毛泽东十岁的时候，家中已经有了十五亩自耕地，年收六十担谷。连父亲在内全家五口人每年只需口粮三十五担，这样就有了二十五担的节余，毛顺生就成了"十户人家九家穷"的韶山冲的富户了。

但"这个老人继续'积聚财物'，在那个小村里可以说是大富了。他自己不再买田，但是他向别人押来很多的田。他的资本增加了两三千元"。这个时候，毛顺生一边继续靠贩卖稻谷加工大米向湘潭易俗河等地出售赚钱，不过规模已经从肩挑发展到板车运以至从银田寺雇用船只了；同时

1893年12月26日，毛泽东诞生在韶山冲上屋场

毛泽东卧室一角

他还兼做贩运生猪、耕牛的买卖，并得到妻子娘家的贷款支持，生意越做越大，家业日益兴旺。为了扩大生产，毛顺生开始雇工。起初是雇短工，后来就干脆雇用了一个长工，农忙时再加个短工。不久，他就从堂弟毛菊生那里买进七亩水田，使田产增至二十二亩，年产量达到八十担。已经成为韶山冲"大富"的毛顺生，不仅入股银田寺的"长庆和"米店，还自己印行了自家"义顺堂"的纸票流通周转，和"祥顺和"、"彭厚锡堂"等几家大店铺有了密切的商务往来。尽管如此，毛顺生仍然克勤克俭，省吃俭用，不准家中有吃闲饭的，儿子们和长工一样都得下田干活。毛泽东在"自传"中说："我在六岁时便开始耕种的工作了。父亲的生意并不是开店营业的。他不过把贫农的谷购买过来，运到城市商人那里，以较高的价格出卖。在冬天磨米的时候，他另雇一个短工在家里工作，所以在那时他要养活七口。我家吃得很节省，但总是够饱的。"

毛泽东回忆，从"七岁起，就在本村一个小学读书，一直到十三岁。每天清早和晚上，我在田里做工。白天就读《四书》。我的塾师管教甚严。他很严厉，时常责打学生。我在十三岁

毛泽东家的斗、秤

时，便从校中逃出。逃出以后，我不敢回家，恐怕挨打，于是向城上的方向走去，我以为那个城是在某处一个山谷里面的。我漂流了三天之后，家里才找到我。这时我才知道，我的旅行不过绕来绕去地兜圈子而已，一共走的路程不过距家约八里"[①]。

其实，毛泽东是在一九〇二年春他九岁的时候开始入学读书的。毛顺生把儿子送进了离家最近的私塾读书，南岸这个离家才二百米的私塾，是毛泽东读书生涯的第一站。私塾老师邹春培对收毛泽东这个学生，很是欣慰，他跟毛顺生说："令郎有朝一日定会名登高科，光宗耀祖。"精明能干的毛顺生对此却毫无奢望，他的想法极其简单又实际："种田人家的子弟，不稀罕功名利禄，只要算得几笔数，记得几笔账，写得几句来往信札，就要得了。"事实上，也正是如此。除了受妻子文素勤娘家之书香门第的影响之外，大概就是在这个时候，毛顺生因为自己读书太少、文化根底浅的缘故，在一场关于椿柴山公案中败诉，本来有理的事情却因为对方引经据典无理讲出了三分理，自己反而成了被告，输了官司不说，还断送了柴山。这事给毛顺生的震撼很大，他发誓要让儿子读书，"可以帮他打赢官司"，给自己争口气，支撑门户。

但令这个农民万万没有想到的是，他的儿子毛泽东的脾气也很像他，倔强顽强，甚至还有些暴躁。而最让他受不了的是，儿子读了书以后，竟然也引经据典地来反对他这个父亲！毛泽东回忆说："有一件事，我特别地记得。当我在十三岁左右时，有一天我的父亲请了许多客人到家中来。在他们的面前，我们两人发生了争执。父亲当众骂我，说我懒惰无用。这使我大发其火。我愤恨他，离开了家。我的母亲在后面追我，想劝我回去。我的父亲也追我，同时骂我，命令我回去。我走到一个池塘的边上，对他威胁，如果他再走近一点，我便跳下去。在这个情形之下，双方互相提出要求，以期停止'内战'。我的父亲一定要我赔不是，并且要磕头赔礼，我同意如果他答应不打我，我可以屈一膝下跪。这样结束了这场'战事'。

---

① 《毛泽东自传》，斯诺录，汪衡译，丁晓平校注，解放军文艺出版社 2001 年版，第 4 页。下文有关毛泽东自述部分的文字均引自该书。

从这一次事件中，我明白了当我以公开反抗来保卫我的权利时，我的父亲就客气一点；当我怯懦屈服时，他骂打得更厉害。"

从因为带领同学去池塘游泳而顶撞塾师，受到父亲的责骂离家出走"罢课"；到父亲当众责骂他"懒惰无用"，再次离家并以投水自杀相威胁，引经据典地说什么"经书上说'父慈子孝'，可见'父慈'在前，'子孝'在后，哪有父不慈而子能孝的呢？"最后仅勉强地"只屈一膝下跪"向父亲道歉。"叛逆"的精神在十三岁的毛泽东心中已经像越冬撒下的小麦，开始迎接春天。毛泽东自己回忆说："父亲常常喜欢责备我不孝和懒惰。我则引用经书上的话来和他相对，说为上的应该慈爱。至于说我懒惰，我的辩解是大人应较年轻的人多做工作，而父亲的年纪既然比我大上三倍，他应该做更多的工作。并且我说我到了他那样大的时候，我一定比他更出力地工作。"

面对这个既聪明又顽皮的儿子的反抗，毛顺生有些无奈。他只有妥协，毕竟儿子才十三岁，再说棍棒下面也不一定真的就出孝子。尤其是当

毛泽东祖居地东茅塘

被自己骂作"没有王法"的儿子离家出走，在山谷中流浪了三天后，还是一个砍柴的老人帮助给送了回来，这多少让毛顺生感到有些后怕。渐渐地，他明白了靠拳脚这种简单粗暴的办法管教儿子已经不合时宜。这是毛泽东没有想到的，他说："回家之后，出乎我的意料之外，情形反而好了一点。父亲比较能体谅我了，而塾师也较前来得温和。我这次反抗行为的结果，给我的印象极深。这是我第一次胜利的'罢工'。"

从九岁到十三岁这四年多时间内，毛泽东先后在四所私塾的四个老师门下读书，几乎是一年换一个私塾。这或许与聪明顽皮、不愿意死读书和读死书，且讨厌封建礼教的毛泽东的性格有关。一九〇二年在启蒙老师邹春培那里先后读了《三字经》、《幼学琼林》、《论语》、《孟子》、《中庸》、《大学》。一九〇四年秋天，毛泽东转学到关公桥私塾读书，私塾老师毛润生。第二年春天，他又转到韶山桥头湾、钟家湾私塾，在周少希塾师门下读到一九〇六年夏天。秋天他又转学到井湾里私塾的毛宇居门下，继续读《四书》、《五经》，并开始练习书法。骨子里就有一种天生的离经叛道的反抗精神的毛泽东，自然对读经书不感兴趣，尽管他熟读并熟记许多经书和令他后来受益终生的《左传》，甚至背诵如流，但正如他自己所说的："我熟读经书，但我不欢喜那些东西。我所欢喜读的是中国古时的传奇小说，尤其是关于造反的故事。在我年轻时，我不顾教师的告诫，读了《精忠传》、《水浒传》、《隋唐演义》、《三国演义》和《西游记》等书。而教师则深恶这些不正经的书，说它们害人。我总是在学校里读这些书的，当教师走过面前时，就用一本经书来掩盖着。我的同学大多也是如此。我们读了许多故事，差不多都能够背诵出来，并且一再地谈论它们。关于这类故事，我们较本村的老年人还知道得多。他们也欢喜故事，我们便交换地讲听。我想我也许深受这些书的影响，因为我在那种易受感动的年龄时读它们。"

毛泽东在课堂上偷看古代传奇小说等课外书的故事，在我们的学生时代也几乎一样地发生过。但后来他在谈及自己幼年的读书生活时说："学的是'子曰：学而时习之，不亦说乎'一套，这种学习的内容虽然陈旧了，

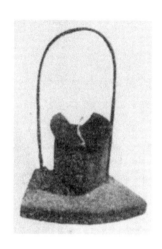

毛泽东少年读书时用的油灯

但是对我也有好处，因为我识字便是从这里学来的。"①

毛泽东对这种私塾封建式教育难以接受，再加上父亲让他读书的初衷基本已经实现，他完全可以胜任父亲交给他的"记家账"的任务了。因为从他"刚认识几个字的时候"开始，父亲就开始要他"记家账了"。而且父亲还要他"学习打算盘"，"因为父亲一定要我这样做，我开始在晚间计算账目"。这个时候，毛泽东的生活是白天读书，晚上记账，过着学生兼会计的生活。父亲在他的眼里"是一个很凶的监工"，而且"父亲最恨我懒惰，如果没有账记，他便要我到田间做工，他的脾气很坏，时常责打我和我的弟弟们。他一个钱不给我们，给我们吃最粗粝的东西。每月初一和十五，他总是给雇工吃鸡蛋和咸鱼片，但很少给过肉。对于我，则既没有蛋也没有肉"。

不久，也就是十三岁到十五岁这两年，毛泽东干脆停学，"开始在田中做长时间的工作，帮雇工的忙，白天完全做着大人的工作，晚上代父亲记账。"虽然人离开了学校，毛泽东仍然如饥似渴地"继续求学，找到什么书便读，除了经书以外"。尽管这使要他熟读经书的父亲"十分生气"，但毛泽东仍"继续读中国文学中的古传奇和小说"。而最为难能可贵的是，十四五岁的农村伢子毛泽东在读书中学会了独

① 《毛泽东选集》第三卷，人民出版社1991年版，第818页。

毛泽东读过的算术教科书　　　《盛世危言》增订新编本

立思考，并不是仅仅沉浸在传奇小说精彩故事情节的表面。"有一天，我在这些故事中偶然发现一件可注意的事，即这些故事中没有耕种田地的乡下人。一切人物都是武士、官吏，或学者，从未有过一个农民英雄。这件事使我奇怪了两年，于是我便分析这些故事的内容。我发现这些故事都是赞美人民的统治者的武士，他们用不着耕种田地，因为他们占有土地，显然是叫农民替他们工作的。"这个"发现"令毛泽东大吃一惊，而且竟然让他"奇怪了两年"。

　　毫无疑问，毛泽东对此进行了长时间的思考分析，他对历史小说中的这种现象感到纳闷，甚至提出了质疑！难以想象，这样与众不同的思考竟然发生在二十世纪初一个偏僻闭塞、贫穷落后的山沟里的少年身上，这是多么地了不起！这简直是一个伟大的发现！或许二十一世纪的我们即使能够静下心来阅读完这些古典小说，也不一定能总结思考出这样深刻的命题。显然，这样的阅读和独立思考，对于毛泽东后来数十年特别是游击战争初期的军事生涯，以至中国革命的最后成功，都是有着启发和帮助的。因此从某种意义上说，作为农民的儿子毛泽东，在他十四五岁时的乡村生活中，他是渴望着中国历史应该有一位"农民英雄"的出现，而他自己或许也开始在心中埋藏了一个"英雄"的梦想。

也就是在这个时候，"在深夜，我常把我室中的窗门遮盖起来，使我的父亲看不见灯光。我这样读了一本我很欢喜的书，叫做《盛世危言》。该书的作者们都是主张革新的老学者，他们以为中国积弱的原因是由于缺少西洋的工具：铁路、电话、电报、轮船等，并想将它们介绍到中国来。我的父亲认为读这一类的书是浪费时间的。他要我读可以帮助他打赢官司的如经书那类的实际东西！"

《盛世危言》这本书的出现如同一道闪电，在毛泽东的读书生活和人生中都留下了不可磨灭的闪光。这不仅是毛泽东接触到的第一本讨论社会政治问题的著作，而更为重要的是它引导毛泽东开始思考中国社会的政治现状和未来前途。《盛世危言》的作者郑观应是清末的一个改良主义者。书是毛泽东的表哥文运昌借给他的。此间，毛泽东还读到了另一位改良主义者冯桂芬的著作《校邠庐抗议》。这些提出"主以中学，辅以西学"，或者表示对外国侵略和清朝腐败不满，提出富国强兵主张的书籍，无疑开阔了毛泽东的视野，使其萌发了爱国思想，提高了精神境界，又激起了他重返学堂恢复学业的愿望。

也就是在这个时候，靠"三条驴腿起家（即与另一家合用一头驴）"、左右手都会打算盘的毛顺生为了让儿子承继父业，赶紧给十五岁的毛泽东娶回了老婆，希望能以婚姻来锁住这个不安分的儿子的心。但对这个二十

毛泽东外祖家（唐家圫）

岁的罗氏姑娘，当时"对于女人本无兴趣"的毛泽东自然没有好感，而且"没有和她一起住过——此后也未有过"。因此他"不以她为我的妻子，那时根本也不去想她"。为此，毛泽东和父亲再次产生冲突。但毛泽东仍然坚持自己的主意，坚决还要去上学读书。好在母亲文素勤始终支持儿子，与儿子站在同一战线。面对严父的管教，少年毛泽东开始抗议父亲，与父亲"顶嘴"。"我的不满增加起来了。辩证的斗争在我们的家庭中不断地发展着。"二十年后他跟美国记者斯诺回想起这些往事，还一边"很幽默地引用这些政治术语，一面笑着追述这些事件"，津津乐道地说："我以为我父亲的苛刻，结果使他失败。我渐渐地仇恨他了，我们成立了一个真正的'联合战线'来反对他。"但毛泽东也坦然承认，父亲的管教"这对于我也许很有益处，这使我尽力工作，使我小心地记账，让他没有把柄来批评我"。

不愿受约束的毛泽东对父亲的专制不满，并且自行其是，做了很多"忤逆不孝"的抗争。为此，他风趣地说："我家有'两个党'。一个是父亲，是'执政党'。'反对党'是我、我的母亲和弟弟所组成的，有时甚至雇工也在内。不过，在反对党的'联合战线'之中，意见并不一致。母亲主张一种间接进攻的政策。她不赞成任何情感作用的显明的表示，和公开反抗'执政党'的企图。她说这样不合乎中国的道理。"毛泽东的这个比喻很大程度上反映了当时中国普通民众的普遍心态，母亲的"间接进攻的政策"和毛泽东"不合乎中国的道理"的"直接进攻"，显然有着"是左还是右"的矛盾。而这样的矛盾与以后毛泽东领导的中国革命征途中的诸多矛盾，又是多么地相似！从这个时候开始，毛泽东在思想上似乎就走上了一条革命的道路。

在一八九三年十二月二十六日毛泽东出生之后，因生怕毛泽东也像前面两个早夭的儿子一样养不大，母亲文素勤就抱着满月的毛泽东回到了娘家，因为外婆家儿女众多，家大福大，可以托其福，使儿子好养活，平安长大。唯恐第三个儿子再夭折，母亲开始"吃观音斋"，并多方拜佛烧香，祈求神灵保佑。"完全不识字"的母亲也就是从这个时候开始信佛的，"笃信菩萨"。外婆还陪着母亲一起到唐家圫的后山一个叫龙潭圫的地方叩拜

"石观音"，因毛泽东排行第三就取名"石三伢子"。文素勤还让儿子拜七舅母赵氏为干娘。从此，"石三伢子"这个乳名一直伴随到他十八岁到长沙求学。而毛泽东对这个乳名也念念不忘：

——一九二三年九月，他写信给在广州国民党总部工作的林伯渠、彭素民，特别提到："此信托人带汉寄上，因检查厉害，来信请写毛石山，莫写毛泽东。"

——一九五三年二月，彭德怀从抗美援朝前线回来向毛泽东汇报战况时，毛泽东风趣地说："你的名字叫石穿，我的乳名叫石三伢子，我们是两块石头。"彭德怀也谦虚幽默地答道："主席是块宝石，我彭德怀不过是块顽石罢了。"毛泽东接着诙谐地说："我也是一块石头嘛。我们两块石头，一块扔向杜鲁门，一块扔向麦克阿瑟。"

——一九五九年六月二十六日，毛泽东在韶山宾馆松山餐厅与乡亲们共进晚餐时，兴奋地说："今天，各位都到齐了，只有我的石头干娘还没有来，是不是等一等？"说完，引得大家哈哈大笑。

因为毛泽东平安长大了，而且母亲又生了弟弟泽民、泽覃，后来又收养堂妹泽建，因此母亲"对自己的孩子们施以宗教教育"。但是"父亲是一个不信神佛的人"，所以毛泽东兄弟和母亲"都因父亲是一个没有信仰的人，而感觉难过"。在九岁的时候，毛泽东"便认真地和母亲讨论父亲没有信仰的问题了"，并且他们"都想了许多办法来改变他的心，但没有效果。他只是责骂我们。因为我们受不住他的进攻，我们退而想新的计划。但他无论如何不与神佛发生关系"。

少年毛泽东追随母亲信佛，而且像母亲一样的虔诚。周恩来在《学习毛泽东》一文中，就曾提及少年毛泽东"当他妈妈生病的时候，他去求神拜佛"的事情。要知道，那还不是一般的在寺庙里烧香磕头许个愿，而是去南岳"朝拜香"，是几步一拜地一直步行几百里到南岳的。这就像朝圣的教徒一样，五体投地。没有虔诚的信仰和对母亲深沉的爱，一般人绝对是做不到的。况且这一年，毛泽东才十五岁。由此可见毛泽东的孝心。

一九〇九年秋天，渴望读书的毛泽东"到一个失业的法科学生家里去，在那里读了半年书"，"此后，我在一位老秀才面前攻读了更多的经书，并读了许多当代论著和几本书"。十六岁的毛泽东在母亲的支持下，终于复学，先来到韶山乌龟颈私塾就读，塾师毛简臣。就在这个时候，韶山冲李家屋场从外地来了一个维新派的教师，叫李漱清——"因为他反对神佛，想把神佛取消。他教人民把庙宇改为学校。他成为一个被大家议论的人。然而我钦慕他，并同意他的意见。"毛泽东对他讲述的反对封建迷信的维新思想和各种见闻，感到新鲜，两人很谈得来，就建立了师生和朋友的关系（一九二五年，李漱清也到了广州，他们曾在一起工作）。于是，毛泽东通过读书渐渐地"自己愈来愈怀疑神佛了"。毛泽东思想的变化，很快被母亲"注意到这一点，责备我不该对神佛冷淡，但我父亲则不说什么。后来，有一天，他出去收账，在途中碰见一只老虎。老虎因不提防而立即惊逃，但我的父亲却格外地害怕，后来他对于这次奇迹的逃生，仔细想过。他开始想他是不是开罪了菩萨。自那时起，他对于菩萨比较恭敬起来，有时也偶尔烧香。但是当我愈来愈不信神佛时，他老人家却并不管。他只有在困难的时候才向神祷告"。

第二年春天，毛泽东到韶山茅塘的秀才、曾在蔡锷将军部下任过职的毛麓钟家里读书。又选读了《纲鉴类纂》、《史记》、《汉书》等古籍。就在这个春天，也就是四月份，毛泽东和与他一起在这个小小私塾读书的同学们看到许多米商几乎成群结队地都从长沙回家来了。毛泽东和他的一班同学看见了就很奇怪，问他们为什么都离开长沙。他们就把"城中发生了大乱子"的事告诉了毛泽东——"原来，那年发生一个大饥荒，在长沙有好多万人没有东西吃。嗷嗷待哺的老百姓举了一个代表团去见巡抚，请求救济，但他却傲慢地回答他们：'你们为什么没有粮食？城里多得很，我向来就没有缺少过。'当他们听到巡抚的回答，大家都十分愤怒。他们召集民众大会，举行一次示威运动。他们攻进满清衙门，砍倒作为衙门象征的旗杆，并把巡抚赶走。过后，布政使骑着马出来了。他告诉老百姓，政府准备设法救济他们。他这话显然是诚恳的。但皇帝（或许是慈禧太后吧）不高兴他，责备他与'暴徒'发生密切关系，并将他撤职。一位新巡抚来了，马上下令捉拿为首的乱党。其中有许多人被砍却头颅，挂在柱子上示众。"

就这一事件，毛泽东和他的同学们在私塾里"讨论了数日之久"。毛泽东和他的许多同学都十分同情这些到衙门示威的"乱党"。许多年以后，毛泽东认为他的同学们"只是站在旁观的立场。他们并不了解这对于他们的生活有什么关系。他们不过把这事当作一个具有刺激性的事件，感觉兴趣而已。然而我永不忘记它。我觉得这些'叛徒'都是与我的家人一样的普通良民，于是我深恨对待他们的不公平了"。这件事，给毛泽东留下了"深刻的印象"，并认为这是一桩"影响我的一生的事件"。

此后不久，"哥老会"一个叫"磨刀石彭"的头领也领导贫苦农民向地主"造反"。但最后战败，逃亡后被捕砍头。但在毛泽东看来"他是一位英雄，因为大家都同情这次造反"。

此后，最爱革命的湖南人"造反"不断，同样也波及韶山这个偏僻的山沟沟。毛泽东家因为父亲毛顺生的经营，已经成为韶山冲的"大富"，因此也成了"造反"的对象。毛泽东回忆说："第二年，新谷还没有成熟，冬米已吃完的时候，我们一村发生食粮恐慌。穷人向富户要求帮助，他们发动了一个'吃米不给钱'的运动。我的父亲是一个米商，他不顾本村缺少粮食，将许多米由我们的乡村运到城里。其中一船米被穷人劫去，他气得不得了。但我对他不表同情。同时，我以为村人的方法也是错误的。"

毛泽东和父亲的主要矛盾就在这里。他与母亲之所以能结成"联合战线"，更多的还是因为他的"母亲是一个慈祥的妇人，慷慨而仁爱，不论什么都肯施舍。她很怜惜穷人，在荒年，她常常施米给那些跑来乞讨的人。不过在父亲面前，她就不能这样做了。他不赞成做好事。家中因了这个问题时常吵闹"。显然，毛泽东更热爱也支持母亲。而母亲的优秀品德也给了儿子深刻的良好影响。

毛泽东像母亲一样周济贫穷的乡亲，尽力帮助他能帮助的人，与父亲形成了强烈的反差。他对父亲过于自私吝啬的为人处世的态度十分不满，并以实际行动获得了母亲这个后盾的支援。在私塾读书时，中午都是自带午饭。有一天，当他发现同学黑皮伢子因为家里穷，没有带午饭。于是他毫不犹豫地把自己的午饭分一半给黑皮伢子吃。以后，毛泽东每天吃午饭时，都叫上黑皮伢子，两人一起吃，自己却饿着肚子等到晚上放学回家再狼吞虎咽一顿。渐渐地，细心的母亲发现了儿子的这个小小变化，就将饭盒换了一个大的。但儿子每天放学回家后依然还要大吃，好像午饭没吃一样。母亲对儿子饭量陡然大增感到奇怪，就问毛泽东："你上学读书怎么比在家干活还吃得多呀？"毛泽东知道母亲不会责怪他，就一五一十地告诉她自己的秘密。母亲知道原委后，慈爱地说："石三伢子，你做得对，只是你不该瞒着我，应该早点跟我说，我好给你多带点饭，省得两个人都吃不饱，不能饿坏了身子呀！"此后，母亲天天给毛泽东带上两份饭。母亲的高尚品德感动了儿子，毛泽东后来还多次说起母亲的善良和爱心。

有一年秋收时节，家家户户都忙着在田地里收割谷物，谁知天气突变，下起了暴风雨。于是男女老少都赶回自家晒谷场上收稻子。雨越下越大，毛顺生也不见石三伢子回家帮助收稻子，眼看着稻子就被大雨淋湿，有的还被冲走。费了好半天工夫，稻子终于收好了。这时毛泽东也浑身湿淋淋地匆匆跑回家来了，原来他去帮助一个佃农家收稻子去了。毛顺生知道后，气得破口大骂。毛泽东理直气壮地说："人家是佃的田，要交租，淋湿发霉坏了和冲走了就了不得，连吃的都没得了。我们家是自己的田，淋湿一点冲走一点也饿不着，怕什么！"毛顺生见儿子如此说，气得浑身发抖，扬手就打。还是母亲拉住了，劝说了半天才罢休。

一年腊月，毛泽东代父亲去收一笔卖猪的账。在回家的路上，他碰见了几个衣衫褴褛的乡亲，就把钱分给他们，让他们好好过一个年。又被父亲狠狠地训斥了一顿。有一次，父亲在一个老阿婆家定下头猪崽，过几天让毛泽东去把猪赶回家。谁知，等毛泽东去的时候，猪价上涨了好几元，老阿婆有些后悔没有卖个好价钱。毛泽东很同情，就同意不买了，只收回了父亲交的一元钱定钱便回家了。父亲见儿子没有把猪赶回来，很是生气，骂毛泽东"没用，不会办事"。

还有一次，毛泽东挑一担稻谷去私塾老师家交学费。走到半路上听见本家的毛承七夫妇因为断粮正在吵架。毛泽东干脆就挑着稻谷走进毛承七家把稻子倒进了他家的米缸里。回家后，毛泽东把这事情跟母亲说了，母亲没有半点埋怨，瞒着丈夫又在米缸里量了一担，让毛泽东挑到私塾去了。

显然，在遥远的长沙发生的饥荒"暴动"和"造反"事件，与韶山冲发生的事是"密切发生在一起的事件"，在毛泽东的心灵中遥相呼应，产生了某种震动。毛泽东同情被处死的那些长沙的造反者和"哥老会"的头领，在毛泽东的眼里他们是"英雄"。毛泽东思想上受维新派的影响已经逐步开始"革命"。

这个时候，毛泽东在韶山读到了一本关于帝国主义瓜分中国的小册子，几十年后他仍能清楚地记得"这小册子的开头第一句：'呜呼，中国将亡矣！'"和"它讲到的日本占领高丽与台湾"。毛泽东说自己这个"已经有着反叛性的青年"的头脑里"开始有了某种程度的政治意识"。国家兴亡，匹夫有责，他年轻的心灵开始为国家的前途感到担忧，"我为我祖国的将来痛心，开始明了大家都有救国的责任"。

十六岁这年，毛泽东把族长毛鸿宾将一百多担稻谷封存在毛氏宗祠里进行倒卖，不平粜给断粮的乡亲，坑害贫苦百姓的行为抖搂了出来，一下子在韶山冲翻了天。父亲害怕儿子因此惹出事端，便打发儿子去湘潭一家他熟悉的朋友的米店去学徒，学些生意经，将来好继承父业。一开始，毛泽东对父亲的安排"并不反对，以为这也许是很有趣的"，因为他早就想走出去看一看外面的世界了。

"但就在这个时候，我听到一个有趣的新学校。于是不顾我父亲的反对，立志进那个学校。"毛泽东所说的这所"有趣的学校"就是他外婆家那边的湘乡县立东山高等小学堂。是表兄文运昌把这个消息告诉毛泽东的。这所学校之所以有趣是因为它是"不大注重经书的，西方的'新知识'教授得较多。教育方法又是很'激进'的"。但父亲不同意，于是母亲文素勤又站在了毛泽东一边，和儿子一起联合劝说丈夫，并请来亲朋好友一起来说情。在老师毛麓钟、李漱清和表兄文运昌、王季范等轮番解释劝告下，最后还是因为"说这种'高等'教育可以增加赚钱的本领"，毛顺生才答应满足儿子的愿望。毛泽东在"付了十四吊铜板作五个月的膳宿费及购买各种文具用品之用"后，便在这所离家五十里的小学上学了。

这是毛泽东第一次远离家乡。这一年，毛泽东十七岁。他作出了决定人生命运的第一个重大选择。而这个选择就像春风吹过早春湖面的薄冰，带给他整个身心的是一种冰释，一种解放。从此，离开闭塞视听的山沟和脱离家庭束缚的他，可以自由自在地在新的世界里呼吸新鲜的空气，心情如同穿过云层的晴朗阳光，快活又欢畅。

临行前，毛泽东偷偷地抄改了一首"立志诗"[1]夹在父亲的账簿里，送给父亲。他似乎是在向父亲立下"军令状"，表达自己一心向学和志在四方的信心决心，又好像是希望父亲相信他这个儿子将来一定会给他争气，一定会功成名就。毛泽东这么写道："男儿立志出乡关，学不成名死不还。埋骨何须桑梓地，人生无处不青山。"

在这个新学校中，毛泽东"读到了自然科学和西洋学术的新课程"。让毛泽东难忘的是"教员中有一位日本留学生，他戴了一个假辫子"，因此"每个人都笑他，叫他'假洋鬼子'"。但毛泽东却是从这个"假洋鬼子"那里知道了日本明治维新和列强觊觎中国的情形。他还教授毛泽东唱日本歌曲和英语。但那个时候，毛泽东只是从歌曲中"感觉到日本的美"和"它对于战胜俄国的光荣和武功的发扬"，"没有想到还有一个野蛮的日本"。

毛泽东说："我以前从未看见过那么多的儿童聚在一起。他们大多是地主的子弟，穿着华丽的衣服；很少有农民能将他们的子弟送到那样一个学校去读书。我穿得比旁的学生都蹩脚。我只有一套像样的袄裤。一般学生是不穿长袍的，只是教员穿，至于洋装，只有'洋鬼子'才穿。许多有钱的学生都轻视我，因为我常穿破烂的袄裤。但是，在这些人之中我也有几

---

[1] 这首诗曾发表在 1916 年陈独秀主编的《青年杂志》(《新青年》的前身)第一卷第五号，署名西乡隆盛。但据考证，这首诗不是西乡隆盛的作品，而是日本和尚月性的诗作，原文是："男儿立志出乡关，学若不成死不还。埋骨岂期坟墓地，人间到处有青山。"毛泽东送给父亲时进行了改写。

个朋友，而且有两个是我的好同志。"这两个朋友其中之一就是著名的诗人萧三（萧植蕃），另一个就是表兄文运昌。可见，毛泽东在这里是很孤独的。

"因为我不是湘乡人，又不为人所喜。做一个湘乡人非常重要，而且是湘乡的某一区人也很重要。湘乡分为上区、中区与下区，上区的学生与下区的学生不断地打架，完全是因为乡土观念。双方好像要拼个你死我活似的。在这'战争'中，我总是采取中立地位，因为我不是哪一区的人。结果三区的人都看不起我。我精神上感觉十分苦痛。"就在这样的精神苦闷之中，毛泽东仍然取得了"很大的进步"。

因为学校每个星期天的上午都由教师出题要求学生写作文一篇，而毛泽东的古文功底好，写得一手好文章。诸如《言志》、《救国图存论》、《宋襄公论》等都成为全校的范文。因此深受校长和教员器重，说"学校取了一名建国才"。国文老师贺岚岗看到毛泽东对历史感兴趣，还买了一部《了凡纲鉴》送给毛泽东。然而毛泽东的志趣并不在经书上，他正在读文运昌送给他的一本康有为改革运动的书和一本梁启超编的《新民丛报》。毛泽东把这两本书"读而又读，一直到能够背诵出来"。这个时候，毛泽东"很崇拜康有为和梁启超"。因为年龄和学识的增长，毛泽东对康、梁这两位当时明星人物的学说的理解和接受，自然要比在韶山冲读到《盛世危言》时要更多更深一些。特别是梁启超的那种"条理明晰，笔锋常带感情，对于读者别有一种魔力"的文章，更使毛泽东神往，还取笔名"子任"（梁启超号"任公"），有意模仿梁的文风写作政论文章。

在东山小学读书，毛泽东才知道朝代已经变了，"在新皇宣统（溥仪）已统治了两年的时候，我才最初听到皇帝（光绪）与慈禧太后都死去的消息。那时我还没有成为一个反君主的人。老实说，我认为皇帝以及大多官吏都是诚实、良好和聪明的人。他们只需要康有为的变法就行了。我心醉于中国古代的著名君主——尧、舜、秦始皇、汉武帝的史实，读了许多关于他们的书籍"，对他们的历史功绩非常仰慕。

同时，毛泽东在"读了一点外国的历史和地理"，并"在一篇论美洲

梁启超（1873—1929）

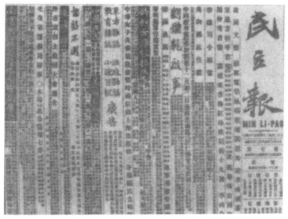
中国第一个资产阶级政党同盟会主办的《民立报》

革命的文章里"第一次听到世界上还有一个国家叫美国。他跟斯诺说："记得文中有这样一句：'八年之苦战后，华盛顿胜利而造成其国家。'"这时，毛泽东还在萧三借给他的一本叫《世界大英雄传》的书中，知道了"拿破仑、俄国叶卡捷琳娜女皇、彼得大帝、惠灵顿、格莱斯顿、卢梭、孟德斯鸠及林肯"。毛泽东在这本书上加了许多圈点。而毛泽东最钦佩华盛顿，经过八年艰苦战争，赢得了美国独立。他说，中国也要有这样的人物。

　　毛泽东在东山小学只读了半年，他"开始渴想到长沙去"。因为他"听说这城市是非常大的，有许许多多居民，许多学校和一个巡抚的衙门"，他甚至觉得长沙"简直是一个伟大的地方！"毛泽东还听说那里有更高级的新式学校。恰好这年冬天国文教员贺岚岗应聘到了长沙这所湘乡驻省中学任教。于是，毛泽东请求贺老师介绍他前去。贺老师欣然答应。于是毛泽东在好不容易说服了父亲之后，过了年，就挑着简单的行李步行到湘潭，再乘船到长沙应试。

　　来到长沙，十八岁的毛泽东心中一半是极端的兴奋，一半是生怕考试不能被学校录取，甚至有些惶恐地觉得"几乎不敢希望真入那个伟大的学校做一学生"。然而使他感到惊异的是"我很容易地就被录取了"。

　　如果说，到东山小学读书是毛泽东走出韶山冲，呼吸到时代的新鲜气息的话，那么，他走进长沙——这个湖南政治文化中心和晚清新旧政治斗争的激烈场所，以及梁启超、谭嗣同、黄遵宪、黄兴、陈天华等众多政治明星和英雄人物的活动之地，毛泽东就已经直接地触摸到了时代的脉搏。外面的世界真的很精彩。不到半年，独立不羁的毛泽东再次做出了他人生命运中的一个重要选择，而这个选择将意味着毛泽东真正开始投身革命的序幕已经拉开，伟人辉煌的人生剧目即将开演！而这个从韶山冲走出来的农村娃"石三伢子"，在中国革命的舞台上注定成为一个闪亮的角色，直至成为导演历史的主角。

从一年前在韶山就听闻的影响其一生的长沙饥民"抢米风潮"，到来长沙前夕广州"黄花岗七十二烈士"殉难壮举，毛泽东震惊了！八年之后，他在自己主编的《湘江评论》中还说"学生界中之抱革命主义者，已跃跃欲试"。① 毫无疑问，这正是毛泽东当年真实的自我写照！

在长沙的中学读书时，毛泽东第一次读到了报纸。这是一份由中国同盟会会员宋教仁、于右任等主编的进步报纸《民立报》。毛泽东就是从这份"革命的报纸"里面看到"有反抗满清的广州起义及在一个湖南人（黄兴）领导下的七十二烈士就难的情形"的。毛泽东读了以后，"极为感动，并发现《民立报》里面充满了有刺激性的材料，同时我也知道了孙中山的名字和同盟会的会纲"。

这时，"长沙正在第一次革命的前夜"。毛泽东除了积极参加湘乡驻省中学堂的学生运动，以反对留辫的方式来表示他们的反满情绪，并和一个朋友毅然剪去发辫。还出其不意地剪掉"不履行诺言"的十个人的发辫。这样，毛泽东也"已经从嘲笑'假洋鬼子'的假发辫进步到要求普遍地剪发了"。他感叹说："政治观念是如何地可以转变一个人的观点啊！"这些日子，他激动异常，于是就写了一篇文章，贴在学校的墙壁上。这是毛泽东第一次发表政见。但几十年后，毛泽东觉得那时自己还是"有点糊里糊

---

① 1919年8月4日，毛泽东在《湘江评论》上发表《本会总计》一文，说："宣统三年三月十九日（1911年4月27日）黄兴在广州起事，全国震动。消息到湘，学生界中之抱革命主义者，已跃跃欲试。"

涂"。而且他"还没有放弃对于康有为和梁启超的崇拜",也还没有搞清楚革命派与改良派之间的分野,所以他在文章中"主张应将孙中山由日本召回就任新政府的总统,并以康有为任总理,梁启超任外交部长!"就在这时,四川的保路运动给清王朝敲响了丧钟。毛泽东成为学堂里学生运动的组织者和干将。

一九一一年十月十日,武昌起义的爆发不仅改变了中国的发展道路,同样也改变了毛泽东的发展道路。毛泽东再次中断了在中学堂仅仅半年的学业,特地向朋友借了雨鞋准备去武昌当兵的他,因为湖南成为第一个响应独立的省份,便改变计划在长沙参加了革命。特立独行的他不喜欢学生军,就在十月底参加了湖南新军,在二十五混成协五十标第一营左队当了一名列兵。因为"清帝尚未逊位",毛泽东决定参加正规军队"来帮助完成革命"。他觉得"这正是奋斗的时候",而且每月还可以得到七元饷银。毛泽东在长沙再次目睹了政治风云的变幻和残酷:十月二十二日,革命党人焦达峰和陈作新任正副都督而成立的湖南军政府,不到十天就被立宪党人谭延闿发动的兵变推翻,两人被处死,毛泽东"看见他们的尸首横陈街上"。

后来,他回忆当年的兵营生活:"多余的饷银都用在报纸上,我变成它们的热心读者了,在当时与革命有关的报纸就是《湘江日报》①。其中讨论到'社会主义',我从这上面初次知道这个名词。我也和其他学生士兵们讨论社会主义,其实是'社会改良主义'。我读了几本关于社会主义和它的原理的小册子,并热心地写信和同班的同学讨论这个问题,但只有一个人的回答表示同意。"

在军营,毛泽东极喜欢同队中的一个湖南矿工和一个铁匠。他说:"其余的人都是平庸之辈,而且有一个是流氓。我又劝了两个学生参加军队,我和队长及一般弟兄都合得来。我能写,读过一点书,他们很佩服我的'博学'。我能够帮助他们做写写家信之类的事情。"毛泽东和他们建立了良好的关系。当年的副班长彭友胜在一九五〇年夏天还特地给中央人民政

---

① 《湘江日报》应叫《湘汉新闻》。

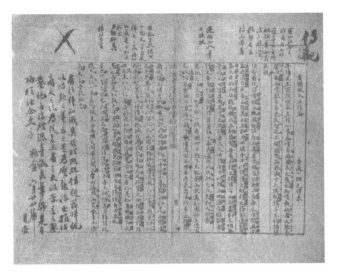

毛泽东作文《商鞅徙木立信论》手迹

府的主席写信，毛泽东亲切地写了回信。

谁知道，"革命的结局还没有决定，满清还没有完全放弃政权，国民党内部又发生了争夺领导权的斗争。在湖南听说战事是不可避免的了。当时有许多军队都组织起来反对满清和袁世凯。湘军就是其中之一。可是，正当湘人准备起事的时候，孙中山和袁世凯订立了协定，^①预计的战事停止，南北'统一'，而南京政府解散。"就这样，毛泽东"以为革命已经过去，决定继续求学"，他总共才当了半年兵。

十九岁的毛泽东，远离父母，独自一人在长沙漂泊求学，一连报考了好几个学校，如警察学堂、肥皂制造学校、法政学堂、商业学堂、公立高级商业学校等等，变换再三，举棋不定，有的上了个把月就自己退学了，有的报名考取了干脆也就不去。后来花了一块钱报名又以第一名的成绩考取了湖南全省高等中学校（后改名省立第一中学）。毛泽东考试的题目为"民国肇造，百废待兴，教育、实业何者更为重要"。毛泽东以梁启超的

---

① 1912年2月12日，迫于革命形势，统治中国二百六十多年的清王朝颁布退位诏书，授权袁世凯全权组织临时共和政府。袁世凯向孙中山担任临时大总统的南京临时政府宣布承认共和制度。13日，孙中山履行诺言提出辞呈，让位于袁世凯。3月10日，袁世凯在北京宣誓就任临时大总统。4月1日，孙中山正式解职。仅存三个月的南京临时政府夭折，辛亥革命失败。

"教育为主脑"之说为主题，论述教育在兴国中的作用。

毛泽东说："这是一个大学校，有许多学生，毕业的也很多。校中有一个国文教员十分的帮我，因为我有文学的倾向。这位先生借了一本《御批通鉴辑览》给我，其中有乾隆的诏谕和批评。"毛泽东此处提及的"这位先生"名叫柳潜。毛泽东在读了柳潜借给他的这套长达一百一十六卷的《御批历代通鉴辑览》后，就开始了长达半年的在湖南省立图书馆读书自学。而此前毛泽东在学校所作的六百字作文《商鞅徙木立信论》深受柳潜好评，评语竟达一百五十字，称毛泽东"才气过人，前途不可限量"，"练成一色文字，自是伟大之器，再加功候，吾不知其所至"。

但与众不同的毛泽东仍然不喜欢第一中学，在读过《御批历代通鉴辑览》以后他又嫌"课程太少而规则繁琐"，从而做出了一个大胆而惊人的计划——"我断定还是单独求学的好"。说到做到，在第一中学又是只读了半年，他就离开学校，寄居在湘乡会馆，自己订立了一个读书的计划，规定每天在湖南省立图书馆读书。位于长沙新安巷的湘乡会馆距离定王台的图书馆大约三里路。毛泽东十分有规律地执行自己的计划，并持之以恒，"早上图书馆一开门我就进去。在中午只花去买两个米饼来吃的时间，这就算是我每日的午餐。每天我留在图书馆中一直读到闭馆的时候"。毛泽东说："在这个方式下费去的半年，我以为对我是极端可宝贵的。"他读了许多书籍，包括《世界历史》和《世界地理》，还读了亚当·斯密的《原富》、达尔文的《物种起源》、斯宾塞的《逻辑学》和约翰·斯图尔特·穆勒、卢梭、孟德斯鸠的著作，以及古希腊的诗歌、罗曼史、神话和枯燥的俄、美、英、法等国的历史、地理书籍。而更让毛泽东惊喜的是，在这里，他第一次看到了一张《世界坤舆大地图》，他想不到世界竟然有这么大！原来我们这个"中央之国"其实只占世界的一部分。畅游在书海里的毛泽东，每天都要站在这张大世界地图前面，反复看上几眼。从此，毛泽东把眼光投向了整个世界，从这里起步向一个全新的世界走去。

在图书馆的自学生活，是毛泽东最难忘的一页，他曾自称这段学习生活是"自我教育"。一九五一年秋天，几个在北京学习的湖南老同学去看望毛泽东，谈起青年时代在长沙学习的生活时，毛泽东十分兴奋地谈起了他在图书馆看到世界地图的往事。他说："说来也是笑话，我读过小学、中学，也当过兵，却不曾看见过世界地图，因此就不知道世界有多大。湖南图书馆的墙壁上，挂有一张世界大地图，我每天经过那里，总是站着看一看。过去我认为湘潭县大，湖南省更大，中国自古就称为天下，当然大得了不得。但从这个地图上看来，中国只占世界的一小部分，湖南省更小，湘潭县在地图上没有看见，韶山当然更没有影子了。世界原来有这么大！世界既大，人就一定特别多。这样多的人怎样过生活，难道不值得我们注意吗？从韶山冲的情形来看，那里的人大都过着痛苦的生活，不是挨饿，就是挨冻。有无钱治病看着病死的；有交不起租谷钱粮被关进监狱活活折磨死的；还有家庭里、乡邻间，为着大大小小的纠纷，吵嘴、打架，闹得鸡犬不宁，甚至弄得投塘、吊颈的；至于没有书读，做一世睁眼瞎子的就更多了。在韶山冲里，我就没有看见几个生活过得快活的人。韶山冲的情形是这样，全湘潭县、全湖南省、全中国、全世界的情形，恐怕也差不多！我真怀疑，人生在世间，难道都注定要过痛苦的生活吗？决不！为什么会有这种现象呢？这是制度不好，政治不好，是因为世界上存在人剥削人、人压迫人的制度，所以使世界大多数的人都陷入痛苦的深潭。这种不合理的现象，是不应该永远存在的，是应该彻底推翻、彻底改造的！总有一天，世界会起变化，一切痛苦的人，都会变成快活的人，幸福的人！世界的变化，不会自己发生，必须通过革命，通过人的努力。我因此想到，我们青年的责任真是重大，我们应该做的事情真多，要走的道路真长。从这时候起，我就决心要为全中国痛苦的人、全世界痛苦的人贡献自己全部的力量。"[1]

半年的自修，因为父亲的反对，无法继续下去。"我没有钱用，因为家里不给我金钱，除非我进学校。又因为会馆不能再住下去，我开始寻找新的托身之所。同时，我恳切地考虑了我的'职业'，并以为我最适宜于教

———————————
[1] 《毛泽东同志的青少年时代》，中国青年出版社1979年版，第33页。

湖南省立第一师范学校

书。于是我又开始留心广告了。现在我注意到湖南师范学校的一个动人的广告，我高兴地读了它的优点：不收学费，膳宿费很便宜。"毛泽东就把自己的想法"写信给家里，得到他们的同意"。这样，二十岁的毛泽东又以第一名的成绩被湖南省立第四师范学校预科录取。校长看了他的作文，深为叹服："这样的文章，我辈同事中有几个做得出来！"

　　第二年春，第四师范合并于第一师范；同年秋毛泽东被编入本科第八班。因"四师"是春季始业，"一师"是秋季始业，所以毛泽东多读了半年预科，直到一九一八年暑期才毕业。毛泽东在这里做了五年学生。他回忆说，在湖南师范学校"我的政治观念开始确定，并且在校中初次得到了社会行动的经验"。尽管学校中"有许多规则，只有极少几条我是同意的。例如，我反对自然科学中的必修课程。我希望专攻社会科学。自然科学在我并无特殊兴趣，我不读它们，于是这些课程的分数大都很坏。我最讨厌的就是必修的静物写生。我以为这是透底的愚笨。我总想画简单的东西，快快画完就离开课室。记得有一次画一幅'半日半石'（是李太白的一句名诗），我用一条直线和上边半个圆圈来代表。还有一次，在图画考试时，我画了一个椭圆就算数了，我称之为鸡蛋。结果画图得了四十分，不及

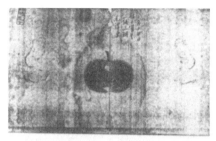

毛泽东的美术作品

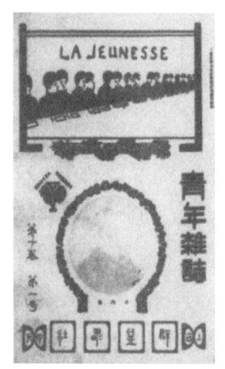

1915年9月15日，陈独秀在上海创办的
《青年杂志》第一卷第一号封面

格。幸亏我的社会科学的分数都非常好，这样和其他课程的坏分数扯平"。

毛泽东自己讲述的这个故事，正好能反映毛泽东这个"叛逆"青年无拘无束的个性和风采。而对这个已经立志从事政治社会活动的青年来说，不认真学习自然科学知识，也是一件自然的事情。而在这五年里，毛泽东幸运地结识了一个好老师——后来成为他的岳父的伦理学教授杨昌济，同时也看到了一本好杂志——陈独秀主编的著名杂志《新青年》。他回忆说："在这个时期，我的头脑是自由主义、民主改良主义及空想社会主义的有趣的混合物。我模糊地景仰'十九世纪民主主义'、乌托邦主义和旧式的自由主义，但是我坚决地反对军阀和帝国主义。"毫无疑问，毛泽东在自己的心里已经酝酿好了一块"反帝反封建反军阀"的土壤，一等马克思主义的新苗落地，就自然会在这片适宜的土地上生根发芽，开花结果。

在师范学校读书的五年中，连所有学费在内，毛泽东一共用了一百六十元钱。因为毛泽东每月都要花一元订阅书报，还时常向报摊购买书籍和杂志，因此这些开销有三分之一是花在买报刊上。为此，父亲毛顺生仍然责备他，"说是浪费，这是在废纸上花钱"。

一九一八年六月，二十五岁的毛泽东在湖南第一师范毕业。两个月前，他和蔡和森等人发起建立的新民学会在长沙成立，不久又开会决定学会会友"向外发展"的问题，应尽力推行留法勤工俭学。月底，他收到已经到北京的蔡和森的来信，告诉他，已经在北京大学任教的杨昌济老师"希望兄入北京大学"。七月，蔡和森再次致信毛泽东，催促其尽快赴京，说："吾辈须有一二人驻此，自以兄在此间为最好。""兄对于会务，本有经纶天下之大经、立天下之大本的意趣，弟实极其同情。""自由研究以兄为之，必有多少成处，万不至无结果。"

然而，就在这个时候，母亲文素勤已经患病。其实母亲在他十五岁时，就生病了，时常在外婆家养病。如今毛泽东已经是一个二十五岁的青年人了，作为长子，自从十八岁来到长沙求学后，他就很少有时间在父母身边侍候。为了理想，他又要远行，去比长沙更加遥远的北京。慈母卧病在床，游子在外飘荡，自古忠孝不能两全，毛泽东决定回故乡看看母亲。来也匆匆，去也匆匆。一九一八年八月初，毛泽东从韶山冲和唐家圫匆匆探望了病中的母亲，很快就回到长沙做前往北京的准备工作。临行前，大概在上中旬，毛泽东在长沙给自己的两个亲舅舅文玉瑞和文玉钦写了这封家书——

七、八二位舅父大人座下：

前在府上拜别，到省忽又数日。定于初七日开船赴京，同行有十二三人。此行专以游历为目的，非有他意也。家母在府上久住，并承照料疾病，感激不尽。乡中良医少，恐久病难治，故前有接同下省之议。今特请人开来一方，如法诊治，谅可收功。如尚不愈之时，到秋收之后，拟由润连护送之来省，望二位大人助其成行也。

甥　叩

毛泽东手迹

毛泽东在北京期间的住所

毛泽东的这封家书落款没有具体的时间。但从信中"前在府上拜别，到省忽又数日"一句中，我们可以推断毛泽东确实专门回故乡探望了母亲，而且信是回到长沙数日后写的。信中提到"定于初七日开船赴京，同行有十二三人"，这与后来的真实事实有所出入。事实上，毛泽东是八月十五日从长沙启程的，农历是七月初九，而同行的有罗学瓒、张昆弟、李维汉、罗章龙、萧子升（萧瑜）、陈赞周等二十四人。而且毛泽东还隐瞒了北京之行的真正目的，在信中只说"此行专以游历为目的，非有他意也"。俗话说，儿行千里母担忧，毛泽东在这里善意地撒了个谎，或许是为了安慰母亲，以免卧床的慈母为儿子的远行操心，好安心养病。可见毛泽东对母亲的惦念和牵挂，是如此的心细。因为自己出门在外，不能在母亲身边尽孝，母亲常年住在舅舅家中，靠两个舅舅照料，毛泽东对此感激不尽。因为"乡中良医少，恐久病难治"，而为了母亲尽早康复，毛泽东焦急万分，在家中和舅舅们商议，并提出想接母亲"同下省"——带母亲一起到长沙诊治的建议。或许因为自己马上要去北京，或许因为母亲的

左图：红楼，原北京大学图书馆
右图：毛泽东在北京大学图书馆工作的阅览室
（丁晓平／摄）

身体条件不许可，母亲仍然留在舅舅家休养。于是毛泽东回长沙后，还是在百忙之中，"特请人开来一方，如法诊治，谅可收功"。但毛泽东对此亦没有十分的把握，在信的末尾还是写上了自己接母亲到长沙治疗的建议："如尚不愈之时，到秋收之后，拟由润连护送之来省，望二位大人助其成行也。"润连，就是毛泽东的大弟弟毛泽民。

毛泽东将这封家书匆匆邮出，连时间都没有落下，可见他当时确实十分繁忙。十五日起程后，在途中因洪水冲断铁路，毛泽东一行在河南郾城停留一天，于十八日到达许昌，十九日抵达北京。这是毛泽东第一次离开湖南，走向全国。

在北京的消费很高，因为毛泽东是向朋友借钱来的，所以一到北京就得找事挣钱糊口。在杨昌济教授的帮助下，毛泽东被介绍给北大图书馆馆长李大钊。于是，毛泽东在图书馆有了一份助理员的差事，工作倒也简单，只是负责新到的报刊和阅览人姓名的登记。而薪俸自然也就不高，每月八块大洋。要知道，那时候，李大钊的月薪为一百二十块，胡适为二百块，陈独秀为三百块。毛泽东回忆说："我的职位如此之低，以致人们都不屑和我来往。我的工作之一就是登记来馆读报的人名，不过这般人大半都不把我放在眼里。在这许多人名之中，我认得有几个是新文化运动著名的领袖，是我十分景仰的人。我很想和他们讨论关于政治和文化的事情，不过他们都是极忙的人，没有时间来倾听一个南边口音的图书馆佐理员所讲的话。但是，我并不因此而丧气，我仍然参加哲学研究会和新闻学研究会，想藉此能听大学里的课程。"

刚到北京时，毛泽东暂住在杨昌济教授位于鼓楼的豆腐池胡同九号（今豆腐池胡同二十号）。后来搬到景山东街三眼井吉安东夹道七号（今吉安所左巷八号），与蔡和森、萧子升、罗章龙等住一起，毛泽东在一九二〇年写的《新民学会会务报告》中形容说是"隆然高炕，大被同眠"。晚上睡觉时，他们几个人在一张大通铺上紧紧地挨在一起，挤得几乎透不过气来，连翻身都要跟别人打招呼。据说，为了生活，毛泽东还当起了"洗衣工"，给别人洗衣服挣钱，可见其求学生活之艰难。

在大家都张罗着去法国勤工俭学的时候，毛泽东却没有去，从头至尾都只是帮助别人实现这个计划。毛泽东说："我本人并没有到欧洲去，我认为我对于本国还未能充分了解，而且我以为在中国可以更有益地花去我的时间……"但毛泽东之所以没有决定去法国还有其他诸多因素，一方面他此次北京之行肯定没有得到父亲经济上的支援，身无分文；另一方面，他在这里"遇到了杨开慧，而且发生恋爱"，他们在新闻研究会上又是同学，而且杨开慧也不愿去欧洲。而还有更为重要的一点就是，卧病在床的母亲一直是毛泽东的牵挂，他"闻家母病势危重，不得不赶回服侍"。

一九一九年初，所有赴法勤工俭学的湖南青年出国手续都已经办好。三月十二日，因为母亲病重，毛泽东决定辞职回家，同时顺便到上海去为准备赴法的学生送行。这个时候的毛泽东可以说是穷得叮当响，他回忆说："我只有到天津的车票，也不知道怎样可以走下去。不过，中国有句老话，'天无绝人之路'，一位同学借了十块钱给我，使我能买票到浦口。旅途中，我在曲阜下车访孔子墓。我去看了孔子和门徒濯足的溪水，圣人幼时所居的小村，我看见孔子手植的树。我又访问颜回的住处和孟子的生地。在旅途中，我还登游过泰山，就是冯玉祥将军退隐时写爱国诗的地方。不过当我到达浦口以后，又是一文不名了，而且车票也没有。没人有钱借给我，也不知道怎样才可以离开这个地方。不过最倒霉的就是一个贼偷去了我仅有的一双鞋子！啊呀！怎么办呢？可是'天无绝人之路'，我的运气非常好。在车站外面，我碰到一个湖南的老友，他借给我足够买一双鞋子和到上海车票的钱。到了上海后，我才知道已募有一大笔款子资助学生留法，并且可以资助我回湖南。"由此，毛泽东生活之艰难可想而知。他在天津和浦口"一文不名，而且车票也没有"，并且"最倒霉的就是一个贼偷去了我仅有的一双鞋子"的遭遇，就是今天看来，其生活与一个流浪汉也差不了多少。在这里，毛泽东两次用"天无绝人之路"来形容自己不幸中的万幸。

毛泽东是在十四日到达上海的，分别在十七日和三十一日为两批赴法学生送行后，于四月六日回到了长沙。这个时候，新文化运动正如火如荼，五四爱国运动正在酝酿中。毛泽东一到长沙，就开始主持新民学会会务，同时为解决生活问题，经同班同学周世钊的推荐，到修业小学任历史教员，每周六节课。这时，母亲在弟弟泽民和泽覃的护送下来到长沙诊治。

毛泽东一边忙着教书，一边忙着组织搞爱国运动。他跟周世钊说："北京、上海等地的学生正在因外交失败消息引起悲痛和愤怒，正在酝酿开展爱国运动，湖南也应该搞起来，我想在这方面做些工作。"刚刚从北京、上海回到长沙的毛泽东自然知道因"巴黎和会"的条款已经在北京等大城市激起爱国青年和知识分子的抗议，一股民族救亡图存的烈火即将熊熊燃起。毛泽东主持的新民学会自然义不容辞地扛起了湖南爱国学生运动的大纛，领军突进。工作的繁忙自不必说，但毛泽东还是尽力抽出时间陪同母亲去看病，四处求医问药，在二十多天里，他"亲侍汤药，未尝废离"，竭尽人子之责，孝敬可亲可敬的母亲。

母亲患的是淋巴腺炎。在毛泽东的照料下，母亲的"病状现已有转机，喉哦十愈七八，疡子尚未见效，来源本甚深远，固非多日不能奏效也"。毛泽东有近一年没有回家了，他感到有必要向一直照料母亲的舅舅们表示感激之情，于是他在四月二十八日致信七、八两位舅父，将母亲来到长沙诊治的病情和自己北京之行的情况略做汇报。

毛泽东手迹

七、八两位舅父①大人暨舅母大人尊鉴：

甥自去夏拜别，匆匆经年，中间曾有一信问安，知蒙洞鉴。辰维兴居万福，履瞩多亨，为颂为慰。家母久寓尊府，备蒙照拂，至深感激。病状现已有转机，喉哦十愈七八，痒子尚未见效，来源本甚深远，固非多日不能奏效也。甥在京中北京大学担任职员一席，闻家母病势危重，不得不赶回服侍，于阳三月十二号动身，十四号到上海，因事勾留二十天，四月六号始由沪到省。亲侍汤药，未尝废离，足纤鏖念。肃颂

福安！

各位表兄表嫂同此问候。

四、五、十舅父大人同此问安，不另。

愚甥 毛泽东 禀

四月二十八日

---

① 七舅父，即文玉瑞，字正兴（1853—1920），八舅父，即文玉钦，字正莹（1859—1929），农民，湖南韶山市大坪乡大坪村唐家圫（亦叫棠桂阁）人，当时属湘乡县。

俗话说：儿子像娘有福气。长相酷似母亲的毛泽东，在对父亲和母亲的感情上又确实有所不同——爱母亲胜过爱父亲。"三岁看小，七岁看老。"读懂毛泽东这个从农村成长并扎根于中国大地的巨人和他的父亲母亲的情感，或许也就读懂了毛泽东青少年时代的心路历程。

毛泽东知道，对于五十二岁的母亲来说，从遥远的韶山来到省城长沙，机会难得。这是文素勤第一次到长沙，也是最后一次。恰好大弟弟泽民和小弟弟泽覃也都在这里，毛泽东便带着母亲和弟弟们一起到照相馆照了一张合影。而这也是文素勤第一次照相，也是最后一次，唯一的一次。母亲坐在椅子上，慈眉善目，安详和蔼，端庄大方，看上去并不像是一个体弱多病的人。三个儿子分立母亲的两侧，这个时候，毛泽东二十六岁，毛泽民二十三岁，毛泽覃十四岁。而这张照片也就成了毛泽东一家最早的照片了，也是兄弟三人唯一的合影。

然而，让毛泽东想不到的是，这竟然是他和母亲的最后一次相聚。母亲在长沙小住了一段时日，便由弟弟泽民护送回家。

住在修业小学的毛泽东，此间广

毛泽东主编的《湘江评论》

泛接触长沙教育界、新闻界和青年学生，进行各种联络活动。一个星期后，五四运动爆发。不久，湖南学生联合会成立，发动学生总罢课，声援北京。七月十四日，毛泽东主编并担任主要撰稿人的《湘江评论》创刊，发表毛泽东的"创刊宣言"等文章二十余篇；七月二十一日，《湘江评论》第二号和增刊同时出版；八月四日，第四号出版；八月中旬，刚刚印刷的第五号被查封没收；此后，湘雅医院的《新湖南》、周南女校的《女界钟》和修业小学的《小学生》陆续在毛泽东的主持、影响和帮助下出版。同时，毛泽东领导学联、新民学会等"激烈反对当时的湖南督军大混蛋张敬尧"，成为湖南"驱张运动"的干城。

就在毛泽东将"大部分时间都用在学生政治活动上"的时候，十月五日，母亲病逝。噩耗传来，晴天霹雳。毛泽东立即停止手中的一切活动，带着在修业小学读书的小弟弟泽覃，回家奔丧。回到韶山冲，母亲两天前就已经入殓，毛泽东没有见上母亲最后一面。大弟弟泽民告诉他，母亲临终时还在呼喊着他的名字。毛泽东闻言，心如刀绞，悲痛至极，热泪长流。跪守慈母灵前，母亲的音容笑貌恍然眼前，清晰可见，思绪万千，在闪烁昏黄的油灯下，毛泽东挥笔写下了他一生中最长的一首诗歌《祭母文》——

呜呼吾母，遽然而死。寿五十三，生有七子。七子余三，即东民覃。
其他不育，二女二男。育吾兄弟，艰辛备历。摧折作磨，因此遘疾。
中间万万，皆伤心史。不忍卒书，待徐温吐。今则欲言，只有两端。
一则盛德，一则恨偏。吾母高风，首推博爱。远近亲疏，一皆覆载。
恺恻慈祥，感动庶汇。爱力所及，原本真诚。不作诳言，不存欺心。
整饬成性，一丝不诡。手泽所经，皆有条理。头脑精密，擘理分情。
事无遗算，物无遁形。洁净之风，传遍戚里。不染一尘，身心表里。
五德荦荦，乃其大端。合其人格，如在上焉。恨偏所在，三纲之末。
有志未伸，有求不获。精神痛苦，以此为卓。天乎人欤，倾地一角。
次则儿辈，育之成行。如果未熟，介在青黄。病时揽手，酸心结肠。

毛泽东祭母文（抄件）

但呼儿辈，各务为良。又次所怀，好亲至爱。或属素恩，或多劳瘁。
大小亲疏，均待报赍。总兹所述，盛德所辉。必秉悃忱，则效不违。
至于所恨，必补遗缺。念兹在兹，此心不越。养育深恩，春晖朝霭。
报之何时，精禽大海。呜呼吾母！母终未死。躯壳虽隳，灵则万古。
有生一日，皆报恩时。有生一日，皆伴亲时。今也言长，时则苦短。
惟挈大端，置其粗浅。此时家奠，尽此一觞。后有言陈，与日俱长。
尚飨！

这是一篇念颂母亲的绝唱！

这是一篇感天动地的美文！

每一个词，每一个字都值得咀嚼，值得琢磨，唯此也才读得懂其中儿
子对母亲那种深沉的眷恋和失去母爱的深刻。

毛泽东将自己的痛苦、悲伤、思念、惆怅、悔恨、感恩之心表达得淋
漓尽致。毫无疑问，母亲的病逝是毛泽东二十六岁的生命年轮里最为痛心
疾首的事件！毛泽东曾在写给新民学会的老同学的信中说："这是人生一
个痛苦之关，像吾等长日在外未能略尽奉养之力的人，尤其生发'欲报之

毛泽东和母亲及弟弟泽民、泽覃合影

德，昊天罔极'之痛！"十月八日深夜，毛泽东在写好《祭母文》后，意犹未尽，又含泪写下挽联两副——

春风南岸留晖远，秋雨韶山洒泪多。

疾革尚呼儿，无限关怀，万端遗恨皆需补；
长生新学佛，不能住世，一掬慈容何处寻？

守灵七日，过了"头七"，毛泽东带着小弟弟辞别父亲，回到长沙。后来，仍然沉浸在失去慈母之痛中的毛泽东给他的好友邹蕴真写信，对母亲的高尚品德仍念念不忘。他说：世界上共有三种人：损人利己的人，利己不损人的人，可以损己而利人的人。而他的母亲就是最后这一种人。

失去了母亲的毛泽东，这时更加感到"生前不孝死后孝"的遗憾，为了弥补自己"欲报之德，昊天罔极"之痛，他将克勤克俭的父亲接到长沙小住，尽一尽作为儿子的孝心。尽管他们父子间的关系一直都不是十分好，但这"代沟"在亲情纽带中又算得上什么呢？更何况，儿子如今已经长大成人，而且在省城有了一份很有身份体面的工作，这无疑也给作为农村一个小米商的毛顺生添足了脸面。再说，父亲的严厉，何尝不是一种深沉的爱呢？

父亲是在母亲安葬一个月后，来到长沙的。同来的还有韶山冲毛氏家族中"学位"最高的国子监监生、堂伯父毛福生。和上次母亲来的时候一样，毛泽东同样带着父亲和堂伯父到照相馆照了一张合影。从照片上写的日期来看，照相的这一天是农历九月二十一日。我们还可以看到，毛泽东依然身穿长袍，但在他的左手手臂上戴着一个黑纱——显然，他依然在深深悼念着他敬爱的母亲。

农历十二月初一（一九二〇年一月二十三日），在母亲去世才三个半月的时候，父亲也积劳成疾，因患急性伤寒医治无效病逝，享年五十岁。五十而知天命，妻子尸骨未寒，长子与幼子远在他乡，老人自觉不久于人

毛泽东与父亲毛顺生（左二）、堂伯父毛福生（右二）和弟弟毛泽覃

世，不禁心境苍凉，黯然神伤。临终前，这位一辈子善于经营辛辛苦苦、精打细算一心发家致富的农民，也没有合上双眼，大儿子远在北京，小儿子在长沙读书，只有二儿子泽民守在身旁。

> 决不料一百有一旬，哭慈母又哭严君，血泪虽枯恩莫报；
> 最难堪七朝连七夕，念长男更念季子，儿曹未集去何匆。

声声含泪，字字是血。塾师毛麓钟代毛泽东兄弟撰写的这副挽父灵联，逼真刻画了对儿子"恨铁不成钢"的父亲的儿女情长舐犊情深。因为带领湖南"驱张请愿团"到京和组织平民通讯社，毛泽东没有回家奔丧。父亲和母亲同冢合葬。毛泽东只能把悲痛和哀悼埋在心底。而就在六天前，他的恩师杨昌济也在北京病逝，毛泽东曾和杨开慧、杨开智一起守灵。

短短三个多月，毛泽东接连失去三位亲人：生他养他的父亲和母亲，教他育他的导师，但毛泽东这个独立不羁、叛逆造反的热血青年，依然勇敢地站在时代的潮头，以"自信人生二百年，会当水击三千里"的英雄气，在湖南这片热土上向世界提出了一个中国式的反问——"问苍茫大地，谁主沉浮？"

一九二〇年五月五日，毛泽东从北京转到上海。住在哈同路民厚南里二十九号。两个月后的七月七日，毛泽东回到长沙。一九二一年二月，毛泽东带着弟弟泽覃回韶山过春节。父母双亡，长兄为父。也就是在这个春节，毛泽东作出了一生中最为重要的一个决定——举家迁往长沙。这天晚上，毛泽东召集二弟泽民、小弟泽覃、继妹泽建和弟媳王淑兰等，畅谈家庭和国难当头、民生多艰等情形。毛泽东作为大哥劝泽民把家里的事情安排好，走向社会，参加革命，舍家为国，舍己为民。他说：房子可以给人家住，田地可以给人家种，我们欠人家的钱一次还清，人家欠我们的一笔勾销。就这样，毛氏四兄妹从韶山走上了革命的道路，韶山也因此为中国革命贡献出了叱咤风云的毛氏三兄弟。

此后的一九二五年和一九二七年的春天，毛泽东也曾回韶山短暂停留，还带着妻子杨开慧和儿子岸英、岸青回到韶山，一边学习一边开展革命活动。每每回到故乡，毛泽东总要到父母亲的坟墓前祭奠，缅怀父母的养育之恩。

一九二七年秋，毛泽东奉中央指示，发动秋收起义。他匆匆安顿娇妻幼子，开始投身于中国革命的洪流之中。这一别竟然整整相隔了三十二年。

一九五九年六月二十五日下午七时，毛泽东在罗瑞卿等人的陪同下，回到了他一九二七年离开后就没有再见的故乡、他的出生地韶山冲。他的革命事业早已成功，他和他的战友们一起亲手缔造的人民共和国，再过三个多月就要过她的十周岁生日。毛泽东站在故居中后人悬挂的他的父母的照片前，久久伫立，久久凝望，好一阵子，他才指着照片跟随行人员说："这是我的父亲、母亲。我父亲得的是伤寒病，我母亲头上生了疱，穿了一个眼。只因为是那个时候……如果是现在，他们就不会死了。"因为父母得的都不是什么疑难病症，却过早地去世了，而现在他领导的共和国已经完全有这个医疗卫生保障能力。当他走到自己的卧室，看到他与两个弟弟和母亲的合影，一下子高兴得像个孩子，用家乡话说："咯是从哪里拱出来的呀？"旁边的工作人员告诉他是外婆家的表兄们保存下来的。六十六岁的毛泽东轻轻地点了一下头。如今，照片上的慈母去世已经整整四十年，二弟弟泽民也已经于一九四三年在新疆殉难，小弟弟泽覃则早在一九三五年就牺牲于江西的红土地上，如今就只剩下自己一人，纵有万端感慨又与何人说？

第二天清晨，毛泽东一个人静悄悄地爬到南岸对面的一座松青柏翠的小山上。这座名叫楠竹的小山坡上，安葬着毛泽东的父亲母亲。工作人员看见后，都赶紧跟随过去。毛泽东随手折下一枝松枝，向父亲母亲三鞠躬，嘴里默念："父亲、母亲我看望你们来了！前人辛苦，后人幸福。先天下之忧而忧，后天下之乐而乐……"然后将松枝插在父母坟墓前的泥土上，作为祭奠。

简单的祭奠完毕，毛泽东站在坟墓前，跟随行的罗瑞卿说："我们共产党人，是彻底的唯物主义者，不信什么鬼神。但生我者父母，教我者党、同志、老师、朋友也，还得承认。我下次回来，我还要去看看他们两位。"[1]

当天晚上，毛泽东住在韶山宾馆松山一号楼，辗转反侧，夜不成寐，嘴里念念有词，黎明即起，作《七律·到韶山》[2]——

> 别梦依稀哭逝川，故园三十二年前。
>
> 红旗飘起农奴戟，黑手高悬霸主鞭。
>
> 为有牺牲多壮志，敢教日月换新天。
>
> 喜看稻菽千重浪，人物峥嵘变昔年。

---

[1] 《我所知道的毛泽东——林克谈话录》，林克著，中央文献出版社2000年版，第85页。

[2] 《七律·到韶山》正式发表时，将"哭"改为"咒"，"飘"改"卷"，"人物峥嵘变昔年"改为"遍地英雄下夕烟"。并加小引称："1959年6月25日到韶山。离别这个地方已有32年了。"

毛泽东手书《七律·到韶山》

故乡行,诗言志。毛泽东将"别梦依稀哭逝川"之中的"哭"改为"咒",其实,他的所思所想所爱所恨又岂是一个"咒"字了得!

毛泽东说"我下次回来,我还要去看看他们两位(父亲母亲)",而且还对陪同人员用家乡话说:"咯个地方倒很安静,我退休后,在咯块子给我搭个茅棚子住,好吗?"两年后,"茅棚"——滴水洞别墅搭好了,一九六六年他也的确回来了,也住进了这个被他称作"西方山洞"的"茅棚"。然而,他由于种种原因再也没有走进离他近在咫尺的家门、他出生的老屋,再也没有见到他的父亲母亲。他怎么也不会想到,一九五九年别离三十二年后的回家,竟成了他最后一次踏进家门看父亲母亲的最后一眼!

又过了十七年,一九七六年九月,毛泽东在他人生的弥留之际,还牵挂着他的老家,向中央提出安排他回韶山休养,随后就陷入了昏迷之中。叶落而不能归根,毛泽东——这个把握时代推动历史的巨人,如今沉睡在中国的心脏——北京天安门广场,接受着亿万人的瞻仰,这个世界上最大的广场成了他永远的"老家"了。而他的巨幅画像却似一种图腾,全天候地悬挂在天安门城楼上,以他那张"大中华"脸孔,与他的人民保持着一种可亲可敬的距离,观看着他的祖国,同时也接受着人民的检视,包括他的思想——

毛泽东,一八九三年十二月二十六日生,一九七六年九月九日逝世。生肖属蛇。一个中国农民的儿子当上了中国共产党的最高领导人和中华人民共和国的开国主席。享年八十三岁。

第二章

开慧之死　百身莫赎

—— 毛泽东和杨开慧

毛泽东在他二十五岁这年开始了自己的初恋。

那一年是一九一八年。在北京。

当时，毛泽东是北京大学图书馆的助理员，负责图书和十几份报纸的借阅登记工作，可谓是一个可有可无、谁也不把他放在眼里的小人物，月工资也就是八块大洋。要知道，这个图书馆的馆长李大钊月薪是一百二十块，教授胡适为二百块，文科学长陈独秀为三百块。这样的对比，在今天来说，毛泽东任职的这个角色有点像到京外来务工的"打工仔"。在北京，那个时候的毛泽东绝对是一个"外省人"，而且穷得叮当响。

然而，毛泽东就是在这样一无所有的时候，开始了他最初的爱情。因此，可以想见，选择与毛泽东谈情说爱的女性自然也就不一般。

他和她是在北京豆腐池胡同九号（今豆腐池胡同二十号）见面的。这里是他在湖南第一师范读书时的导师、北京大学教授杨昌济的家。而她正是杨老师的掌上明珠——唯一的女儿霞姑——杨开慧。其实，早在四年前的一九一四年，他们在长沙就认识了。

一九一一年春天，毛泽东跟湖南的农民一样，肩扛扁担，挑着一床被褥、几本书籍和妈妈给他腌制的辣椒咸菜等简单的行李，从韶山冲步行到

杨开慧的父亲杨昌济   杨开慧的母亲向振熙

县城湘潭，然后和农民们拥挤着木壳船，顺湘江而下，来到省城长沙。

一九一四年春天，以第一名考入省立第一师范的毛泽东，认识了他最尊敬并影响他一生的导师杨昌济。那时毛泽东二十一岁，杨开慧还是一个年仅十三岁的小姑娘。作为父亲最喜欢的学生之一，杨开慧对毛泽东自然是有所了解的。

杨昌济，字华生，一八七一年六月八日生于湖南长沙县隐储山下板仓冲的一个书香门第。但不幸八岁失怙、十四岁失恃。在失去父母双亲的痛苦中，他勤奋好学，曾在日本、英国留学达九年，并游历德国、瑞士，因心系祖国改名"怀中"。与其他留学的"海归派"不同，他在国外专门研究教育学和哲学，探求做人的道理。当时，从西洋镀金、镀银的留学生们大多钻营怎么当官或怎么挣钱，最差的也要混一个教授当当。可杨昌济竟然连湖南的第一号人物谭延闿邀请他出任教育司长，他也未答应，自愿当一个师范学院的老师，并作"自闭桃源称太古，欲栽大木拄长天"自励。杨先生自撰的这副对联，就是对自己教书育人之人生理想的最好表达。

毛泽东十分敬慕杨昌济，一九一五年曾在致友人的信中说："弟观杨先生之涵宏盛大，以为不可及。"

　　杨昌济在长沙寓所的大门上，用隶书镌刻其手书"板仓杨"三字，吸引着毛泽东、蔡和森等有理想有抱负的同学们，他们经常来到这里或讨论治学、做人的方法，或纵论天下大事。杨先生尤其钟爱毛泽东和蔡和森这两位学生。一九一五年四月五日，毛泽东再次来到"板仓杨"，与杨先生畅谈自己的家世和经历。杨昌济听后，对毛泽东给以鼓励，寄予期望，并在当日的日记中写道："毛生泽东，言其所居之地为湘潭与湘乡连界之地，仅隔一山，而两地之语言各异。其地在高山之中，聚族而居，人多务农，易于致富，富则往湘乡买田。风俗淳朴，烟赌甚稀。渠之父先亦务农，现业转贩，其弟亦务农。其外家为湘乡人，亦农家也。而资质俊秀若此，殊为难得。余因以农家多出异才，引曾涤生、梁任公之例以勉之。毛曾务农二年，民国反正时又曾当兵半年，亦有趣味之履历也。"

　　当时，第一师范的课程繁杂，有近二十门课，毛泽东把它比作"杂货摊"。和其时流行的科学救国、实业救国的思想不同，毛泽东坚持"要救国，就只有革命"。因此，他把主要精力都用在攻读哲学、史地和文学等社会科学上。毛泽东曾写过一篇名叫《心之力》的文章，备受杨昌济赞赏，给了一百分。而杨先生的改造国家、服务社会、不为个人打算的崇高思想，专心钻研、食必求化的学习方法，有远谋、有毅力、注重实践的办事

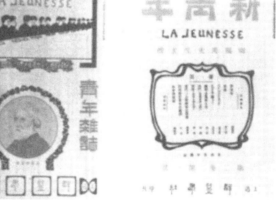

陈独秀创办的《青年杂志》于1916年改名《新青年》

作风和严谨刻苦的生活方式，对他的学生毛泽东和他的女儿杨开慧，都有着非常有益的影响。

"衡山西，岳麓东，城南讲学峙其中。人可铸，金可熔，丽泽绍高风。多材自昔夸熊封。男儿努力，蔚为万夫雄。"一心修学储能的毛泽东在第一师范不仅真心读"有字之书"，而且实意读"无字之书"，与时俱进，追求真理，立志"为人之学"、"为国人之学"、"为世界人之学"，"畜其躬而有益于国与群，仁人君子所欲为也"，开始了自己革命人生的最初的自我设计。也就是在这一年，在杨昌济的介绍下，毛泽东成了陈独秀主编的《青年杂志》①的热心读者。一九一七年，毛泽东以"二十八画生"的笔名在《新青年》第三卷第二号发表《体育之研究》，这是毛泽东公开发表的第一篇文章，这也是杨昌济推荐给陈独秀的。

也就是在此期间，毛泽东写下了他的名言："与天奋斗，其乐无穷；与地奋斗，其乐无穷；与人奋斗，其乐无穷。"因此，青年毛泽东常对人说："丈夫要为天下奇，即读奇书，交奇友，著奇文，创奇迹，做个奇男子。"他觉得："力拔山兮气盖世，猛烈而已！不斩楼兰誓不还，不畏而已！八年于外，三过家门而不入，忍耐而已！"于是同学们就送给他一个响亮的外号叫"毛奇"。一九一七年六月，学校开展了一次有四百名学生参加的"人物互选"活动，包括德、智、体三个方面近二十个项目，当选

① 1915 年 9 月 15 日，陈独秀在上海创办月刊《青年杂志》，开始了他的为民争人权、争文明的艰苦事业。这本每期编辑费和稿费总共不超过 200 块大洋的杂志，已经预示着一个崭新的运动将在古老的中华大地上兴起——这就是五四新文化运动。1916 年 9 月 1 日，从第二卷起，陈独秀将《青年杂志》改名《新青年》出版，开始高举"民主"和"科学"两面大旗。《新青年》的宣传在中国近代历史上起到了重要的启蒙作用，不仅为五四爱国运动做了思想准备，使社会主义思潮逐渐代替资产阶级思潮而成为运动的主流，并在思想上和干部准备上为中国共产党的建立做了准备。1942 年 3 月 30 日，毛泽东在延安谈到"如何研究中共党史"时说："陈独秀是五四运动的总司令。"紧接着，他还说过这样一段意味深长的话："现在还不是我们宣传陈独秀历史的时候，将来我们修中国历史，要讲一讲他的功劳。"（见《毛泽东文集》第二卷，第 403 页）在陈独秀1942 年 5 月凄然离世后的第三年，毛泽东在中共党史上有着重要意义的第七次代表大会的预备会议上，再次郑重地提到陈独秀"是五四运动时期的总司令，整个运动实际上是他领导的。他与周围的一群人，如李大钊同志等，是起了大作用的。……我们是那一代人的学生，五四运动，替中国共产党准备了干部。那个时候的《新青年》杂志，是陈独秀主编的。被这个杂志和五四运动警醒起来的人，后来有一部分进了共产党。这些人受陈独秀和他周围的人影响很大，可以说是由他集合起来，这才成立了党"（见《毛泽东文集》第三卷，第 294 页）。

杨开慧

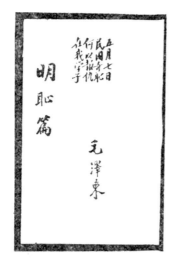

毛泽东在《明耻篇》上题诗

者三十四人，毛泽东得票最高。而在德、智、体三方面都得票者只有他一人。有同学评价说："我们的'毛伟人'真有'咬菜根'的精神，不讲吃，不讲穿，心里想的，嘴里谈的，都是怎样改造国家社会的大事。可惜人物互选的项目，就没有哪一项包括得了。"

"四面云山来眼底，万家忧乐到心头。"岳麓山云麓宫内的这副对联或许最能写照毛泽东彼时彼刻的心境。风华正茂的毛泽东站在岳麓山顶，看百舸争流的湘江北去，看层林尽染的万山红遍，看鹰击长空鱼翔浅底。在长沙读书期间，胸怀天下的毛泽东不仅加强身体的体育锻炼，也刻意锻炼意志。走千里路，读万卷书，毛泽东不是一个坐在书斋或图书馆里的书呆子，他是一个天才的组织家和社会活动家。壮怀激烈的毛泽东，在自己的笔记《讲堂录》中摘引孟子的话激励自己，"如欲平治天下，当今之世，舍我其谁也。"为了学校的安全，他曾担任队长成功地组织了学生自愿军吓退了北洋军阀的溃军，保卫了学校；为了保护学生的利益，反对学校乱收费，他曾组织同学与清规戒律和迂腐顽固的校长张干进行斗争；为了反对日本的"二十一条"，他在看到揭露袁世凯卖国罪行的《明耻篇》时，愤然在封面

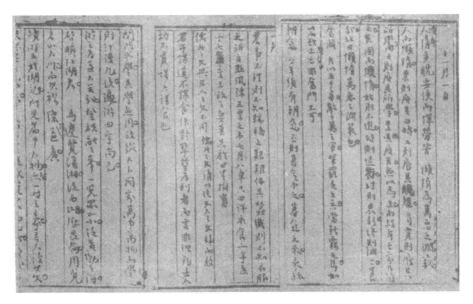

毛泽东《讲堂录》手迹一页

上写下了："五月七日，民国奇耻，何以报仇，在我学子。"为了提高普通工人的文化水平，毛泽东用大白话在大街上张贴《夜校招学广告》，在长沙办起了夜校；为了探求真理团结同志，他和志同道合的同学一起下乡调查研究，在自然中沐风栉雨，并组织新民学会……书生意气的毛泽东激扬文字，以其粪土万户侯的气概，中流击水，指点江山，勇敢地迎接并投入到新的革命大风暴中。用他自己的话说："天下者我们的天下。国家者我们的国家。社会者我们的社会。我们不说，谁说？我们不干，谁干？"①

　　学习中，毛泽东还曾将杨昌济翻译的《西洋伦理学史》七本全部抄录下来。而在杨昌济讲授的修身课教材《伦理学原理》②上，毛泽东精心研读之后，写下了一万二千字的读书笔记，对书中的伦理学和哲学观点提出了自己的见解，强调"道德哲学在开放之时代尤要"。同时批注突出强调了个人价值，主张"唯我论"，提倡个性解放。毛泽东批注的这本《伦理学原理》，曾为其同学杨韶华收藏，一九六二年经好友周世钊交还给毛泽

---

① 引自毛泽东的《民众的大联合》。
② 德国新康德主义哲学家泡尔森著，蔡元培译。

东。当毛泽东看到这本书时，高兴地翻看着上面的评语，微笑着跟周世钊说："这本书的道理也不那么正确，它不是纯粹的唯物论，而是心物二元论。只因那时，我们学的都是唯心论一派的学说，一旦接触一点唯物的东西，就觉得很新颖，很有道理，越读越觉得有趣味。它使我对于批判读过的书，分析所接触的问题，得到了新的启发和帮助。"

而就在毛泽东发动学生罢课，掀起驱逐要学生缴纳学费的校长张干的运动之后，校长下令开除毛泽东等十七名带头"闹事"学生的时候，杨昌济、徐特立、方维夏、王季范、黎锦熙等教员纷纷站出来，要求张干收回成命。接着杨昌济辞职，整整一年不上课。七月五日，杨昌济举家搬迁到河西的岳麓山下。但为了毛泽东等同学方便前往，杨先生专门在家中设置了一间客房，招待他们的到访。每次毛泽东来到这新的"板仓杨"处，都要和老师亲密畅谈，有时一谈就是数小时，吃饭也是有什么吃什么，去留也随便，不分彼此，亲如一家。而新民学会的成立，除了深刻的社会根源和时代呼唤之外，杨昌济对毛泽东及其同学的教育和影响也自然功不可

毛泽东在"人物互选"活动中的名次表

杨昌济故居，鼓楼豆腐池胡同二十号

毛主席故居，吉安所左巷八号
（丁晓平/摄）

没。毛泽东在《新民学会会务报告》中，就创立新民学会的缘起时，还专门谈道："还有一个原因，则诸人大都系杨怀中先生的学生，与闻杨怀中先生的绪论，作为一种奋斗和向上的人生观，新民学会乃从此产生了。"

一九一八年夏天，当杨昌济举家迁往北京的时候，毛泽东也在第一师范毕业了。而新民学会的同学大多数希望继续深造，但苦于没有钱。就在他们苦恼之际，杨昌济从北京来信，告诉他们法国政府又继续来中国招募工人，这正是他们勤工俭学的好机会。六月二十五日，蔡和森到北京，在杨昌济的介绍下与蔡元培接洽后，即于三十日致信毛泽东，说杨昌济老师"希望兄入北京大学"。七月，蔡和森再次致信毛泽东，催促其尽快赴京，说："吾辈须有一二人驻此，自以兄在此间为最好。""兄对于会务，本有经纶天下之大经、立天下之大本的意趣，弟实极其同情。""自由研究以兄为之，必有多少成处，万不至无结果。"

八月十九日，毛泽东抵达北京。这是毛泽东第一次离开湖南，来到中国的心脏北京。十月，在杨昌济教授的帮助下，贫困交加的毛泽东被介绍给北大图书馆馆长李大钊。毛泽东在北京大学图书馆就有了一份助理员的差事，并因此结识了新文化运动的许多领袖人物。也就是在这个时候，毛泽东遇到了"他的好友杨教授的女儿"杨开慧，并从此坠入爱河。

与杨开慧相恋前，毛泽东曾与蔡和森、蔡畅兄妹立下"三人盟约"：发誓永不结婚。但他们三人后来都"违背"了自己的誓言。但"这并不能说明他们的誓言就是戏言"，而是因为他们"当时没有时间谈情说爱"（毛泽东语），但爱情的悄然而入，无疑为他们的革命事业增添了无限光彩。

毛泽东和杨开慧第一次见面是在一个周末的午餐会上。与四年前相比，杨开慧已经出落成一个十七岁的大姑娘了。

而对于毛泽东，杨开慧自然也是再熟悉不过的了。这位在第一师范学校出尽了风头的男生，是父亲的得意门生之一，且常常是家中的座上宾，他的一些故事和传闻她或多或少都从父亲那里或者其他朋友那里听到过一些的。再说，身居异地他乡，遇到同乡知己，自然就更平添了一份亲近。再说，都参加北大新闻研究会的两个年轻人就更多了共同的话题。闲暇时光，他们一同漫步在故宫护城河边，他们沐浴在春天北海青青的杨柳岸，他们还追逐在寒冬倒垂树枝头的冰柱间……

一个是少年英发，潇洒旷达；一个是碧玉年华，光艳风华；一个是胸怀天下，探求救国救民真理；一个是聪明好学，钦佩倾慕他乡遇到的知音。在短暂而又心照不宣的思想情感交流中，两颗年轻火热的心灵碰撞出了爱的火花，他们热烈又真诚地相爱了，你把我作知己，我视你为知音。

一九一九年三月，因母亲病重，毛泽东不得不赶回服侍。分别时，两人相约别后相互通信。

不久，回到湖南长沙的毛泽东就收到了杨开慧的来信，抬头称呼只有一个字：润。

毛泽东很快就复信：抬头称呼也只有一个字：霞。

霞是杨开慧的号。一九〇一年十一月六日生于长沙县"板仓杨"家的杨开慧，三岁的时候，父亲带着怀才不遇的忧伤情绪抛妻别女，远渡重洋，求取功名。她便自幼随母在长沙板仓乡下度过了童年。到了七岁的时

毛泽东第二次到北京成立的平民通讯社，社址就设在北京北长街九十九号的福佑寺
（今北长街二十号）

（丁晓平/摄）

候，父亲海外来鸿，要母亲送她上学读书。于是，出身书香之家的母亲将
她送到家对面的杨公庙长沙第四十初级小学，和另外六个女孩一起破天荒
地成为该校的一个独特班级。在这里，小开慧只读了三个学期，就转到
离家更远但图书更多的隐储学校读书；辛亥革命爆发后，她又先后转学
到衡粹女校和县立第一女子高小，一直读到毕业。直到一九一三年春，父
亲杨昌济留学归国后，全家迁居长沙。这一年，毛泽东也在第一师范上
学，父亲成为毛泽东的良师加益友。毛泽东和杨开慧相识，并留下印象。
一九一八年，杨开慧随父迁居北京。不久，毛泽东也北上，两人由相识、
相知到相恋，才子佳人相会如春风雨露相逢。

　　一九一九年十二月十八日，毛泽东第二次来到北京。湖南"驱张运
动"的大本营也随之从长沙移师北京。继在长沙响应五四运动而创办主编

《湘江评论》后，在北京，毛泽东又成立了平民通讯社，并担任社长，地点在北京北长街九十九号的福佑寺（今北长街二十号）。这个时候，毛泽东有时就借宿杨家，并公开了与杨开慧的亲密关系。

毛泽东第二次进京时，杨昌济已经生病住院，他经常抽空去德国医院探望。在病中，杨昌济给滞留在上海的章士钊写信，推荐毛泽东和蔡和森，称："吾郑重语君，二子海内人才，前程远大，君不言救国则已，救国必先重二子。"由此可见，这位"岳父大人"对自己未来的"乘龙快婿"是褒奖备至，期望高远。而事实也正好印证了他的预言，毛泽东没有辜负他的老师、岳父的教导和厚望，承担起了救国的责任。

一九二〇年一月十七日，不满五十岁的杨昌济遗憾病逝。毛泽东到法源寺和杨开智、杨开慧兄妹一起守灵，并发起募捐，抚恤遗属，操办后事。一九二〇年一月二十二日，又和蔡元培、章士钊等二十九人一起联名在《北京大学日刊》发出启事，称：杨先生操行纯洁，笃志嗜学，无意于富贵利达，依薪资维持生计。一九二〇年二月，杨开慧随兄杨开智扶柩回长沙。毛泽东继续在北京开展"驱张运动"，组织湖南公民、学生、教职员在新华门总理府请愿。

这次北京之行，毛泽东结识了陈独秀、李大钊、胡适等五四新文化运动的主将，并加入了"少年中国学会"，阅读了包括《共产党宣言》在内的马克思主义的书刊，对社会历史的发展有了比较正确的理解。1936年毛泽东在跟斯诺谈自己的生平自传时说："我第二次到北平时，我读了许多关于苏联的事情，同时热烈地寻找当时中国所能见到的一点共产主义书籍。三本书特别深印在我的脑子里，并且建立了我对于马克思主义的信仰，我一旦接受它是历史的正确解释后，此后丝毫没有动摇过，这几本书是：《共产党宣言》（陈望道译），这是第一本以中文印的马克思主义书籍，考茨基的《阶级斗争》和柯卡普的《社会主义史》。一九二〇年夏，我在理论上和某种程度的行动上，变成马克思主义者，并且自此以后，我自认为是一个马克思主义者了。同年我与杨开慧结婚。"

"自认为是一个马克思主义者"的毛泽东，在四月十一日离京转赴上

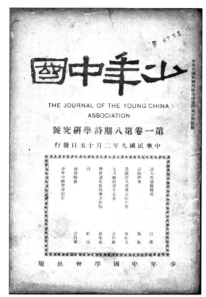
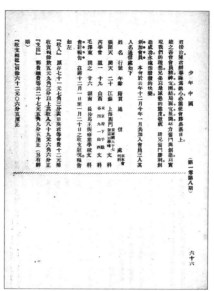

由李大钊主编的1920年2月15日发行的《少年中国》第1卷第8期刊登了毛泽东与张闻天等三人为"少年中国学会"（1919年12月至1920年1月）新加会员消息

海。在上海半淞园，毛泽东参加欢送赴法勤工俭学的陈赞周等六人，并开会讨论新民学会的会务问题，确定"潜在切实，不务虚荣，不出风头"为学会态度，吸收新会员的条件有四条：一纯洁，二诚恳，三奋斗，四服从真理。在上海，毛泽东生活了三个月，并再次与两个月前回到上海的陈独秀探讨"改造湖南联盟"的问题。他后来回忆说："我第二次赴沪时，我曾和陈独秀讨论我所读过的马克思主义书籍，陈本人信仰的坚定不移，在这也许是我一生极重要的关键时期，给我以深刻的印象。"这时，《新青年》也从北京迁回上海，地点在老渔阳里二号。六月份，毛泽东在上海《时事新报》先后发表了《湘人为人格而战》、《湖南人再进一步》和《湖南人民的自决》等多篇文章。这个时候，也是陈独秀和毛泽东关系最亲密的时候，毛泽东称陈独秀"一时成了我的楷模"，陈独秀在《欢迎湖南人底精神》一文中称毛泽东是"可爱可敬的青年"。从北京到上海，毛泽东与"南陈北李"的交往与晤谈，可能是毛泽东第二次离开湖南的最大收获。

一九二〇年七月七日，经武汉回到长沙的毛泽东，住在储英源楚怡小学校。而此时"驱张运动"已经取得胜利，六月二十六日张敬尧的军队全部撤出湖南。毛泽东应聘担任第一师范附属小学主事（校长），不久，他又被聘请为第一师范的国文教员兼一个班的班主任。很显然，毛泽东正雄心勃勃，意气风发。对于自己的革命事业，他要办的第一件事情就是和易礼容等创办文化书社。为此，他们租借了潮宗街湘雅医学专门学校的三间房子作为社址，还请刚刚就任湖南督军的谭延闿题写了招牌。毛泽东以"特别交涉员"的身份，多方筹措资金，努力扩大营业范围。杨开慧的母亲也慷慨献出当年毛泽东在北京为杨昌济病逝向北大师生征集资助遗孤的赙赠金，供自己的这位女婿作为活动经费。

这个时候，杨开慧一家也搬到长沙城中居住，在同学李淑一父亲的帮助下，入湘福女中选修班读书。分别半年后，身穿长衫的毛泽东在这里找到杨开慧，有情人再次相会，分外多情。毛泽东邀请杨开慧去省学联帮他做宣传工作，并和他一起经营管理文化书社。用杨开慧的话说，这时，他们"过了差不多两年的恋爱生活"，"我看见了他的心，他也完全看见了我的心"。

这年冬天，毛泽东和杨开慧结婚了。

不坐花轿，不置嫁妆，不用媒妁之言，不举行婚礼，不做"俗人之举"，杨开慧只带着简单的行李住进了第一师范附小的教师宿舍，与毛泽东同居。而后仅花了六块银元办了一桌酒席，宴请了长沙的几位亲友，开始了与毛泽东"自由恋爱、婚姻自主"的夫妻生活。因此，至今谁也无法知道毛泽东和杨开慧具体是哪一天结婚的，就连毛泽东本人也记不得。

一九二九年六月二十日，杨开慧曾在自己写的回忆录中谈到她与毛泽东恋爱的一些情节，说："不料我也有这样的幸运！得到了一个爱人，我是十分爱他。自从我听到他许多事，看了他许多文章、日记，我就爱上了他。不过我没有希望过会同他结婚……直到他有许多信给我，表示他的爱意，我还不敢相信我有这样的幸运。……知道他的情形的朋友，把他的情形告诉我，我也完全了解他对我的真意。从此我有了一个新意识，我觉得我为母亲而生之外，是为他而生的，假如一天他死去了，我一定要跟着他去死！假如他被人捉去杀了，我一定要同他去共这个命运！"这段爱情自述直到一九八三年才在长沙"板仓杨"的墙缝里被发现。此时斯人已去，杨开慧牺牲已五十三年矣！毛泽东也在七年前离开了这个世界。

杨开慧协助毛泽东开展革命工作，并在一九二一年加入中国共产党，成为中国共产党最早的女党员之一。这年夏天，毛泽东到上海出席了中国共产党第一次全国代表大会，十月十日，毛泽东在陈独秀的授意和指导下，秘密成立了中共最早的省委之一——中共湖南支部，任支部书记。为了掩护毛泽东的活动，杨开慧把母亲接到自己家中——长沙小吴门外清水塘原二十二号——中共湘区委员会机关所在地，自己则担任湘区党委的机要和交通联络工作。这年八月，毛泽东还和何叔衡利用船山学社的社址创办了湖南自修大学。杨开慧参加了筹建工作，并利用自己担任学联干事身份，筹集经费。

这段时间，毛泽东和杨开慧的婚姻生活可谓美满幸福，情真意切又温馨浪漫。这年，经常外出的毛泽东写下了美妙的情诗《虞美人·枕上》，充分表达了对妻子的相思之情，读来似有柔情万种，百媚千重。这在以豪放悲壮风格著称的毛泽东诗词作品中，如此儿女情长的还是少有的。

虞美人·枕上

堆来枕上愁何状，江海翻波浪。
夜长天色总难明，寂寞披衣起坐数寒星。
晓来百念都灰尽，剩有离人影。
一钩残月向西流，对此不抛眼泪也无由。

风里来，雨里去。一九二二年，毛泽东在长沙、衡阳、安源多次组织工人示威罢工、请愿游行，积极开展革命活动。杨开慧无怨无悔地跟随毛泽东，夫唱妇随，举案齐眉。

十月二十四日，毛泽东率领任树德等泥木工代表同湖南省政务厅长吴景鸿进行说理斗争，谈判长达三个小时，要求增加工资、营业自由。毛泽东当场将谈判记录下来，并整理成文呈送省长赵恒惕。就在这一天，毛泽东当上了爸爸，他的长子毛岸英在清水塘出生。

沉浸在弄璋之喜中的毛泽东，并没有停止革命工作。第二天，他继续带领工人代表到政务厅催批呈文。并将《呈省长文》在长沙《大公报》发表。

从此以后，一门心思干革命的毛泽东常年奔波在外，很少顾及家庭，因此和杨开慧的情感生活上出现了不和谐的因素，开始出现误解、分歧和矛盾。做了母亲的年轻妻子对丈夫在外面的工作和言行，渐渐地有了一种难言的牵挂和依恋，表现出了女性特有的细腻、敏感，甚至猜忌和疑虑。站在事业与家庭这个十字路口上的毛泽东，对妻子的依恋和对事业的追求同样矛盾重重，忧愁苦闷。为了劝说妻子，毛泽东抄录了唐朝诗人元稹的诗歌《菟丝》，赠给妻子：

> 人生莫依倚，依倚事不成。君看菟丝蔓，依倚榛与荆。
>
> 下有狐兔穴，奔走亦纵横。樵童砍将击，柔蔓与之并。

个性自由的杨开慧看了这首诗歌之后，更增添了误解，自尊心受到严重伤害，觉得毛泽东把她比作"菟丝"，是轻视她，瞧不起她了。尽管毛泽东多次去信解释，也难以消除这次误会，"杨开慧耿耿于心，久久不与他和解"。①

一九二三年四月，毛泽东安排好湘区的工作，离开清水塘，离开了妻子和仅半岁的儿子，秘密前往上海，到中共中央工作。这时，长沙街头已经贴出了赵恒惕悬赏缉拿"过激派"毛泽东的布告。

没有了男人的家，如同天空没有了太阳。丈夫又要离家远行，怀抱幼子、身怀六甲与老母亲一起生活的杨开慧自然有些不愿意和舍不得。尽管自己与丈夫还有一些鸡毛蒜皮般的误会，但无奈因为被通缉，她不得不同

---

① 《我所知道的毛泽东——林克谈话录》，林克著，中央文献出版社 2000 年版，第 88 页。

意丈夫远走他乡。杨开慧为了能和丈夫在一起，就提出与毛泽东一起走，但毛泽东没有同意。于是，夫妻间发生了争吵。毛泽东毅然决然地告别娇妻幼子，踏上了更艰难也更远大的革命征途。

临行前，个性倔强的杨开慧没有来送行。古人云：三十而立。在这个春寒料峭的四月，毛泽东独自一人品尝着孤独、凄凉，心中的忧伤像初春池塘上缥缥缈缈的雾气，月也朦胧，鸟也朦胧。

半年后的九月十日，毛泽东回到长沙。这半年，毛泽东从上海到广州，再从广州到上海，参加了在广州东山恤孤院后街三十一号召开的中共第三次全国代表大会，当选为中共中央执行委员，任中央局秘书，协助中央局委员长陈独秀工作。回到长沙，毛泽东遵照中央决定，在湖南筹建国民党。十一月十三日，毛泽东的次子毛岸青在板仓杨家出生。

毛泽东在家小住了三个月，又奉命前往上海，准备去广州参加中国国民党第一次全国代表大会。在这次会议上，毛泽东当选为国民党中央委员会候补委员。临行前，他作词《贺新郎·别友》送妻子：

贺新郎·别友

挥手从兹去。更那堪凄然相向，苦情重诉。眼角眉梢都似恨，热泪欲零还住。知误会前番书语。过眼滔滔云共雾，算人间知己吾和汝。人有病，天知否？

今朝霜重东门路，照横塘半天残月，凄清如许。汽笛一声肠已断，从此天涯孤旅。凭割断愁丝恨缕。要似昆仑崩绝壁，又恰像台风扫寰宇。重比翼，和云翥。

一九二四年六月初，杨开慧同母亲携儿子岸英、岸青来到上海。毛泽东到码头等候迎接，结束了魂牵梦绕的夫妻两地分居的生活，得以"重比翼，和云翥"。他们住在"党中央宿舍"——英租界慕尔鸣路甲秀里（今威海路五八三弄）一幢两层石库门的老房子里，和蔡和森、向警予夫妇住

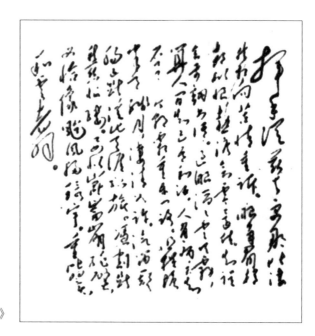

毛泽东手书《贺新郎·别友》

在一起，对外称是一家人。杨开慧除担负家务之外，还帮助毛泽东整理材料、誊写文稿等，并经常到小沙渡路工人夜校去讲课。

在上海，毛泽东难得和妻儿团聚了半年。因积劳成疾，患病在身，毛泽东不得不请假回湘疗养。十二月，他们一家回到长沙。

一九二五年一月在岳母家过了春节之后，二月六日，毛泽东、杨开慧夫妇携两个儿子回到韶山，并带回一百多斤重的书籍。毛泽东一边养病一边做社会调查，遍访朋友、同学、亲戚和左邻右舍，谈家常，论时事。六月中旬，中共韶山支部在毛泽东家中成立。

八月，毛泽东组织农民开展"平粜阻运"谷米斗争。二十八日，湖南省长赵恒惕接到土豪成胥生的密报，立即电令湘潭团防局派人逮捕毛泽东。毛泽东在湘潭、韶山党组织和群众的帮助下，离开韶山，去长沙。

毛泽东这次历险，据当年雪耻会会员郭运泉回忆：郭麓宾"在县长办公桌上看到了赵恒惕的密电，上面写着'立即逮捕毛泽东，就地正法'。他看后退出县长办公室，写信交给侄郭士奎（在此县当炊事员），叫他连夜送给毛主席。主席拆开信看，我也在旁边看，信上写着'泽东兄，事

杨开慧与儿子岸英、岸青

急，省里密电拿你，务希在今晚离开韶山'"。

另据毛泽民夫人王淑兰回忆说："那天下午，泽东同志在谭家冲开会，县里郭麓宾派人送信到家里，派来的人是竹山湾张满姑的崽，姓郭。送来信后，家里就派人去谭家冲喊了他。他接到信，又用开水泡点饭吃，轿子是我给他请的。泽东同志先给他们讲好，抬的谁？抬的郎中。送轿子的人，只一天一夜就回来了。团防局隔了几天才来捉泽东同志，因泽东同志没在家，只开了些钱就了事。"

这年秋天，毛泽东作词《沁园春·长沙》。

沁园春·长沙

　　独立寒秋，湘江北去，橘子洲头。看万山红遍，层林尽染；漫江碧透，百舸争流。鹰击长空，鱼翔浅底，万类霜天竞自由。怅寥廓，问苍茫大地，谁主沉浮？

　　携来百侣曾游。忆往昔峥嵘岁月稠。恰同学少年，风华正茂；书生意气，挥斥方遒。指点江山，激扬文字，粪土当年万户侯。曾记否，到中流击水，浪遏飞舟？

九月上旬，毛泽东动身经衡阳、资兴、耒阳、郴州、宜章、韶关，于中旬到达广州。因身体虚弱，住东山医院疗养。十月，在汪精卫的推荐下，代理国民党中央宣传部部长。十二月五日，主编的《政治周报》创刊。毛泽东在为该刊撰写的《〈政治周报〉发刊理由》中指出："为什么出版《政治周报》？为了革命。为什么要革命？为了使中华民族得到解放，为了实现人民的统治，为了使人民得到经济的幸福。"在本期毛泽东还以"润"为笔名发表了七篇杂文，揭露和抨击广东军阀、政客和以戴季陶为首的国民党右派的反革命宣传。是年底，杨开慧同母亲携岸英、岸青由湖南到广州，住在东山庙前西街三十八号。杨开慧协助毛泽东从事革命活动和编辑《政治周报》，并担任联络工作，与周恩来、邓中夏、恽代英、林伯渠、李富春等人有过密切交往。

一九二六年三月十九日，国民党中常委第十三次会议批准毛泽东任第六届农民运动讲习所所长。三月二十日，蒋介石制造了"中山舰事件"。毛泽东直到十一月上旬才离开广州去上海。此间，毛泽东多次参加国民党的高层会议，并在农讲所、黄埔军校等地方讲课。

北伐战争开始后，杨开慧于一九二六年十月回到长沙，毛泽东也由广州前往上海，之后再到武汉。十二月十七日，毛泽东回到长沙，与杨开慧住在望麓园。第二年新年伊始，毛泽东就开始在湖南农村进行调查研究，考察农民运动，直至二月五日，历时三十二天的湖南长沙、醴陵、湘潭、衡山和湘乡五县考察结束。这就是后来著名的《湖南农民运动考察报告》的来源。

一九二七年二月，毛泽东一家先后由长沙来到武昌。杨开慧带岸英、岸青和保姆陈玉英到武昌后住在武昌都府堤四十一号。四月四日，三子毛岸龙在武汉出生。①

一九二七年四月二十七日至五月九日，毛泽东出席中共第五次全国代表大会。大会的中心议题是确定党在紧急时期的任务，批评了陈独秀的右倾错误。毛泽东提出的一个农民运动决议案，主张解决农民急需解决的土地问题，建议广泛地重新分配土地，大会没有采纳，甚至未予讨论。毛泽东当选候补中央执行委员，陈独秀为总书记。因为与陈独秀领导的中共中央坚持右倾机会主义路线的意见相左，毛泽东再次"赋闲"。这时，贤惠的妻子陪同忧郁不得志的丈夫，默默无语地登上黄鹤楼。看滚滚长江东逝水，惊涛拍岸，明媚的春光与诗人苍凉的心境形成了强烈的反差，忧郁？彷徨？不知如何是好？不知路在何方？毛泽东面对中共高层正在走着一条错误的路线，大革命即将面临失败的危险，可自己却是人微言轻，无法扭转乾坤，内心恰如这一江波涛，汹涌澎湃。诗人再次用自己的诗歌表达了自己的心境——

---

① 1931 年夏初，毛岸龙因患噤口痢经救治无效，在上海病亡。

菩萨蛮·黄鹤楼

茫茫九派流中国，沉沉一线穿南北。

烟雨莽苍苍，龟蛇锁大江。

黄鹤知何去？剩有游人处。

把酒酹滔滔，心潮逐浪高！

八七会议后，当选为中央政治局候补委员的毛泽东，不愿去大城市住高楼大厦，却愿到农村去，"上山"结交绿林好汉。八月十二日，毛泽东以特派员身份从武汉回到长沙，住在杨开慧的娘家。八月十八日，在长沙市郊沈家大屋召开中共湖南省委会议，决定以中共的名义来发动秋收暴动。

八月三十一日晨，毛泽东乘火车去安源部署武装起义。毛泽东与杨开慧像往常一样匆匆分别，甚至还没来得及告别，只是把这当作一次普通的出门，然而这一别竟成永诀，成了生离死别！

九月九日，秋收起义爆发。后来，毛泽东就把队伍拉上了井冈山。

这个时候，岸英五岁，岸青四岁，岸龙才六个月。

上了井冈山，毛泽东开始了他真正的"枪杆子里面出政权"的伟大革命实践，朱毛会师后，朱毛红军这支被蒋介石称作"赤匪"的农民队伍，依靠革命实践总结的十六个字的游击战术，打遍天下，并赢得了天下。

西江月·井冈山

山下旌旗在望，山头鼓角相闻。

敌军围困万千重，我自岿然不动。

早已森严壁垒，更加众志成城。

黄洋界上炮声隆，报道敌军宵遁。

在这片"旌旗在望，鼓角相闻"的中国第一块红色革命根据地里，毛泽东没有忘记在长沙板仓家中苦苦为他守候、抚育幼儿的妻子。他用暗语给妻子写了一封信，说：我出门以后，开始生意不好，亏了本，现在生意好了，兴旺起来了。然而，这封信直到一九二八年初才辗转到了杨开慧的手中。她在家中翻箱倒柜找到了一张地图，终于找到了这个从来没有听说过的井冈山在哪里，知道了丈夫还活着，还在牵挂着她和孩子。可这也更令她牵肠挂肚——

天阴起溯（朔）风，浓寒入肌骨。

念兹远行人，平波突起伏。

足疾已否瘥？寒衣是否备？

孤眠 [谁] 爱护，是否亦凄苦?

书信不可通，欲问无 [人语]。

恨无双飞翮，飞去见兹人。

兹人不得见, [悯] 怅无已时。

在"板仓杨"家中坚持地下活动的杨开慧，在一九二八年十月默默写

杨开慧《偶感》手迹

下这首哀婉缠绵的《偶感》，思夫之情，何其真切！而这力透纸背、伸手可触的相思，又岂仅仅只是一次"偶感"呢？！我想该是她年年岁岁时时刻刻的思念吧？

一九三〇年七月，毛泽东作词《蝶恋花·从汀州向长沙》。

杨开慧

蝶恋花·从汀州向长沙

六月天兵征腐恶，
万丈长缨要把鲲鹏缚。
赣水那边红一角，
偏师借重黄公略。
百万工农齐踊跃，
席卷江西直捣湘和鄂。
国际悲歌歌一曲，
狂飙为我从天落。

蝶恋花——多美呀！当毛泽东指挥着他的红军士兵向长沙进发的时候，他肯定也在思念着他的妻子和儿子，而自己这只在外面飞来飞去的蝴蝶，又怎么不依恋那花一样温暖甜蜜的家呢？

一九三〇年八月，湖南省"清乡"司令何键悬赏大洋千元，缉拿"毛泽东妻子杨氏"。而也在这个夏天，红军两次攻入长沙，然而时间短暂，历史没有给他们夫妻团聚的机会。当地下党组织劝说杨开慧去找"毛委员"时，杨开慧回答说：润之没有让我走，我不能离开自己的岗位。

十月十四日，杨开慧被捕入狱。同时被捕入狱的还有八岁的毛岸英和保姆陈玉英。在狱中，杨开慧经受住了各种形式的威逼利诱，始终以一个共产党人的气节不屈不挠，坚决斗争。国民党反动派甚至说，只要她声明与毛泽东脱离夫妻关系，就可以马上得到自由。同样遭到杨开慧的严词拒绝。她还对前去探望她的亲人说："死不足惜，但愿润之之革命早日成功！"并嘱托说："我死后，不做俗人之举。"

一个月后的十一月十四日，杨开慧这个杰出的共产党员，这个英雄的母亲，这个忠贞的妻子，在长沙城浏阳门外的识字岭英勇就义，年仅二十九岁。

在行刑前，法官宣布死刑的时候，让杨开慧选择"枪毙或砍头"，她选择了前者。"因为她不想让头颅被挂在公共场合示众。刽子手并没有让她迅速地死亡，她身负枪伤，倒在地上挣扎。后来处理遗体的人发现，她手指甲里全是泥土。"[①]

"……我觉得我为母亲而生之外，是为他而生的，假如一天他死去了，我一定要跟着他去死！假如他被人捉去杀了，我一定要同他去共这个命运！"杨开慧用自己二十九岁的青春和生命践行了她两年前写下的爱情承诺。

这是一个多么伟大多么庄严的承诺！

生死相恋，杨开慧对毛泽东的爱情无疑是一段历史的绝唱！

遗憾的是毛泽东生前并没有看到妻子一九二九年六月二十日写的回忆录和一九二八年十月为他写的诗词《偶感》。我们也无法想象，当毛泽东听到或看到这一切时，他该是如何的感慨。然而，与毛泽东十年婚姻的情感，却并没有随着那一声罪恶的枪声而远去。杨开慧牺牲后，兄长杨开智委托族兄杨秀生出面，遗体被亲友连夜运回，办理了棺木，葬在青松环绕的棉花坡上。毛泽东从报纸上闻听噩耗后，"泪飞顿作倾盆雨"，当即致信杨开慧的亲属："开慧之死，百身莫赎。"并捐去三十块大洋为妻子修墓立

[①] 《黄河青山——黄仁宇回忆录》，黄仁宇著，生活·读书·新知三联书店2001年版，第218页。

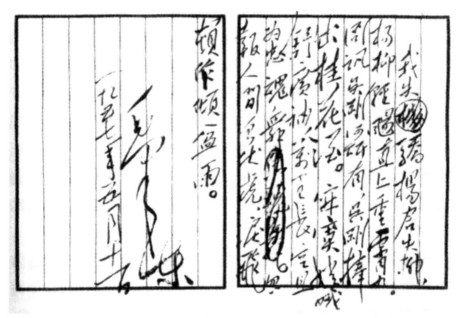

毛泽东《蝶恋花·答李淑一》手迹

碑，上刻"毛母杨开慧之墓　男岸英　岸青　岸龙刻　民国十九年冬立"等字样。

新中国成立后，毛泽东对杨开慧的爱情念念不忘，刻骨铭心。毛泽东在接见杨开慧的堂妹时说："你霞姐是有小孩子在身边牺牲的，很难得！""你霞姐是积极主张武装斗争的。"

在接见保姆陈玉英时，毛泽东详细询问了杨开慧被捕的经过和狱中情况后，感慨地说："开慧是个好人哩！岸英是个好伢子哩！革命胜利来之不易，我家就牺牲了六个，有的全家牺牲了。"

在中南海，毛泽东还对身边的卫士说："她的牺牲很大一个原因是她是毛泽东的夫人。爱人和孩子为我做出了很大牺牲，我是对他们负疚的。"

一九五七年五月十一日，毛泽东再次以"蝶恋花"词牌作词，赠给故人柳直荀的遗孀李淑一。值得注意的是，《蝶恋花·答李淑一》和《蝶恋花·从汀州向长沙》是毛泽东诗词中仅有的用"蝶恋花"词牌作词的两首，可见诗人毛泽东对初恋情人、妻子杨开慧之情有独钟。

蝶恋花·答李淑一

我失骄杨君失柳，杨柳轻飏直上重霄九。

问讯吴刚何所有，吴刚捧出桂花酒。

寂寞嫦娥舒广袖，万里长空且为忠魂舞。

忽报人间曾伏虎，泪飞顿作倾盆雨。

　　一九六二年，章士钊看完后就"骄杨"二字作何解释，请教毛泽东。毛泽东告诉他："女子革命而丧其元（头），焉得不骄？！"显然，"骄杨"是毛泽东对杨开慧的最高礼赞和深切怀念。后来，毛泽东应儿子毛岸青的要求，把这首词抄写给他们，毛泽东又将"骄杨"改为"杨花"，并说："称'杨花'也很贴切。"

　　此后，毛泽东经常委托友人、子女为杨开慧扫墓。杨开慧的母亲向振熙去世后，毛泽东写信志哀，说"我们两家同是一家，是一家，不分彼此"，并叮嘱可以与其"亲爱的夫人"同穴。由此可见，毛泽东对杨开慧爱之深远，情之真切。

　　"开慧之死，百身莫赎"——当在井冈山打游击的毛泽东听到妻子牺牲的噩耗时，他内心的苦痛就像一口深深的古井，没有曾经沧海，也没有除却巫山，表面的微澜却是刻骨的悲壮和铭心的哀愁，心潮的起伏就像那罗霄山脉的层峦叠嶂，把相思和悼念化作了黄洋界上令敌军宵遁的隆隆炮声……

第三章

革命第一　生死爱恋

——毛泽东和贺子珍

贺子珍的初恋并不是毛泽东。

但毛泽东却是贺子珍一生唯一的真爱。

毛泽东和贺子珍第一次见面是在一九二七年十月。秋收起义失败后，毛泽东率领他的队伍上了井冈山，并得到了袁文才和王佐的地方武装的支持，从此在这里站稳了脚跟。

而毛泽东与贺子珍相识不要忘记两个人，一个就是袁文才。

毛泽东一来到井冈山，袁文才就把他安排住在茅坪洋桥湖一个叫谢兆瑞的人家，睡在进门靠右侧的前间屋子。而此时，贺子珍也住在这个姓谢的人家，与袁文才的妻子谢梅香同住在后厅的左间屋子里。屋子里放了两张铺，谢梅香带着儿子袁耀烈睡一张，贺子珍睡一张。慢慢地三十四岁的毛泽东和十八岁的贺子珍就熟悉了。而毛泽东"每次出发前都去找贺子珍，敲她的门。贺子珍说：'有话到窗口说'，她就把窗户拉开一条小缝。主席说：我要走了。她心想：你要走了，跟我有什么关系？干吗要跟我讲？所以，以后每次主席要走，都来敲敲她的窗。他知道门是敲不开的，她是肯定不开门的。当时，贺子珍很有个性，心目中已经定了一个爱人。这个人很有才华，写了一手的好字，是江西的一个领导人。但是贺子珍没有表露过，她对任何人都没有表露过。主席懂得她，她想这个人。后来主席告诉她，这个人已经牺牲了"。

贺子珍

贺子珍的初恋名叫欧阳洛，是江西地区最早参加革命的人之一，当时是贺子珍的领导，曾任中共湖北省委书记，一九三〇年被捕牺牲。当毛泽东告诉贺子珍这个消息的时候，一开始她根本都不相信。"毛主席追求贺子珍很久，人家都笑他。他看中贺子珍有文化、是当地的才女，而且有性格，为了革命宁可牺牲自己的精神。"有一次，毛泽东和朱德正在开会，贺子珍也参加了。这时，敌人来了。贺子珍二话不说，自己出门骑上一匹没有马鞍的马，手上拿着两支枪，东西各放一枪，把敌人引开了。她转了一圈把敌人甩掉后，自己平安回来了。贺子珍的这股子英雄气也深深地吸引着毛泽东。慢慢地，他们相爱了。①

毛泽东和贺子珍相识还不能忘记另一个叫王新亚的人。而没有这个王新亚，毛泽东在秋收起义失败之后或许还不知道该往哪里去。而王新亚也是毛泽东在上井冈山之前，毛泽东和贺子珍双方都认识的唯一的一个人。王新亚是一名北

贺子珍和她的妹妹贺怡

---

① 《听外婆讲那过去的事情：毛泽东和贺子珍》，孔东梅著，中央文献出版社2005年版，第19页。

伐军军官，贺子珍是在江西永新认识他的。当贺子珍和哥哥贺敏学上井冈山的时候，王新亚却带着他的农民自卫军向湖南进发。分手的时候，王新亚还通过贺敏学留给贺子珍一百块银元。在湖南浏阳，王新亚和毛泽东会合，并向毛泽东介绍了永新、安福在大革命时期的斗争情况，讲了袁文才和王佐的队伍以及罗霄山脉的地理位置。后来王新亚的自卫军与安源矿工起义，参加毛泽东的队伍，成立了第二团，起义失败后离开了革命队伍。毛泽东正是从王新亚那里得知井冈山的群众基础和地形条件比较好，才决定在起义失败后投奔井冈山的。

当穿着破旧的灰布中山装、脖子上系着红绸带的毛泽东收拢余部，带着衣衫褴褛的队伍，跛着化脓糜烂的双脚在井冈山和袁文才、王佐第一次见面的时候，毛泽东就看见了一起来欢迎他的贺子珍。一开始，毛泽东还以为贺子珍是袁文才的女儿呢！当袁文才告诉他贺子珍是永新县委的干部的时候，毛泽东看她这么年轻，很是佩服。而袁文才对"毛委员"的到来非常高兴，把埋在地下的一千块银元挖了出来，用十二个竹筒子装好送给了毛泽东。

就这样，十八岁的"永新一枝花"，被人们当作神秘的"压寨夫人"的贺子珍成了井冈山革命根据地的第一个女战士。而这个个子不高不矮、瘦条个、瓜子脸、人品漂亮、待人和气、顶喜欢和人说话、热心肠又勇敢的年轻姑娘，一下子让毛泽东怦然心动了。

一九二八年春天，贺子珍率队前往永新塘边村发动土地革命，与后期到达的毛泽东等人会合。在这里，贺子珍在共同的工作和战斗中，逐渐认识了毛泽东，并协助毛泽东完成了《永新调查》和《宁冈调查》。哥哥贺敏学主动把自己的住处——茅坪八角楼让给了妹妹，从此，他们的爱情在井冈山迎来了春天。井冈山的岁月是艰苦的，也是他们一生最浪漫的时刻。毛泽东和贺子珍在八角楼享受着爱情，也共享着幸福和甜蜜。贺子珍晚年曾这么回忆说："物质生活虽然贫困，但我们的精神生活却是富有的。毛泽东博览群书，肚子里的墨水很多。夜深人静，他写累了，就给我讲他读过的故事，讲他的诗文。他的话，把我带入一个五光十色的书的世界。

我盼望有一天，也能像他那样，在书的世界遨游。常常是一个讲着，一个听着，不知不觉迎来新的一天。"

毛泽东和贺子珍就这样走到了一起。从一九二八年到一九三七年，尽管他们的婚姻仅仅只保持了十年，随着贺子珍出走苏联而结束，但他们生死与共患难与共的爱情，并没有随着岁月的流逝而改变，有伤也有泪，有痛也有恨，一切都成了永恒的永远。

当年轮又过了十圈，贺子珍满身伤痕地回到祖国怀抱的时候，毛泽东也是无限感慨。先是年初他同意王稼祥夫妇和罗荣桓夫妇帮助将贺子珍从精神病院接回国，接着在五月三十日致信时任中共中央妇委书记、东北局妇委书记的蔡畅，请她照顾好即将从苏联回国的贺子珍。八月，贺子珍携女儿娇娇和岸青抵达哈尔滨，先在东北财政部任机关总支部书记工作，后调至哈尔滨总工会干部处做工运工作。第二年她随机关迁至沈阳，并与妹妹贺怡会面。

与性格同样要强的贺怡相比，现在的贺子珍显得已经苍老了些，心境也苍凉了些。作为毛泽东的弟媳，贺怡要为一九三七年赌气出走的姐姐争这个名分，力劝姐姐回到毛泽东身边。贺子珍对此已经心静如水，没有梦想更没有奢望，觉得那是不可能的事情。但实在拗不过妹妹的好心好意，她犹豫了。这样，在贺怡的帮助下，贺子珍和女儿娇娇分别用俄文给毛泽东写了一封信。对女儿的来信，毛泽东可谓是喜出望外，立即用电报回复了（参见本书第九章《姣好千金 宝贝天使》）。而对贺子珍的来信，毛泽东还没有直接也没有那么快捷地回信。

贺子珍写给毛泽东的信大意是："主席：我已经回到中国来了。身体不太好，还在休养，并参加一些工作。我离开中国九年，对国内现有的情况不大了解，我要通过工作来了解情况。我在苏德战争期间，生活艰苦，什么都要干，比长征还苦。不过，这已经过去了，现在我要好好工作。现在我学做工会工作。我很感谢您对我妹妹和母亲的照顾，代我尽了姐姐和女儿的责任，我将终生铭记在心。"

毛泽东最后还是回信了，这封迟到近两年的信是在一九五〇年夏天才回复的。

这又是为什么呢？

一九四九年春，贺怡与到北京商讨翻译毛泽东哲学著作的苏联教授尤金一起，带着娇娇和毛岸青一起来到北京，住进了香山的双清别墅。性格泼辣、敢作敢为的贺怡在大哥毛泽东面前毫不掩饰地说："主席，我一是来送外甥女的，二是来给子珍姐找地位的。"贺怡觉得现在是要给自己的姐姐争个名分的时候了。毛泽东沉思良久没有回答。但据有关史料披露说，后来"毛泽东还是在石家庄约见贺怡，要贺怡把贺子珍找来，颇有重归于好的意思"。而且毛泽东还跟她说了一句意味深长的话："你让贺子珍到这里来，这是历史造成的事实了，我们还是按中国的老传统办吧。"然而按中国的什么老传统？又如何办？毛泽东并没有说。可是，等贺怡再次带着姐姐贺子珍来到北京的时候，却没有了上次那样顺利。当火车行至山海关的时候，贺子珍被自称为组织部门的人在山海关阻拦，被挡在了北京的大门之外，只得在天津住了几乎一个夏天。而这一切的真相都在一九四九年十一月二十一日，随着贺怡在寻找毛泽东和贺子珍于长征出发时寄养在江西的儿子毛毛时遇车祸身亡，而随之淹没在历史的尘埃之中了。而贺子珍这位英雄的前辈直到新中国成立了三十年之后才第一次来到中国的首都北京，而此时，她心爱的"老毛"已经离开这个世界整整三年！

贺子珍，或许是毛泽东内心永远说不出的痛。

一九三七年九月的一天，刚刚开完洛川会议回到延安的毛泽东，在凤凰山吴家窑的窑洞收到了妻子贺子珍的回信。信是他的警卫员从西安八贤庄八路军办事处捎回来的。这封被后人称作所谓"诀别信"的信件，其实只是一块白手帕。

从八月二十日到三十日，毛泽东在洛川整整待了十天。在这次中央政治局扩大会议上，毛泽东明确提出了中共军事战略应从"国内正规战争向抗日游击战争转变"。这一转变的伟大意义，历史已经证明了毛泽东的远见卓识。但当毛泽东回到凤凰山的窑洞时，他的那位说话快、走路也快、性子又急又爽快的妻子贺子珍已经离开家，到西安去了。人去屋空，他们甚至还没有来得及道一声别，哪怕一句嘘寒问暖的问候，哪怕挥一挥手也好。这不禁让毛泽东黯然神伤。然而，这一别，竟是二十二年——这简简单单的两位数，对于当时的毛泽东和贺子珍来说，无论如何是怎么也想不到的。

毛泽东到洛川开会去了，凤凰山窑洞的哨兵也撤了。因为美国记者史沫特莱的到来，爱跳舞的毛泽东与贺子珍的误解越来越大，猜疑、嫉妒这人之常情让夫妻间的矛盾冲突开始有了火药味，十年患难夫妻开始赌气吵架。贺子珍的刚烈脾气是出了名的，从上井冈山到下井冈山，从长征到延

1936年毛泽东和贺子珍在保安

安，身上留下十七块弹片的她，连毛泽东也爱称其为"女司令"。但这次，毛泽东似乎没有迁就贺子珍，他安排贺子珍去党校学习，甚至生气地与妻子分居。这更激怒了贺子珍，她感觉："毛泽东和井冈山、瑞金的那个毛泽东不一样了"，"他要是陪我吵，跟我吵，我会好受些，而采取这种态度我就伤心透了。这是以前不曾有过的，我认为他对我淡漠了，疏远了……"因此，从井冈山就开始担任毛泽东机要秘书的贺子珍，再也不想参加或列席她不知参加过多少次的由毛泽东主持的重要会议了。没有出席洛川会议的贺子珍也没有闲着，"老毛"的离开似乎让她觉得自己的生活反而安静了许多。距离是不是真的会产生美呢？贺子珍或许没有考虑那么多，她也没有那么浪漫。要不，她怎么会当"爱开玩笑"的毛泽东在与"开放无拘无束"的美国女人"又说又笑"的时候，"不仅骂了人家，两人还动手打了起来"呢？毛泽东因此"批评她不懂事，不顾影响"。可以想象，贺子珍怎么可能冷静得下来，对她来说，毛泽东首先是她的丈夫，然后才是主席。在贺子珍不听毛泽东的劝告的背后，藏着的却是一颗女人脆弱又有些要强、多疑和自卑的心。一气之下，贺子珍要离开延安，要去西安，要去上海，她要去治病，要去取出身上的十七块弹片，去学习文化、去"充电"，因为她知道在越来越多的知识青年和爱国学生涌向延安的时候，她肚子里有限的几滴墨水已经显得落伍了，她甚至觉得丈夫在"嫌弃"她了。

"老毛"不在家的日子，没有了三天两头的别扭，刀子嘴豆腐心的贺子珍表面上似乎更加轻松开心，和大家和睦相处，有说有笑，很是活跃。然而，这个时候的贺子珍内心或许更多的是充满着对未来的憧憬。因为她将要离开延安，离开毛泽东，到上海去①，到世界上另一个更加闻名的红色圣地——莫斯科去，这个地方就连批评她"不懂事"的丈夫、中共最高领导人毛泽东也还没有去过。她嘴里说的是"去治病、去学习、去休息"，而内心里其实是在跟"老毛"赌气，在跟有文化的"开放的美国女人"斗气，也是自己要为自己争口气——十六岁参加革命、十七岁领导革命、

---

① 在西安，贺子珍遇到钱希均，被告知上海淞沪抗战爆发，才决定转道去苏联治病。

1937年春毛泽东和贺子珍在延安

十八岁骑马挎枪走天下的她，要用先进的文化来武装自己，甚至包括学习跳舞。爱之深，情也切。她深爱着她的"老毛"，她害怕她的"老毛"疏远她离她而去。

河桥不相送，江树远含情。日理万机的毛泽东落寞地坐在吴家窑的窑洞里，在这四壁简陋、只挂着一些地图、唯一的奢侈品只是一顶蚊帐的家中，在那闪耀着微弱火花的油灯或烛光下，那个和自己一起夜里工作白天睡觉像个"夜猫子"一样勤劳无畏的妻子呢？那个夏天为他扇扇子驱蚊纳凉、冬天为他暖被生火的温柔体贴的妻子呢？那个从山上采摘新鲜的野杏自制成酸得掉牙的蜜饯的可爱能干的妻子呢？一切好像就发生在昨天，也就是一夜之间的事情。鸳鸯一只失群飞，一样分别两样情。毛泽东的内心何尝不是翻江倒海？他体味到了一种孤独，一种从未有过的孤独，一种高处不胜寒的孤独。写出《水调歌头·长沙》、《七律·长征》、《沁园春·雪》的诗人毛泽东，似乎再也没有了磅礴的诗情。一日夫妻百日恩，更何况他们已经是十年夫妻，患难与共，生死相恋。而与贺子珍的爱情，或许与毛泽东一生所保存的对"骄杨"杨开慧的初恋的激情有着本质的不同。对贺子珍，毛泽东的情感是另外一种，同样也令他铭心刻骨，怀念一生。他怎能忘记三起三落的井冈岁月；怎能忘记八角楼的灯光；又怎能忘记自己跛着脚第一次与这个勇敢美丽的"永新一枝花"见面时，她把他化脓糜烂的双脚命令似的放在她十八岁的掌心里擦洗换药；还有，她"年头一个年尾一个"为他生了十个孩子（贺子珍这次出走正怀着第十个孩子）……毛泽东不能没有贺子珍，是贺子珍陪伴着他度过了最艰难的革命岁月和他人生的低谷并重新崛起。忆往昔，峥嵘岁月稠。此时此刻，他多么希望妻子能够回到自己的身边，他们之间一定要也一定能够和睦相处。于是，他赶紧给她写了封信，派警卫员立即送到西安去，并要把她接回延安来。但，贺子珍没有回来。贺子珍只是请警卫员给丈夫毛泽东捎回了一块白手帕，上面只写着四个字："从此诀别"。

对贺子珍的离开，许多人都安慰她，规劝她，挽留她。在延安，和她一起从长征路上走过来的"三十女杰"之一的钟月林（宋任穷的夫人）苦劝她不要走；在西安，林伯渠和她的妯娌钱希均（毛泽民第二任夫人）都苦口婆心地劝她；到了兰州，毛泽东的老朋友谢觉哉、王定国夫妇又是好言相劝；再到乌鲁木齐，贺子珍的好友彭儒、陈正人夫妇受毛泽东委托，再次挽留。然而，这一切怎能挡得住这个年仅二十八岁，外表上看起来"简直是一个弱不禁风的少妇"，但"反抗的火焰毫未消灭"的"女司令"呢！（斯诺语，一九三六年）

衰兰送客咸阳道，天若有情天亦老。我们无法想象毛泽东手捧着这块白手帕时的心情到底如何？但有一点是肯定的，毛泽东内心深处依然挂念着贺子珍，他把贺子珍送给他的白手帕一直珍藏在自己的铁箱子里，珍藏在自己心灵的深处。他没有怨恨她，或许还有一丝歉疚，贺子珍的离开成了他心中一个隐隐的痛。许多年以后，住在中南海的毛泽东还曾多次跟别人说起他与贺子珍的感情，甚至跟他喜欢的卫士说："唉，她那次就是要走，听不进我的话。我哭了，怎么劝怎么说也没有制止她……"男儿有泪不轻弹，只是未到伤心处，更何况一代天骄

贺子珍在莫斯科

的伟人毛泽东!

　　毛泽东哭了!他一路不停地动员了自己能够动员的力量,再三挽留贺子珍。但一意孤行的贺子珍还是毅然决然地踏上了异国的土地,真是"东野不回头,有如寸梃撞巨钟"。这位枪林弹雨中走出来的女革命家,似乎没有了那么多的儿女情长,钢铁品格与豪爽气质使她甚至都不想与"老毛"道一声别,就离开了延安,开始了一条自己充满美好愿景却又无法预料和把握的未来。从延安到西安,从西安到兰州,从兰州到乌鲁木齐,从乌鲁木齐到苏联再到莫斯科,贺子珍踏上了一条不归路。西出阳关无故人,不堪回首,谁见泣离群?贺子珍哪里想得到,命运竟然注定跟她开了一个玩笑——为了天长地久,却失去了曾经拥有。历史没有假设——我不知道,假设贺子珍当年真的听毛泽东的话留下来了,我们有理由相信,二十世纪中国下半叶的历史或许将会改写。

　　在西安,刚刚从上海回来的毛泽民和钱希均夫妇告诉贺子珍淞沪抗战已经爆发。这应该给本想去上海的贺子珍改变主意提供了一个机会,但"好马不吃回头草"的贺子珍却因此要改道去莫斯科。为了劝其回心转意,和她从瑞金就一起并肩战斗的钱希均同她挤在一张床上,妯娌俩彻夜长谈。钱希均劝贺子珍"回到大哥身边去",说:"您走了,娇娇这么小,谁管啊!"贺子珍赌气说:"他管嘛!"钱希均接着说:"大哥谁管啊?"贺子珍不说话。同是女人、同是毛家的儿媳妇,钱希均似乎更能理解和呵护贺子珍的心,就开玩笑吓唬她说:"听说,一些延安的女青年专门找长征干部,你不怕你走了,有人去找他?"对此,贺子珍只是淡然一笑,似乎有些不以为然,说:"他爱我,我走到天边他也爱我;他不爱我,我天天在他身边,他也不爱。"几十年后,钱希均每每回忆起这番谈话,总是感叹不已,说:"贺子珍人很聪明,可性情太犟,谁会料到后来的变化。她还是太年轻了,想不了这么多,顾不了这么多!我们当时都太年轻了!"但即使如此,年轻气盛的贺子珍,临行前还是托钱希均给丈夫毛泽东带去一条被子,仍然担心她的丈夫"盖得太薄了"。钱希均就劝她:"你这么惦着他,这又何苦来!"贺子珍回答说:"生孩子生怕了,我要去治病,取弹片,做绝育手术，好好学习。我一定要走，治治他！”她还对钱希均说："等我两年。"两年，对年轻的贺子珍来说，治病、学习、休息，或许已经足够了。是的，两年不算很长，但又怎能算短呢？！

多情却似总无情。这两年，这一等，却是此恨绵绵无绝期了。尽管随着一九三八年第十个孩子儿子廖瓦的出生和夭折，以泪洗面的贺子珍开始意识到一年前的冲动和任性将会给自己带来惩罚性的后果，慢慢回心转意的她还是深情地给毛泽东写了一封信，并且附上自己在兰州照的相片，托回国的战友捎给丈夫毛泽东。然而，她没有得到回音。真的过了两年，一九三九年八月，就在周恩来在邓颖超的陪同下到苏联治疗臂伤的时候，带来了"老毛"的回信："自珍（贺子珍原名贺自珍）同志，你的照片已经收到。我一切都好，勿念……以后我们就是同志了。"

人自伤心水自流，面对丈夫如此委婉地提出分手，贺子珍纵是心曲千万端，悲来与谁说？只能独自咽下伤心泪。奈离别，如今真个是，愁肠欲断，连理分枝鸾失伴，人如风后入江云，情似雨余粘地絮，欲往也、留无计，欲去也、来无计，又是一场离散！要知道，这一年，贺子珍刚刚三十岁啊！正是青春半！

不知魂已断，空有梦相随。除却天边日，没人知。从此，贺子珍的世界改变了，她更加孤独，无望。比她小六十三岁的外孙女孔东梅在其著作《翻开我家老影集——我心中的外公毛泽东》中把外婆贺子珍的这段异国生活用两个字来概括——煎熬！是的，没有比这两个字更能形容贺子珍的艰难了！无论是生理上还是心理上，这位当年在井冈山和长征路上叱咤风云的"女司令"都从未遇到过这样的人生折磨。除了一九四一年毛泽东托朱德之女朱敏将他们唯一幸存的女儿娇娇（李敏）送到莫斯科，母女在异国有了短暂的团聚之外，贺子珍没有过上一天好日子。甚至从一九四一年秋天开始到一九四七年春天结束，因为苏德战争的爆发，贺子珍在被疏散到莫斯科郊外的伊万诺沃市，因与所在的国际儿童院发生冲突，竟然被当

1937年毛泽东和贺子珍在陕北

作疯子送进了精神病院，长达六年之久！ ① 而当她离开疯人院的时候，她离开毛泽东已经是第十个年头。人生有几个十年？！和毛泽东出生入死也不过才十年。而在这十个年头里，中国人民的抗日战争早已胜利结束，她的丈夫毛泽东已经指挥人民解放军控制了大半个中国，苍茫大地已经是我主沉浮！三千六百个日日夜夜的煎熬，贺子珍度日如年。

好在王稼祥夫妇和罗荣桓夫妇在这紧急的关头，以闪光的一笔为贺子珍也为历史打开了一扇迎接曙光的窗户。当王稼祥把贺子珍在苏联的遭遇电告毛泽东并请示是否由他们夫妇带贺子珍母女回国时，毛泽东亲自复电"完全同意"。从西北走出国门的贺子珍终于从东北回到了祖国的怀抱。此间，她的父亲母亲相继离去，但都受到了毛泽东的厚遇，生前亲自照料，身后为老人送终立碑。对此，贺子珍感激不尽，她写信告诉毛泽东："我很感谢您对我的妹妹和母亲的照顾，代我尽了姐姐和女儿的责任，我将终生铭记在心。"

一九四七年回国后，贺子珍就住在哈尔滨。这个时候的贺子珍并没有想去见毛泽东。这位英雄的母亲、英雄的妻子或许只想让时间来抚平昨日所有的创伤。但过去的又怎么能够就这么让它过去呢？十年复十年。十年来，贺子珍一直珍藏着一条红毛毯，哪怕就是被关在疯人院的时候，她也没有丢失——因为这条红毛毯是她和丈夫毛泽东共同盖过的！留有丈夫的体温和气息，还有她和他的恩恩爱爱。她把红毛毯和女儿一起带了回来。十年夫妻，除了女儿之外，如今真的就只剩下这条红毛毯了吗？在异国他乡，红毛毯留下了她多少相思和悔恨的泪水，红毛毯给了她多少美好又忧伤的回忆，红毛毯又曾陪伴着她度过了多少个不眠之夜，给了她继续活下去的温暖、信心和力量！

而同样也是一九四七年，开始担任毛泽东警卫工作的李银桥，有一次拎着毛泽东的一件"磨得薄如蝉翼而某些部位补丁摞补丁又厚似硬纸板"的灰军装，说："主席，你看看吧，再穿就该出洋相了。说不定你作报告，

---

① 《听外婆讲那过去的事情》，孔东梅著，中央文献出版社 2005 年版，第 172 页。

在台上一做手势它就会碎成布片了。"毛泽东接过衣服，一边"小心翼翼地放在大腿上，像抚摸伤病员一样抚摸那件旧衣，抚平上面的皱纹"，一边跟他说："它跟我参加过洛川会议呢。"这时，李银桥发现"毛泽东眼圈忽然湿润了，茫然地望着那件旧衣沉入静静的回忆。片刻，他又历数出旧衣的几件'功劳'，叹口长气：'这样吧，用它补衣服。它可以继续发挥作用，我也能继续见到它。'"毛泽东说这些话时，"仿佛眼前看到的不是旧衣，而是一位患难与共的老战友"。毫无疑问，毛泽东仍惦念着贺子珍。衣不如新，人不如故。孔东梅在她的著作《听外婆讲那过去的事情》中，以第三代女性的视角来审视她的外公外婆，看到了历史的破绽和玄机——外公毛泽东之所以念念不忘这件跟他参加过洛川会议的旧军衣的"功劳"，睹物思人，别有一番滋味在心头，这件不知道缝补过多少次、浆洗过多少回的军装，不就是患难与共的老战友贺子珍吗？！显然，毛泽东还在想念着贺子珍。

贺子珍回国后写给毛泽东的第一封信是罗荣桓帮助她拍的电报，目的是请求"老毛"批准她正在华东前线作战的哥哥贺敏学来东北手术治疗战斗中体内留下的两颗子弹。"老毛"隔了一天就回了电报：

子珍：

　　来电收悉。华东战局紧张，急需敏学在职就位。现在无法前
来治疗，以后有机会再予考虑。

电报是罗荣桓叫秘书念给贺子珍听的。贺子珍听完毛泽东的电报没有吭气，许久之后才告诉她的嫂子李立英说："毛主席的意见是对的。"尽管"老毛"没有同意她的请求，但"老毛"的来电还是令贺子珍兴奋不已。她似乎心安了许多，她的"老毛"起码没有拒绝她。于是贺子珍又沉浸在对往昔的回忆之中，姑嫂二人谈起"老毛"可谓是无话不谈，"详细得不得了"。这个时候，贺子珍也开始了新的工作，开始了新的生活，甚至还曾想过再婚。但尽管这样，贺子珍仍然有两大心愿：一是不要因为她曾经做

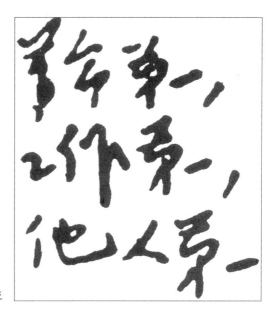

毛泽东手迹

过"第一夫人"就把她给"禁"起来；二是她想见毛泽东一面，说句话，握握手就行。

　　贺子珍的愿望看起来多么简单，已经十年没有见到毛泽东的她，多么想看一看毛泽东现在是胖了还是瘦了，多么想听一听毛泽东的声音，可这似乎对她来讲已经是一种奢望。一九四八年，与妹妹贺怡在沈阳的相见，再次鼓舞着贺子珍分别用中文和俄文给毛泽东写了一封短信，告诉他自己在苏联过的日子"比长征还要苦"。但这次毛泽东没有很快回信，而是在近两年后的一九五〇年夏天才回复说：

　　　　娇娇在我身边很好，我很喜欢她。望你保重身体，革命第一，身体第一，他人第一，顾全大局。

　　在这封家书中，毛泽东一开头就说"娇娇在我身边很好，我很喜欢她"。对女儿娇娇的爱，不正是毛泽东对贺子珍的爱吗？只是表达得含蓄又委婉。简简单单的问候中却蕴藏着毛泽东最深沉最博大的爱。但对历尽风雨蹉跎的贺子珍来说，她是否能从这简短的家书中，读懂她生死爱恋的"老毛"呢？毫无疑问，这个时刻的毛泽东和贺子珍内心都十分痛苦，而这一切又都只能深深地埋藏在心灵的深处。因此毛泽东说："望你保重身体，革命第一，身体第一，他人第一，顾全大局。"这既是安慰，也是劝说；既是思念，也是惆怅；既是解释，也是无奈……

贺子珍是在天津收到已经从西柏坡搬到北平香山双清别墅居住的毛泽东的这封回信的。此前，她本是和女儿娇娇、毛岸青、贺怡一起进京的。但就在行至山海关时，贺子珍被组织部门挡在北平的门槛外面，只能在天津守望，近在咫尺却又远在天边。此后，贺子珍被安排在上海休养。一九五三年毛泽东约见贺敏学时，曾提出让贺子珍再婚。带着妹妹一起扛着大刀长矛上井冈闹革命的贺敏学，深知妹妹的性格，他告诉毛泽东这"是不可能的事情"。一年后的一九五四年九月，一届全国人大一次会议召开，毛泽东在开幕式上讲话的录音通过电波反复播放，传遍大江南北。已经十七年没有听到毛泽东声音的贺子珍，在收音机里偶然听到了她朝思暮想的"老毛"那熟悉的湖南口音，她竟然一下子僵坐在椅子上晕了过去，直到第二天才被人发现。而开了一夜的收音机，已经烧坏了。

这一次，得知贺子珍病倒的消息后，六十岁的毛泽东第一次在女儿李敏面前流下了泪水。无情未必真豪杰，落泪如何不丈夫？！花甲垂泪，经历过太多生离死别，为了革命失去了妻子、弟弟、妹妹、儿子、女儿数位亲人的毛泽东托女儿给贺子珍带去了一封信，劝她要听医生的，看病吃药，不要抽那么多的烟。毛泽东的来信胜过任何良药，这次，痴情的贺子珍听了毛泽东的话，病情很快恢复。在北京学习、工作的女儿李敏就这样成了母亲与父亲之间的信使，来往于北京与上海之间。也就是在这个时候，毛泽东委托女儿给贺子珍捎来了一块白手帕。这块已经泛黄发旧的白手帕，是毛泽东一直用着的。而对女儿每次的上海探母之行，毛泽东都要为李敏亲自打点行装，备好各种北京的土特产品。有一次，毛泽东得到一条好烟，自己拆开一包抽了几根，但他后来还是省下来让女儿连同已经拆开的这包一起全送给了贺子珍。同样，李敏每次回京，贺子珍总会让女儿大包小包地带上"老毛"当年爱吃的在北方又不易买到的时鲜蔬菜。据李敏回忆，有一次，母亲贺子珍还特别请她给父亲带去一个耳挖勺。因为贺子珍知道毛泽东是个"油耳朵"，喜欢掏耳朵。千里送鹅毛，礼轻情义重。小小的一块白手帕和小小的一只耳挖勺，它们所承载的该是用语言如何也无力形容的爱情！这又岂是我们后辈所能全部读懂的呢？

女大当嫁。被毛泽东视作"洋宝贝"的女儿的婚事牵动着身在北京的毛泽东和在上海的贺子珍。一九五八年，当女儿领着自己的男友走进中南海的丰泽园时，毛泽东不动声色地端详了一下这个名叫孔令华的英俊小伙儿，父女只是相视一笑。对这个未来的女婿，毛泽东同意了。但毛泽东没有忘记这个"洋宝贝"女儿不仅仅是他一个人的，他主动跟李敏说："你们的事，是个大事。我同意了，还要征得你妈妈的同意。如果你妈妈没有意见，你就跟小孔去见他的父母。俗话说：丑媳妇也要见公婆哩！我的娇娃不丑，更要见公婆。"而此时已经搬到南昌休养的贺子珍同样告诉女儿："你爸爸同意的，我就同意。"

地球绕着太阳又转了二十二圈。时间的脚步终于走到了一九五九年。这年夏天，新中国的历史在江西庐山这座著名的"政治山"上又发生了一次惊人的"政治地震"——庐山会议召开了，彭德怀因为"万言书"从而"靠边站"了。庐山会议的功过是非任人评说，但这次会议的召开却给毛泽东与正在南昌休养的贺子珍的会面提供了千载难逢的机缘。而创造这个机缘的正是当年力劝贺子珍走下井冈山的曾志。早在一九三七年，当贺子珍前脚离开西安，曾志就后脚走进西安，两人遗憾地擦肩而过。一到延安，曾志就见到了毛泽东。毛泽东主动地把贺子珍之所以出走并且自己极力挽留的前因后果跟曾志说了，并感叹道："我同贺子珍还是有感情的，毕竟是十年夫妻嘛！"同二十二年前一样，随同丈夫陶铸（时任广东省委第一书记）来参加庐山会议的曾志，在南昌看望了贺子珍之后，一回到庐山，她就去见毛泽东，并告诉他看望贺子珍的情况。毛泽东再次极其真挚地说："我想见见她，毕竟是十年夫妻嘛！"同时，毛泽东请曾志对在江西挂职锻炼的副省长汪东兴讲，"乘江青还没有上山之前，将贺子珍接来。"毛泽东还认真细致地指明具体时间是"晚上两点，当卫士封耀松值班时再来"。

在汪东兴的安排之下，"毛贺会面"由曾志和时任庐山会议江西接待委员会主任的方志纯的夫人朱旦华（毛泽民的第三任夫人，毛远新之母）负责。后来，因陶铸怕江青知道后生出事端，曾志的任务改由杨尚奎（时任江西省委第一书记）的夫人水静承担。一九五九年七月九日晚，毛泽东和贺子珍终于在分别了二十二年后相见了。地点就是蒋介石为夫人宋美龄建造的著名的"美庐"。这次会面是秘密的，当事人一直都保守着这个秘密，直到几十年后才讲出来。而毛泽东一辈子也没有公开说起，包括对他们的女儿李敏——庐山会议后的八月二十三日，刚刚回到北京才一天的毛泽东就在中南海的菊香书屋为自己的"洋宝贝"女儿主持了婚礼，这是他在庐山相会中答应贺子珍的，因此这次婚礼也成为毛家历史上最隆重的婚礼。而在庐山上，毛泽东也没有忘记帮助"毛贺相会"的几位女性，前后两次在"美庐"请她们吃饭——第一次请的是曾志和朱旦华，四个菜；第二次请的是曾志、朱旦华和水静三个人，六个菜，毛泽东还陪三位夫人喝了一杯茅台酒。辣椒自然也是少不了的。

毛贺庐山相会，用孔东梅的话说"是外婆做梦也想不到的事情"。贺子珍是水静和卫士封耀松一左一右搀扶着走进"美庐"二楼的客厅的。二十二年，夫妻再相逢，贺子珍这一年整整五十岁！毛泽东六十六岁。

相逢不似长相忆，一度相逢一度愁。贺子珍似乎有些恍恍惚惚，断肠争忍回顾，话未出口泪先流。在见到毛泽东的最初一刻，她甚至无法相信站在眼前跟她微笑着打招呼的毛泽东，究竟是画像还是塑像。面对不停哭泣的贺子珍，毛泽东把茶水端到她的面前，轻轻地劝慰道："我们见面了，你不说话，老哭，以后见不到了，又想说了……"在毛泽东询问了她的身体、生活情况后，毛泽东告诉她现在"比以前更忙了"。在一问一答中，当毛泽东得知贺子珍在苏联的遭遇后，不禁轻轻地叹了口气说道："你当初为什么一定要走呢？"柔情胜似岭头云，别泪多如花上雨。贺子珍伤心透了，哽咽地说："都是我不好，我那时太不懂事了。"夜阑更秉烛，相对如梦寐。短短的九十分钟的会面，没有相拥而泣，亦没有握手言欢，只是临走的时候，贺子珍拿走了毛泽东的香烟和安眠药。因为拿走的安眠药有三种，必须按顺序服用，错服会出事的。毛泽东赶紧叫卫士封耀松打电话给水静，第二天早晨当他得知安眠药已经要回后，连连说："好！好！"但事后毛泽东告诉曾志，说贺子珍"不行了，她脑子坏了，答非所问"。这出乎曾志的意料之外，她不相信这是真的。其实，对于贺子珍，在分别二十二年后才见到她深爱的丈夫，早已是无语凝噎，委屈、心酸、激动、喜悦也恰似那一江春水，涛声依旧，一切又该从何说起？或许这也就是男人与女人的不同吧？毛泽东纵是浪漫的诗人也无法体味贺子珍的心情与心境，剪不断理还乱的她怎能对答如流呢？

对于庐山相会，孔东梅说这是外公毛泽东送给外婆贺子珍五十岁生日的礼物。而我却觉得更为令人难解，也最能说明毛泽东依旧惦念贺子珍的，或许正是他在庐山会议期间默写白居易的《琵琶行》。如今，"美庐"的一层展厅里就展示有毛泽东的手书《琵琶行》的复制品。但我们可以看到，毛泽东在书写中漏掉了六句四十二个字："转轴拨弦三两声，未成曲调先有情。弦弦掩抑声声思，似诉平生不得志。低眉信手续续弹，说尽心中无限事。"毛泽东如此手书是有意还是无意，我们不得而知，但在相隔二十二年的"毛贺相会"之后，革命家毛泽东的理性或许已经被诗人毛泽东的浪漫情怀所打动吧？孔东梅还举例，外公毛泽东在这个时期还曾多次默写著名诗人李商隐的诗句，比如《锦瑟》，比如《无题》等。尽管此后毛泽东和贺子珍都分别两次和三次登过庐山，但他们此后却再也没有相见，一别竟成永别！

一九七〇年，毛泽东最后一次登上庐山。在"芦林一号"，有一次他和服务员聊天，说了一句意味深长的话："贺子珍对我最好，长得也漂亮。她后来有病，老怀疑别人害她，谁都怀疑，但不怀疑我。"此后，贺子珍安安静静地住在上海湖南路一座幽静的花园里。花园里种有蜡梅花，这是毛泽东喜欢的，贺子珍不准任何人摘。但只有一个人例外，就是毛泽东的外孙女孔东梅。"花开不同赏，花落不同悲。欲问相思处，花开花落时"——我想这首古诗或许正是贺子珍心境的最好表达吧？

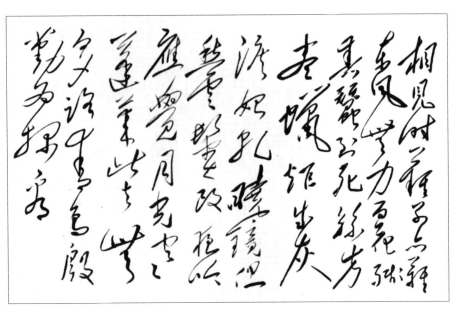

毛泽东手书《无题》

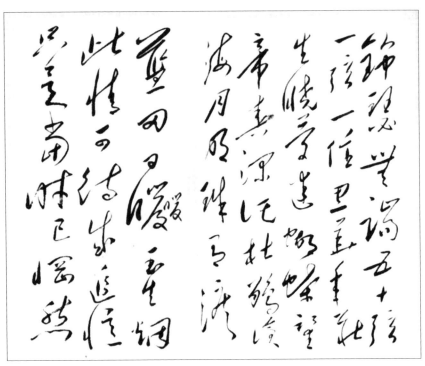

毛泽东手书《锦瑟》

一九七六年九月九日，中国的天空和大地一下子笼罩在巨大的悲恸之中。毛泽东的逝世，让高喊"毛主席万岁"、"毛主席万寿无疆"的中国人一下子变得迷茫起来，好像轮船失去了舵手和方向，禾苗没有了阳光雨露。在孔东梅的记忆中，似乎只有外婆贺子珍出人意料地异常冷静，她又着腰在房间里走来走去，自言自语："主席身体不是很好吗？怎么，一下子就走了？"显然女儿对妈妈隐瞒了爸爸的病情。孔东梅在书中记述了外公毛泽东病重时，妈妈李敏最后一次见到父亲的情景：毛泽东已经不能说话，为了表达自己的感情，用左手拇指与食指在女儿面前画了个"圆圈"。这是什么意思？这是一个神秘的符号吗？还是代表一个谶语？后来有人说毛泽东在女儿李敏面前的这个动作，指的是贺子珍。因为贺子珍的生日是八月十五中秋节，所以就有小名叫"桂圆"。而一九七六年的九月八日正好是农历八月十五。十五的月亮十六圆。毛泽东恰恰在贺子珍生日的第二天凌晨时分离开了这个世界。而关于这个"圆圈"的说法在民间还有几种版本，有人说这是毛泽东在书写自己的历史，历史是圆的，他从北京出发又回到了北京；也有人说，这是毛泽东在生命的最后时刻，无声地向这个世界告别，表达自己的思想——他的生命即将结束，走向人生的终点，画上了一个句号，至于是否圆满，那任由后人和历史评说。我不知道毛泽东的这个手势究竟是什么意思，或许永远也不会有人知道了。但如果让我猜，我宁愿相信——圆圈代表的就是"桂圆"贺子珍。

　　三年后的一九七九年，新中国迎来她三十岁的生日，贺子珍也迎来她七十岁的生日。卧病在床的贺子珍想到北京去，想到她的丈夫毛泽东和他的战友们以鲜血和生命建起来的新中国的首都看一看。女儿女婿自然满足了老人的心愿。九月八日，坐落在世界最大的广场——天安门广场上的毛主席纪念堂，静悄悄地迎来了最特殊的一位嘉宾——毛泽东的患难妻子贺子珍。贺子珍坐在轮椅上在女儿女婿的陪同下，向毛泽东敬献了花圈，上面写着："永远继承您的革命遗志。战友贺子珍率女儿李敏、女婿孔令华敬献。"随着轮椅的缓缓推进，随着升降机的缓缓托起，时隔庐山相会又整整过去了二十年，贺子珍再次见到了她的"革命战友"，她的"老毛"，可如今——一个在外头，一个在里头；一个坐着，一个躺着；一个醒着，一个睡着；一个来了，一个走了……贺子珍下定决心听从亲人和医护人员的提醒：不能哭。泣尽继以血，心摧两无声。她真的没有哭！经历了人生的至乐、至苦、至恨、至爱的贺子珍，紧紧地用牙齿咬着那块毛泽东送给她的白手帕，强忍着不让自己哭出声来，而滚动在她眼里几千次几万次的一滴泪，怎么也掉不下来哟！天不老，情难绝。心似双丝网，中有千千结。贺子珍——英雄的女性！我不知道，您嘴里紧紧咬着的这块白手帕，是不是四十二年前的一九三七年您送给"老毛"的那一块？

历史或许总会给历史留下谜团，留下许多解不开的情结，正因如此，历史才使历史本身充满魅力，从而让后来者知道本应该知道的，并想知道可能永远也不知道的……

第四章

知父爱子　英名永垂

—— 毛泽东和毛岸英

　　毛岸英，这是一个英雄的名字。

　　作为毛泽东的大儿子，这位童年时代就随母亲入狱坐牢，少年时代流浪街头，青年时期又在异国参加反法西斯战斗，回国后在抗美援朝战争中光荣牺牲的男子汉，毫无疑问是中国共产党第一代领导人的红色后代中的第一人。

　　毫无疑问，无论就其个人的历史背景，还是和平发展的中国现实社会，毛岸英这个名字都应该是一个榜样！

　　四方脸，高额头，阔鼻梁，卧蚕眉，长相酷似母亲杨开慧的毛岸英，一八〇厘米的个头与父亲毛泽东站在一起不分伯仲。一九二二年十月二十四日，毛岸英出生于长沙小吴门外的清水塘。按照韶山毛氏家族的族谱，岸英届"远"字辈，毛泽东为其取名"远仁"。作为毛泽东的儿子，毛岸英的人生注定与艰难困苦联系在一起。在生命的最初五年中，他随父母到过上海、武汉、广州。一九二七年大革命失败时，他又随母亲和两个弟弟回到长沙县东乡板仓的外婆家隐蔽。八月，毛泽东组织秋收起义，不得不与妻子握别。从此，父子天各一方，杳无音讯。在白色恐怖之下，为了安全，岸英对外改随母姓，叫杨永福。

八岁时，毛岸英与母亲杨开慧被当时国民党湖南军阀赵恒惕所领导的"清乡"司令部所属"铲共义勇队"区队长范觐熙（杨开慧家邻居）带领的枪兵抓获，被关进长沙协操坪监狱。在狱中，小岸英饱尝了人间的辛酸，知道了爱憎。凶残的敌人将母亲打得遍体鳞伤，岸英哭着用小手抚摸着母亲的伤痛，懂事地说："妈妈，现在他们打你，将来我长大了要狠狠地打他们。"

这个时候，父亲毛泽东领导的秋收起义已经失败，在一个名叫井冈山的地方开始以武装的革命反对武装的反革命，建立起中国的第一个革命根据地。一九三〇年十一月十四日，杨开慧惨遭杀害。从此，岸英永远失去了母亲和母爱。

小岸英亲身经历了这个生离死别的时刻。十多天后他才被舅舅杨开智、舅母李崇德从监狱中保释出来。为了避免再遭迫害，岸英和弟弟岸青、岸龙在外婆和舅母的保护下，送到当时党中央机关所在地上海，由叔父毛泽民安排进了大同幼稚园。大同幼稚园是中共驻上海的党组织为了安置、救济和培养革命烈士的后代，由党的外围组织"中国互济会"出面开办的。其间，四岁的小弟弟岸龙因病不幸夭折。

不久，因为顾顺章叛变等事件的发生，中共在上海的党组织遭到破

毛岸英、毛岸青、毛岸龙三兄弟在上海

毛岸英

坏，大同幼稚园的真实身份也已经暴露，一九三二年三月，党组织在无奈中决定将它解散，孩子们也被迫疏散。当时毛泽民夫妇已赴中央苏区工作，岸英兄弟在上海无亲无故，成了孤儿。党组织把毛岸英和弟弟毛岸青兄弟俩安排到幼稚园创办人之一的著名"红色牧师"董健吾家寄养，按月支付三十元的生活费。董以牧师身份为掩护做地下工作，从教堂领取薪水。然而，好景不长，到了一九三三年，中共中央迁往江西瑞金，党的经济资助中断，而董健吾本人也因身份暴露外出躲避追捕，董的原配妻子黄慧英在生活日趋困难的情况下，有些嫌弃，孩子们在吃不饱穿不暖的情况下还时常挨打受骂。于是，岸英和岸青离家出走，从此流落街头过着流浪的生活。

　　无处栖身无食果腹的岸英带着弟弟住在一座破庙里。母亲惨死，父亲又不知在何方，兄弟俩为了生存，只好靠当报童、卖油条、推板车、拾破烂来赚取一点钱，以换来一点食物充饥，可这也只能是饥一顿饱一顿，吃了这餐没下餐。有一次，岸青接了一张假票子，无法交上款，就挨了老板的打，可也只能忍气吞声，以泪洗面。有一天，他走到一根电线杆旁，看到地上有一小节粉笔，就捡起来在电杆上写下："打倒帝国主义！"恰巧被一特务碰见，这个狠心的家伙竟然拿起路边小贩的铁钳向岸青的头部猛击。小岸青遭此毒手，当即头破血流，昏倒在地，导致两耳受伤，大脑也严重受伤，从此落下终身不治之症。作为哥哥的岸英，自然又担起了照顾弟弟的责任。然而就是处在这样险恶的环境中，岸英和岸青仍不忘学习文化。为了买到一本《小学生词典》，兄弟俩勒紧裤带，坚持三个月不吃早饭，终于如愿以偿。这本小小的字典，岸英一直珍藏着。这种流浪的生活一直过了五年之久。新中国成立后，岸英在看电影《三毛流浪记》时还激动地说："那时我和岸青在上海的流浪生活和三毛相比，除了偷和给资本家做干儿子外，其他几乎都经历过。"毛泽东也感慨地说："为了革命事业，这些孩子从小就吃百家饭，走万里路啊。"

一九三五年秋，远在中央苏区任中央工农民主政府国民经济部长的毛泽民，托钱之光找到当时中央特科的潘汉年，帮助寻找毛岸英、毛岸青，直至一九三六年夏天，董健吾将他们兄弟俩从一座破庙的一帮流浪儿中间

毛岸英、毛岸青在莫斯科生活的莫尼诺第二国际儿童院

找到，这才与地下党接上关系。随后，又托张学良东北军的部下、抗联总司令李杜，利用他出国到西欧考察的机会带岸英兄弟俩到了法国巴黎。半年后，由当时任中共中央驻共产国际代表团副团长的康生，将他俩送到苏联莫斯科，并将他们送进了莫斯科市郊的莫尼诺第二国际儿童院。

岸英、岸青是一九三七年初到达莫斯科的，兄弟俩住在共产国际中国代表团的宿舍里，岸英不久就被送到莫斯科市郊的贡沏沃学习俄语。他们兄弟俩还各自取了一个俄国名字，岸英叫谢廖沙，岸青叫戈勒。也就是在这个时候，贺子珍来到苏联，尽管这位热心的"贺妈妈"经常主动地来看望他们，帮他们洗洗涮涮，嘘寒问暖，但在岸英和岸青眼里，这个名叫贺子珍的女人与他们毫无关系，心灵的大门始终是紧锁的。他们似乎怎么也感受不到这位"贺妈妈"的亲情，他们之间也似乎没有共同语言，更不会喊把他们视如己出的贺子珍一声"妈妈"。第二年春天，贺子珍与毛泽东最后一个儿子出生了。毛泽东的三个儿子，在异国的土地上欢聚在一起，开始了新的生活。作为哥哥，岸英和岸青两个人争着为弟弟取名字。最后，小弟弟的名字定下来，叫作廖瓦。然而只过了十个月，这个长相酷似父亲毛泽东的小弟弟廖瓦却不幸感染肺炎夭折了。这给岸英、岸青打击很大，懂事的兄弟俩一下子就接受了沉浸在丧子之痛中的"贺妈妈"，他们一下子找到了一种家的感觉。直到又过了两年，毛泽东和贺子珍的女儿娇娇（李敏）也被送到苏联，他们有了一个漂亮可爱的小妹，血肉相连，他们关系更加亲密了。

转眼到了一九三八年，有人从苏联带来了岸英、岸青的照片。看着相片上结结实实的两个小伙子，毛泽东喜出望外，久久凝视，热泪盈眶，看了一遍又一遍。要知道，他们父子分别不见已经整整十年！儿子尝尽了悲欢离合人间苦难，父亲也走过了长征的二万五千里备受磨难，而杨开慧也已经是"十年生死两茫茫"了，怎能不思量？怎不情难忘！

一九三八年三月，因有人要去苏联，毛泽东赶紧在四日这天给两个儿子写了一封家书——

亲爱的岸英、岸青：

时常想念你们，知道你们情形尚好，有进步，并接到了你们的照片，十分的欢喜。现因有便，托致此信，也希望你们写信给我。我是盼望你们来信啊！我的情形还好。以后有机会再写信给你们。祝你们健康、愉快与进步！

毛泽东

三月四日

这是毛泽东给儿子写的第一封家书。此时的毛泽东在延安孤身一人，妻子贺子珍一气之下与他诀别，他的心情不能不有些郁闷。尽管大部分时间都消耗在忙也忙不完的工作上，但当一人独处的时候，他的内心何尝不有一丝惆怅和忧伤呢？为了革命，他已经失去了六个孩子。他是丈夫，他思念妻子；他是父亲，他想念儿子。短短的一封家书又如何能诉尽十年的别离和思念呢？看到儿子已经长大，毛泽东怎么不激动怎么不怜惜呢？但繁忙的毛泽东没有时间与儿子话家长里短，没有心思诉思念之苦痛，他只是对"亲爱的岸英、岸青"说："时常想念你们，知道你们情形尚好，有进步，并接到了你们的照片，十分的欢喜。"语气十分平静随和，甚至难以让人感受到那种十年别离无消息的兴奋。但就在这平静的表面下，依然掩饰不了毛泽东内心的波澜，他跟儿子说"也希望你们写信给我"，接着又加重了语气说："我是盼望你们来信啊！"紧接着再说了一遍："以后有机会再写信给你们"。

毫无疑问，毛泽东的幸福感觉就像这三月里开冻的河流，虽不闻涛声，但滚滚奔涌，势不可挡。

整整一个月后的四月四日，毛泽东又迫不及待地托去苏联治疗眼病的"刘师长"刘伯承捎信给儿子，为了让儿子知道自己的模样，还附寄了一张照片。

毛泽东在信中说：

岸英、岸青二儿：

　　早一向给你们的信收到了没有？收到了，写点回信给我。现有刘师长来你们那里，托致此信，附照片一张，我们情形及打日本的情形他都可以晓得，他是一个很好的人。和森的女儿，我忘记了她的名字，去年我接到她寄来的照片，我也时常记念她。问你们的好！

毛泽东

四月四日

　　不久，儿子的回信千里迢迢地从莫斯科送到了延安，毛泽东虽没有手捧家书喜若狂，但分别了十年之久的父子总算有了书信来往，令毛泽东喜不自胜。

　　因为坠马致使右手臂粉碎性骨折的周恩来，一九三九年八月在邓颖超的陪同下从延安赴莫斯科治疗。八月二十六日，毛泽东又给儿子写了一封家书，托周恩来带给儿子。

岸英、岸青二儿：

　　你们上次信收到了。十分欢喜！

　　你们近来好否？有进步否？

　　我还好，也看了一点书，但不多，心里觉得很不满足。不如你们是专门学习的时候。

　　为你们及所有小同志，托林伯渠老同志买了一批书，寄给你们，不知收到否？来信告我。下次再写。

　　祝你们发展，向上，愉快！

毛泽东

一九三九年八月二十六日

　　这封家书虽然文字不多，但却洋溢着浓浓的父爱，可见毛泽东依然沉

毛泽东手迹

浸在与儿子交流沟通的愉悦之中，心情十分放松欢快。而自从与岸英、岸青联系上之后，作为父亲的毛泽东就立即想到了儿子读书学习的问题，并马上托林伯渠买了一大批图书邮寄过去，供儿子和他的中国同学们阅读学习。这一年，毛岸英已经十七岁。毛泽东更加关心儿子的成长，与即将成年的爱子交流思想和读书心得。但遗憾的是他这次寄到莫斯科的书在途中遗失了。

　　毛岸英、毛岸青是在一九三八年底搬到莫斯科市郊的共产国际第二儿童院学习的。到了一九三九年，毛岸英又转入苏联十年制学校的六年级插班学习。一九四〇年秋天第二国际儿童院和第一国际儿童院合并，孩子们离开莫斯科，坐火车到了三百公里外的伊万诺夫市，和第一国际儿童院的二十多个国家和民族的共产党领导人和革命烈士的子女住在一起。岸英很快就和这些孩子们熟悉了，与他们和睦相处，亲如一家。在和这些不同国家的少年的接触中，他不仅学会了俄语，还学会了英语、法语、德语的一些日常用语。岸英喜欢读书，尤其喜欢读古今中外历史、人物传记和战争的回忆录。他就和年龄比较大的蔡博（蔡和森之子）、郭志成（郭亮之子）、刘允斌（刘少奇之子）等组织了一个业余读书小组。因为岸英聪明好学成绩好，又勇敢坚忍，人直爽，有魄力，而且爱好"军事、政治和时事"，号召力强，大家都喜欢他，信任他，他逐渐成了儿童院里的"小领袖"。他先后担任了少先队的大队长、儿童院的团支部书记和儿童院所在的列宁区团委委员，经常应邀到各处去作报告。他还写过一篇《中国儿童在苏联》，文章长达三千多字，文笔流畅优美。后来由正在莫斯科治疗臂伤的周恩来带回国内，刊登在一九四〇年四月十二日延安的《新中华报》上，报社还配发了"编者按"。

在前后五年时间里，岸英不仅知识丰富了，视野开阔了，而且政治水平和写作能力也有了明显提高。于是，他给父亲写了一封长信，汇报学习体会和对世界政治、军事和国际关系的认识。毛泽东看了儿子的来信，十分欢喜，就写了一封长信，给儿子的学习提出了重要的意见。

岸英、岸青二儿：

很早以前，接到岸英的长信、岸青的信、岸英寄来的照片本、单张相片，并且是几次的信与照片，我都未复，很对你们不起，知你们悬念。

你们长进了，很欢喜的。岸英文理通顺，字也写得不坏。有进取的志气，是很好的。惟有一事向你们建议，趁着年纪尚轻，多向自然科学学习，少谈些政治。政治是要谈的。但目前以潜心多习自然科学为宜，社会科学辅之。将来可倒置过来，以社会科学为主，自然科学为辅。总之注意科学，只有科学是真学问，将来用处无穷。人家恭维你抬举你，这有一样好处，就是鼓励你上进；但有一样坏处，就是易长自满之气，得意忘形，有不知脚踏实地、实事求是的危险。你们有你们的前程，或好或坏，决定于你们自己及你们的直接环境，我不想来干涉你们。我的意见，只当作建议，由你们自己考虑决定。总之我欢喜你们，望你们更好。

毛泽东手迹

岸英要我写诗，我一点诗兴也没有，因此写不出。关于寄书，前年我托西安林伯渠①老同志寄了一大堆给你们少年集团②，听说没有收到，真是可惜。现再酌检一点寄上，大批的待后。

　　我的身体今年差些。自己不满意自己；读书也少，因为颇忙。你们情形如何？甚以为念。

毛泽东

一九四一年一月三十一日

　　这封家书是毛泽东写给儿子的家书中最长的一封。

　　而这封家书出自作为政治家的毛泽东之手，更令我们感受到了作为父亲的毛泽东对政治的一种难以言说的情怀。这很容易让我们想起曾国藩，毛泽东青年时代"独服"这位曾文正公，这个创造了"无湘不成军"的湖南人，在他的家书中也同样这样劝慰他的子孙——"凡人皆望子孙为大官，余不愿为大官，但愿为读书明理之君子"。

　　热爱政治、关注民生的毛泽东，从少年时代就把自己的热诚和热血投入到了汹涌澎湃的新文化运动和中国革命的波涛之中，并在这激流之中"击水中流"，发时代之先声，在湖南这芙蓉国中，学会了与湘水对饮对歌。如今，毛泽东领导着这支小米加步枪的队伍已经在中国的西北角，开始了开创一个新中国的梦想。革命尽管尚未成功，但已经是大势所趋，势不可挡，且指日可待。毛泽东在这个时候，却真诚且诚恳地给已经大有"长进"的儿子们提出了唯一一个要求——"惟有一事向你们建议，趁着年纪尚轻，多向自然科学学习，少谈些政治。政治是要谈的。但目前以潜心多习自然科学为宜，社会科学辅之。将来可倒置过来，以社会科学为主，自然科学为辅。总之注意科学，只有科学是真学问，将来用处无穷。"

---

　　① 林伯渠（1886—1960），湖南临澧人，名祖涵，号邃园。早年加入同盟会，参加推翻清朝的活动。1921年加入中国共产党，1927年参加南昌起义。1934年参加长征，任总供给部部长，1937年任陕甘宁边区政府主席。时任中共八路军办事处驻西安代表。

　　② 少年集团，是指中共党组织送往苏联学习的中国少年儿童。他们大都是中共革命前辈或先烈的子女。

毛岸英和国际儿童院的中国同学在父亲像前合影

毛泽东要儿子们"少谈政治",这在毛泽东的文稿中是十分罕见的。我想,其目的是要儿子们"趁着年纪尚轻,多向自然科学学习",因为"只有科学是真学问,将来用处无穷"。四十八岁的毛泽东或许从自己的成长中已经体会到了经验,感到自己相对社会科学而言,在自然科学知识上就显得贫乏些。因此作为父亲,毛泽东希望儿子们能从自己身上汲取教训,应该在年轻的时候,"以潜心多习自然科学为宜,社会科学辅之。将来可倒置过来,以社会科学为主,自然科学为辅"。毛泽东在这里告诉儿子的不仅仅是一种学习的方法,而的确是一种忠告,是一种科学的实践。但同时毛泽东也告诉他的孩子"政治是要谈的",只是时机、场合和主次的问题,学习是第一要务。因为只有等到自己有了真才实学和真本领以后,再谈政治也就有了基础和条件。毛泽东的这段话,真可谓金玉良言。

对儿子的成长进步,毛泽东感到由衷的欣慰:"你们长进了,很欢喜的。"尤其对儿子"有进取的志气",毛泽东更是给予肯定和鼓励。但毛泽东在信中，对孩子的成长也提了个醒，要求孩子谦虚谨慎，戒骄戒躁。他说："人家恭维你抬举你，这有一样好处，就是鼓励你上进；但有一样坏处，就是易长自满之气，得意忘形，有不知脚踏实地、实事求是的危险。"

从这信中的用词、语气、态度和字里行间所散发出的爱心，我们可以看到，毛泽东既是父亲，又是师长，还是朋友，和蔼可亲，坦诚相待，而且充满着平等民主的气氛。他说："你们有你们的前程，或好或坏，决定于你们自己及你们的直接环境，我不想来干涉你们。我的意见，只当作建议，由你们自己考虑决定。总之我欢喜你们，望你们更好。"毛泽东不干涉孩子的选择，让孩子独立自主地自己决定自己的前途和未来，平平淡淡的几句话，看似简简单单，却明明白白地表达了一个父亲深沉的爱和期望——"我欢喜你们，望你们更好"。政治家毛泽东的宽阔胸襟和博大情怀也淋漓尽致地展现在我们的面前。

在信一开头，毛泽东首先对没有及时给儿子回信，表示"很对你们不起，知你们悬念"；而在信的结尾处也谈到了自己的情况和思念之情："我的身体今年差些。自己不满意自己；读书也少，因为颇忙。你们情形如何？甚以为念。"在儿子的"悬念"与自己的"甚以为念"之间，毛泽东对远在千里之外异国他乡的儿子们，怎能不挂牵和思念呢？更何况他们已经分别十几载未见一面，孩子的母亲、自己的爱妻已经牺牲，孩子从小就没有在他身边过上幸福的生活，没有享受到应该享受到的父爱和母爱，他的内心又如何不有愧疚呢？

可怜天下父母心。无论是对工作学习，还是对为人处世，毛泽东在这封家书中对儿子的谆谆教诲，无疑都是一条透着人生真谛的真理，普普通通的话语中凝聚着一个伟人对儿子的希望，既丰富博大，又温情细腻，一个慈父的爱也在这平平常常的告诫中令人感动不已！伟人毛泽东爱子的热烈心跳力透纸背，伸手可触。

岸英在来信中要求父亲写诗，并希望寄些书给他们看。毛泽东说："岸英要我写诗，我一点诗兴也没有，因此写不出。……我的身体今年差些。自己不满意自己；读书也少，因为颇忙。你们情形如何？甚以为念。"作为诗人的毛泽东，在长征胜利、贺子珍离开他去苏联之后，的确再也没有写诗了。毛泽东自己说自己"一点诗兴也没有"，这除了与战争年代相比较而言一九四一年延安相对平静的生活有关，而更多的或许与毛泽东的个人情感生活中的恩恩怨怨有关。

当毛泽东听岸英说一九三九年他"托西安林伯渠老同志寄了一大堆给你们少年集团"的书"没有收到"时，他说"真是可惜"。于是，这次他又亲自选了二十一种书共六十册寄往莫斯科。毛泽东还特此注明："这些书赠岸英、岸青，并与各小同志共之，由林彪同志转交你们。"

从毛泽东随信所附的一张书单中可见这二十一种六十册书分别是：《精忠岳传》二册，《官场现形记》四册，《子不语正续》三册，《三国志》四册，《高中外国史》三册，《高中本国史》二册，《中国经济地理》一册，《大众哲学》一册，《中国历史教程》一册，《兰花梦奇传》一册，《峨眉剑侠传》四册，《小五义》六册，《续小五义》六册，《聊斋志异》四册，《水浒传》四册，《薛刚反唐》一册，《儒林外史》二册，《何典》一册，《清史演义》二册，《洪秀全》二册，《侠义江湖》六册。

毛泽东选定的这六十本书，不仅包括哲学、经学、史学、文学，还有武侠小说和经济地理；既有知识性，又有趣味性，很受远在苏联的"小同志"的欢迎。毛泽东在写这封家书时，正好是国民党反动派背信弃义发动了震惊中外的"皖南事变"的时候，斗争形势十分严峻复杂，毛泽东忙里偷闲，抽空给儿子写信寄书，可见伟人对下一代对未来的殷切期望和良苦用心。

然而就在毛岸英收到父亲寄来的这批书不久，一九四一年六月二十二日，德国法西斯背信弃义，向苏联发动了闪电式的进攻，苏德战争爆发，从此掀开了苏联人民卫国战争的序幕。十九岁的毛岸英，对战争的发展态势十分关注，每次听完广播后，就把战争的最新进展用表示苏联红军的小红旗和表示法西斯军队的小白旗在世界大地图上标记出来。

战争破坏了和平的生活，岸英所在儿童院的正常学习秩序也被打破，经费缩减了，物资供应困难，他们每天每人只能领到半公斤黑面包。面对艰苦的生活考验，为了支援前线，也为了劳动自给，岸英带领儿童院的孩子们种土豆、白菜、胡萝卜等蔬菜，并把收获的大部分上交。为了解决生活燃料问题，岸英和"小同志们"一起冒着大雪和零下三十多摄氏度的严寒，在森林里搭帐篷、伐木、劈柴。他们还在小作坊里学会了打铁，自制燃烧弹，旋炮弹壳、弹药箱子，支援前线。女孩子们也组织起来，给前线将士缝制内衣、手套、帽子、被子等。他们还组织起来，参加市内的保卫工作和民兵武装训练。

随着战争形势的发展，希特勒法西斯军队打到莫斯科郊外，几乎兵临城下。伊万诺夫城也危在旦夕，为了防备法西斯进攻城市，岸英带领国际儿童院的"小同志们"积极响应伊万诺夫市委的号召，冒着零下四十多摄氏度的严寒，加入了抢修战壕和挖反坦克壕的行列。他们用铁锹和钢钎一点一点地凿开冻土，手震裂了，脸冻破了，鲜血流出来了，他也不叫累不叫苦，任劳任怨。毛岸英还给延安的《新中华报》写信，报告苏联卫国战争的进程和苏联人民对中国抗战的伟大同情。

一九四一年冬末，鉴于卫国战争的严峻形势，联共（布）中央建议十六周岁以上的外国公民加入苏联国籍。当老师动员岸英加入苏联国籍时，十九岁的毛岸英却说：

参加苏联卫国战争时的毛岸英

"我是中国人，我爱我的祖国。只要祖国一声令下，我就要回到祖国去。"但毛岸英并不是一个狭隘的民族主义者，他愿意为苏联人民的独立和自由献身，在战争最艰苦的时刻，他积极要求参加前线作战。为此，他还用流利的俄文给斯大林写了一封信：

最高统帅部

敬爱的斯大林同志：

我是一名普通的中国青年，我在您领导下的苏联学习了五年，我爱苏联就像爱中国一样。我不能眼看德国法西斯的铁蹄蹂躏您的领土，我要替千千万万被杀害的苏联人民报仇。我坚决要求上战场，请您一定批准我的请求！

致革命敬礼！

谢廖沙

一九四二年五月于伊万诺夫

（毛泽东的儿子毛岸英）

有其父，必有其子。毛岸英不愧是毛泽东的儿子！他始终以一颗赤子之心深深地爱着自己的祖国，在许多人向往自己成为世界上第一个社会主义国家的公民的时候，他不因自己的祖国贫穷落后而丧失自我。而更加令人尊敬的是，在法西斯强盗面前，毛岸英没有退缩没有迟疑，而是毛遂自荐，积极主动要求上前线杀敌，要为"千千万万被杀害的苏联人民报仇"。可是毛岸英这信发出后，没有得到任何回音。他十分焦急，苦苦等待。就在这时，毛岸英认识了苏共驻共产国际的代表、苏军政治部副主任曼努意尔斯基将军，并提出希望允许他上前线作战。最后在这位将军的热心帮助下，毛岸英进入伊万诺沃苏雅士官学校快速班学习军事指挥。一九四三年一月，毛岸英又进入莫斯科列宁军政学校学习，同时被批准加入联共（布）党（一九四六年回国后转为中国共产党正式党员），介绍人给他写的鉴定是："政治觉悟高，学习好，劳动好，革命精神饱满，树立了为共产主义而奋斗终生的志向，可以入党。"不久，岸英也被送往伏龙芝军事学院深造。一九四四年毕业后，毛岸英被授予苏军中尉军衔，成为一名坦克连的指导员，正式加入苏军行列，参加了苏军的大反攻，千里扬戈进入东欧，先后在白俄罗斯、捷克斯洛伐克、波兰等国前线指挥作战。一九四五年，在苏军攻克柏林以前，他奉命回到莫斯科。为了表彰他的战功，也因为他是毛泽东的儿子，斯大林亲自接见了他，并赠他一支手枪作为纪念。战后，毛岸英进入莫斯科东方语言学院学习。

浮云一别，流水十年。一九四六年一月七日，在苏联经过长达九年的学习和磨炼之后，毛岸英回到了日夜思念的阔别十年的祖国，回到了父亲毛泽东的身边。而这是他们父子分别整整十九年后的第一次见面！

毛岸英五岁时与毛泽东分别，一九三七年十一月他十五岁时恢复了与父亲的书信联系，父子谈读书谈处世，也谈时事谈政治。如今二十四岁的毛岸英已经长得跟父亲差不多高了，结实健壮，英俊潇洒。而父亲毛泽东也已经是中共的领袖人物。

一月七日这天，毛岸英是随苏共派来给毛泽东治病的阿洛夫和米尔尼柯夫同机飞抵延安的。听说毛岸英要回到延安，参加重庆谈判回来以后就一直患病的毛泽东一下子来了精神，抱病亲自到机场迎接他情有独钟的长子。当他看到身着苏联陆军上尉军服的毛岸英从飞机上走下来时，他高兴地笑着走上前去，一把紧紧地抱住了儿子，说："你长这么高了！"接着才同来宾苏联医生阿洛夫和米尔尼柯夫一一握手。

毛岸英的归来，十九年后的第一次父子相逢，使从一九四五年十一月就开始患植物神经失调症的毛泽东，心情和身体似乎一下子好了许多，精神倍爽，病除大半。并在当日挥毫泼墨，给远在苏联的毛岸青写了一封信，抬头就称"岸青，我的亲爱的儿"，怜子之心跃然纸上。

十九年，魂牵梦绕挂肚牵肠的七千个日日夜夜，父子终于重逢，毛泽东怎能不高兴，他仔细打量着这个英俊的小伙子，魁梧的身材，开阔的眉宇，他怎能不发自心底地感到快慰，他简直是满意极了！第一天，毛泽东就特意吩咐做了几样菜，庆贺父子俩苦别之后的团聚。懂俄语、英语、德

久别重逢，眉开眼笑。毛泽东和毛岸英在延安

语，穿着苏军呢子制服和马靴，会跳交谊舞，写得一手无师自通又得乃父真传的狂草，为人处世大方开朗不拘小节的毛岸英，在延安确实显得很"洋气"。但毛泽东对自己的儿子要求非常严格。父子俩在一起只吃了两天饭，毛泽东便要毛岸英到机关食堂吃大灶。父亲提醒他说：延安虽"土"，但这里是中国革命的"圣地"，到处都有"真人"，不要"显摆"自己。毛岸英深深懂得父亲的教诲，完全明白父亲的用心，逐渐从了解、理解、认同与敬重，走向了能够与父亲进行思想的交融与沟通。

有一天，毛泽东把毛岸英喊去，父子俩坐在王家坪院子的槐树下交谈。毛泽东在询问岸英在苏联的学习情况后，说："你在苏联长大，对国内生活不熟悉。在苏联大学读书，住的是洋学堂，我们中国还有个学堂，这就是农业大学、劳动大学。"

毛岸英对父亲的话心领神会，高兴地说："我愿意向农民学习。"

不久，毛泽东把岸英介绍给当时著名的劳动模范吴满有，让他到吴家学种地，上"劳动大学"。毛泽东对岸英说："这就是校长，你过去吃的是面包牛奶，回来要吃中国的小米，可养人喽！"又指着岸英笑着对吴说："我现在给你送来一个学生，他住过外国的大学，没住过中国的大学。"

听毛泽东这么说，吴满有似乎有些受宠若惊，说："咱叫什么大学？咱啥也不懂。"

毛泽东诚恳地说："他还是个娃娃，我就拜托给你了，你要教他种地嘛。告诉他，庄稼怎样种出来的，怎样多打粮食。"

"这我还行。"吴满有高兴地答应了。

几天后，岸英按父亲的吩咐，他脱去大头皮鞋，换上父亲送给他的硬帮布鞋，穿上父亲穿过的已不知打了多少补丁的灰布棉袄，背上随身衣服、铺盖和一斗多小米，步行二十多里路，汗流浃背地来到了吴家枣园。从此，吃惯了洋面包的毛岸英，和陕北的乡亲们同吃、同睡、同劳动，睡一样的土炕，干一样的农活。他时刻牢记着父亲的嘱咐，什么活重，什么活脏，就拣什么活干。他学会了犁地，还学会了种洋芋，像大家一样脖子上挂着个布袋，一手抓粪，一手点种。他把学习得来的农业技术记在随身所带的本子上。歇息时，他还和乡亲们一起聊天读报，有时晚上还教农民及孩子们识字，给小朋友们讲故事，和农民兄弟打成一片。因此，乡亲们无论是大人还是小孩都非常喜欢他，乐意和他在一起。

毛岸英积极摆正自己的位置，自愿穿起大裤裆的棉裤走进"劳动大学"，用布满老茧的勤劳双手换回了"毕业证书"。其间，他还经常出门去拜访老革命、老同志，虚心地向他们讨教。他参加土改工作队，还抽时间翻译出版了恩格斯的《法德农民问题》等论著。

五十多天后，也就是一九四六年的夏天，蒋介石发动全面内战，胡宗南部也正在加紧作进攻延安的部署，形势越来越紧张。经毛泽东同意，村干部决定送岸英回延安去。当他离开吴家枣园时，村干部和男女老少同来送行，岸英恋恋不舍地离开了和他朝夕相处的乡亲。

岸英回到父亲身边，汇报了几个月的收获。见岸英一身灰土布褂子，头上扎着白羊肚毛巾的英雄结，英俊的脸庞闪着黧黑的光芒。毛泽东上下

回国后的毛岸英

打量着儿子，高兴地说："好啊！白胖子成了黑胖子喽！"

在"劳动大学"毕业后，毛岸英被安排在中共中央宣传部工作。为了了解中国历史，增加对现实理解的深度，毛岸英自己制定了一个学习计划，系统地学习哲学、马列著作、中国历史，尤其是现代史和中共党史等。学习中，毛岸英坚持做读书笔记，有问题就虚心向别人请教。此间，他还曾帮助曹靖华翻译了《俄国资本主义的发展》一书。在延安，毛岸英丝毫没有因为自己是毛泽东的儿子而搞什么特殊化，他穿的是一件旧军大衣，住的和普通干部群众一样，吃也是在机关的大食堂。要知道，那时延安有规定，凡是从苏联学习归来的人，特别是高干的爱人、子女，可以吃中灶。但岸英不肯，他坚持和大家一样，他不能辜负父亲对他的期望，他要把自己锻炼成一个了解中国国情、深知人民疾苦、能吃苦耐劳、意志顽强的人。一九四六年十一月，毛岸英随中宣部从延安撤到瓦窑堡一带，把自己的劳动和学习心得写信告诉了父亲。

毛泽东在他五十三岁生日这天给岸英回了一信——

岸英儿：

来信两封均收到。第二封信写得很好，这表示较之你初回国时不

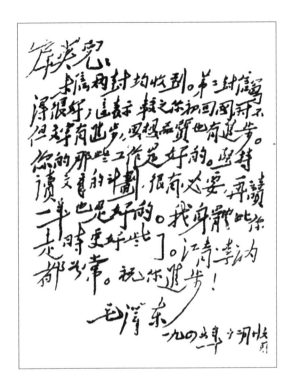

毛泽东手迹

但文字有进步，思想品质也有进步。你的那些工作是好的。坚持读文章的计划，很有必要，再读一年也是好的。我身体比你走时更好些了。江青、李讷都如常。

　　祝你进步！

毛泽东

一九四六年十二月廿六日

　　一九四七年春，国民党进攻延安，毛岸英随中央机关北撤，按毛泽东的安排，他去在山西临县郝家坡搞试点的土改工作团工作。岸英勤奋工作，在实际中表现出的政治思想水平，深受老一代和熟悉他的同志的好评。其间，毛岸英写信报告父亲说：两个月的收获比蹲在延安机关学习两年还多。

亲爱的爸爸：

我在郝家坡两个多月的土改工作中，学得了如下东西：

一、最重要的一点，认清了自己所站的无产阶级立场。

二、群众路线就是阶级路线加上民主作风。

三、不把农村中的阶级斗争掀起到最高程度，是不能发动广大农民群众的。

四、没有群众的监督，没有民主，干部便必然变坏，必然会在人民头上为所欲为，哪怕这个干部在未当干部时成分是很好的，人也是很好的。

五、只有用群众的力量，才能彻底改造我们的党政军。……没有下面的实际接触，在上面会上就是听一百个最好的报告，也是没有多大益处，接受不了，这好比地不耕而撒上哪怕是最好的种子，亦是徒劳无功，一阵风就吹走了……

由此可见，二十五岁的岸英，经过短短一年多的工作实践和理论学习，已经深深地理解并掌握了中共的路线方针和政策。在这封信里，毛岸英向父亲毛泽东汇报思想体会，并提出了自己对党的群众路线的见解和观点，表现了很高的政治觉悟。尤其他提出了"没有群众的监督，没有民主，干部便必然变坏"的观点，十分难能可贵。对此，毛泽东非常欣慰。

一九四七年八月，毛岸英离开土改工作团，去河北平山县西柏坡参加全国土地工作会议。也就是在这个时候，毛泽东收到了仍在苏联东方语言学院学习的毛岸青的来信。信是用俄文写的，毛泽东请人译出后，非常高兴，当即回复岸青一信。因为要译成俄文，一九四七年九月十二日毛泽东又致信岸英：

岸英儿：

别后，晋西北一信，平山一信，均已收到。看你的信，你在

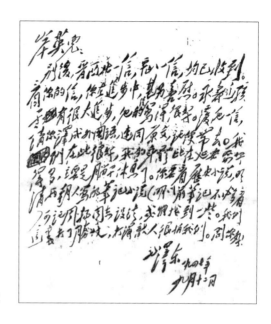

毛泽东手迹

进步中，甚为喜慰。永寿这孩子有很大进步，他的信写得很好。
复他一信，请你译成外国语，连同原文，托便带去。我们在此很
好，我的身体比在延安要好得多，主要是脑子休息了。你要看历
史小说。明清两朝人写的笔记小说（明以前笔记不必多看），可
托周扬同志设法，或能找到一些。我们这里打了胜仗，打得敌人
很怕我们。问你好！

毛泽东

一九四七年九月十二日

写这封家书的时候，毛泽东正与周恩来、任弼时率中央机关转战至陕
北佳县朱官寨。正如毛泽东在家书中所言："我们这里打了胜仗，打得敌人
很怕我们。"二十多天前的一九四七年八月二十日，由彭德怀指挥的西北
野战军在沙家店，仅用一天时间，歼敌三十六师主力六千余人。毛泽东在
沙家店战役总结大会上说："沙家店这一仗确实打得好，对西北战局有决定
意义，最困难的时期已经过去了。"而在这样的背景下，毛泽东面对两个

儿子的成长进步，其内心怎能不喜慰?

信中的"永寿这孩子"就是毛岸青，他在上海时曾化名杨永寿。此前毛泽东已经收到毛岸英从山西临县和河北平山县的两封信，因为忙于打仗，一直没有回复。这次因为收到了"有很大进步，他的信写得很好"的毛岸青从苏联的来信，他才分别给岸青和岸英各写了一封信，并将给岸青的信一起寄给岸英，请岸英翻译成俄文。显然，毛泽东为两个儿子的进步感到高兴。在信中，毛泽东再次对岸英谈到了读书的问题，并强调指出"你要看历史小说"，而且指出是"明清两朝人写的笔记小说"，且注明"明以前笔记不必多看"。学识渊博又人情味十足的毛泽东，以自己的读书心得和经验，再次为爱子指明了读书的方向。可怜天下父母心，伟人毛泽东也不例外。

正在西柏坡参加全国土地会议的毛岸英，收到父亲的家书后，立即抽空将父亲的信翻译出来，托人给岸青带去。

一九四七年五月三十日，毛泽东复电在东北工作的蔡畅（时任中共中央妇委书记，东北局妇委书记），告之已要苏联方面允许贺子珍回国去哈尔滨，并请她对贺加以照顾，一九四七年八月，贺子珍携娇娇和岸青回国。毛泽东知道后极为喜悦，于十月八日写信把这个消息告诉了毛岸英：

岸英：

告诉你，永寿回来了，到了哈尔滨。要进中学学中文，我已同意。这个孩子很久不见，很想看见他。你现在怎么样? 工作，还是学习? 一个人无论学什么或做什么，只要有热情，有恒心，不要那种无着落的与人民利益不相符合的个人主义的虚荣心，总是会有进步的。你给李讷写信没有? 她和我们的距离已很近，时常有信有她画的画寄的，身体好。我和江青都好。我比上次写信时更好些。这里气候已颇凉，要穿棉衣了。再谈。问你好!

毛泽东

一九四七年十月八日

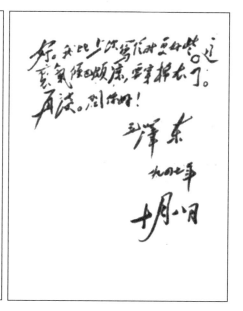

毛泽东手迹

一九四七年的十月上旬这短短的十天，住在陕西佳县神泉堡的毛泽东真是一个大忙人——他不仅修改并审定了《土地法大纲》，而且起草了《中国人民解放军宣言》，第一次响亮地提出了"打倒蒋介石，解放全中国"的口号，提出了"联合工农兵学商各被压迫阶级、各人民团体、各民主党派、各少数民族、各地华侨和其他爱国分子，组成民族统一战线，打倒蒋介石独裁政府，成立民主联合政府"的政治纲领。同时，他还审定了准备以人民解放军名义公布的政治口号，重新修订了"三大纪律八项注意"，并起草了《中国人民解放军训令》。在这样繁忙的工作中，当他得知二儿子岸青从苏联回国的消息后，还是按捺不住心情的激动，立即写信告诉他心爱的大儿子，字里行间洋溢着骨肉之亲情和天伦之温情。

毛泽东的信简洁明了，一句"岸英：告诉你，永寿回来了"，饱含着多浓多深的血缘之情啊！毛泽东好像在跟儿子说着悄悄话，一种幸福像花儿一样在他的心灵深处慢慢地绽放，又好像灿烂的朝阳在他内心里照耀。

接着，他告岸英说岸青"要进中学学中文，我已同意。这个孩子很久不见，很想看见他"。感情直截，一种温暖油然而生。

在毛泽东写给毛岸英的所有家书中，这封家书最受毛岸英珍藏。毛泽东告诫岸英说——一个人无论学什么或做什么，只要有热情，有恒心，不要那种无着落的与人民利益不相符合的个人主义的虚荣心，总是会有进步的。

我们可以在这封家书的手迹原件上看到，这句话的下面画上了杠杠。而且画的杠杠还不止一条，至少画了两次，一次是曲线，一次是直线。或许我们已经无法知道这杠杠到底是毛泽东自己写信时画的，还是毛岸英在看信时画的，但有一点是不需要分析和解释的，那就是毛泽东是在向儿子强调无论学习和工作，都不应该忘记要以人民的利益为根本，不断修养自己，提高自己，进步自己，这不正是一个共产党员最根本也最基本的要求吗？不正是共产党为人民服务的根本宗旨的具体体现吗？伟人毛泽东是在给他的儿子讲大道理，但这是一个实实在在的大道理，不是空洞的，也不是装腔作势的，没有做作，更不是卖弄，就是一个普通的父亲对儿子或者说是一个老革命家对一个年轻的革命者的希望、嘱咐和叮咛，是一种深沉的爱！一种真诚的爱！一种智慧的爱！

而对毛岸英来说，父亲的这句话也的的确确如阳光如雨露滋润着他的心田，沐浴着他成长，他不仅牢记在心，始终把他当作"家训"，而且也当作革命的"座右铭"。一九八四年，刘思齐回忆说："从此，岸英无论是在工作中，还是学习中，一直遵循着父亲对他的这一宝贵教导。岸英非常珍惜它，在他牺牲后，我在他的日记和几本笔记本的扉页上都看见过他对这一段话的摘录。这一教导已经成了他的座右铭。一九四九年五月，北平和平解放不久，父亲住在北平西郊香山的双清别墅，就在绿树成荫，和风煦煦，水波荡漾的双清池畔，岸英和我再一次聆听了父亲这一教导。当时的情景现在仍历历在目：父亲笑容可掬，语重心长，意深情切；岸英两眼熠熠闪光，聚精会神地聆听指教。我还记得，小鸟就在旁边的绿树丛中婉转啾鸣，池中红色的小鲤鱼也游上了水面，在我们的脚畔悠然地漂浮着，轻轻地摆着小尾巴，仿佛也在那里侧耳细听。后来岸英对我说：爸爸的这一教导，应该成为我们这一辈子的座右铭。"

因为自重庆谈判回到延安后，毛泽东的身体一直不是很好。岸英在延安第一次见到父亲时，毛泽东依然在病中。所以每次给父亲写信时，岸英都要关心毛泽东的身体状况。而为了让儿子放心工作，毛泽东每次回信都要说说自己的身体情况，以免儿子牵挂。在以上三封信中我们可以看到，毛泽东是这么说的——

"我身体比你走时更好些了。"（一九四六年十二月二十六日）"我们在此很好，我的身体比在延安要好得多，主要是脑子休息了。"（一九四七年九月十二日）"我比上次写信时更好些。这里气候已颇凉，要穿棉衣了。"（一九四七年十月八日）

关于毛泽东的病情，据时任中央书记处办公室主任的师哲回忆，到了一九四五年十一月，"毛主席的病情越来越令人担忧。我每天要看他几次。有时躺在床上，全身发抖，手脚痉挛，冷汗不止，不能成眠。他要求用冷湿毛巾敷头，照做了，却无济于事。这时延安的各个主要医院已经全部撤离，留在延安的医务人员仅有傅连暲、金茂岳和黄树则。他们都先后给毛主席看过病，但谁也没有能解除毛主席的病痛。"就在这无可奈何的情况下，师哲提议给斯大林发了一封求助电报，请苏联派医生来延安。而"毛主席生病的时候，江青到处指手画脚，把我这个中央书记处办公室主任拨弄得团团转"，四处为毛泽东找房子住，先是在柳树店住了一个多礼拜，因离机关太远，毛主席看不到文件，工作困难，最后还是搬到了王家坪的桃林住了下来。十二月初，斯大林来了回音，拟派一名内科和外科医生不日飞抵延安，这就是阿洛夫和米尔尼柯夫两位大夫。毛岸英也就是跟他们一起秘密回国的。

毛泽东这封信的结尾还叮嘱岸英"这里气候已颇凉，要穿棉衣了"，关爱之心可谓无微不至。信中，毛泽东还特此询问岸英"给李讷写信没有？她和我们的距离已很近，时常有信有她画的画寄的"。可见，毛泽东是尊重毛岸英的，也希望长子与江青、与小女儿有良好的家庭关系，和睦相处。当时李讷才七岁，一九四七年三月随中央机关家属子女撤出延安，

毛岸英与土改工作团成员合影

住在山西兴县。

　　一九四八年，毛岸英被调往山东渤海地区阳倍县沈家油塘乡张集，参加土改复查工作。一九四七年全国土地会议后，解放区土改整党中出现"左"的错误，并且有蔓延的趋势，为此毛泽东提出了"政策和策略是党的生命"的口号，使党的政策走上正轨。毛岸英运用自己所学的理论知识，在实践中深刻理解和把握了党的政策，因此在张集划成分时，他实事求是，从实际出发，表现了较高的政治水平。对此，周恩来在中央机关的一次会上给予了很高评价：毛岸英同志在土地改革运动中的一些意见是正确的，很有学问，他攻读了不少马列著作，有较高的马列主义理论水平。

　　一九四八年四月二十一日，西北野战军收复延安。毛泽东也已于三月二十三日离开陕北，和周恩来、任弼时一起开始了东移的征途。他们从陕西吴堡县川口渡口的黄河西岸渡过黄河，到达了黄河东岸，踏上了晋绥解放区的山西临县，进入了晋察冀解放区。他们马不停蹄，一路经过岢岚、神池、雁门关、代县，在大风雪中翻越了五台山，于四月十二日到达河北阜平县西下关村。在这里，毛泽东和周恩来、任弼时等就毛泽东去苏联访问的事宜进行商议，并决定暂时留在晋察冀军区所在地城南庄。第二天，毛泽东是在聂荣臻的陪同下来到城南庄的，住进了军区大院。四月二十九日，也就是在主持召开中共中央书记处扩大会议即城南庄会议的前一天，毛泽东给在山东参加土改复查工作的毛岸英又写了一封家书：

　　岸英儿：

　　　　我们到了石家庄。岸青有信给你，是俄文。原文临行掉了。兹将译文付上。你近来怎样？我们尚好。李讷小病一次，已好。祝你工作顺利。

你的父亲

一九四八年四月廿九日

　　一九四八年五月，中共中央和毛泽东到了平山县西柏坡。不久，毛岸英也来到这里和父亲相聚了。十二月，毛岸英进入中央机关保卫训练班学习，为党中央、毛泽东安全进入北平做准备。一九四九年一月三十一日，北平和平解放。第二天，毛岸英就陪同两个扫雷专家，带领华北军区的一个工兵排，作为中央机关的先遣队，首批进入北平。他们的任务是排除地雷炸弹，消除各种危险因素，保证水电、交通畅通，确保中共中央机关和党的领导人安全进入北平。

　　因为当时中央领导人暂时住在颐和园，而园围墙外还有原国民党军队留下的地堡、火力点，一疏忽可能就酿成大祸。三月二十四日这天，岸英接到通知，说中央领导和毛主席第二天下午就要进驻北平。可室内室外还

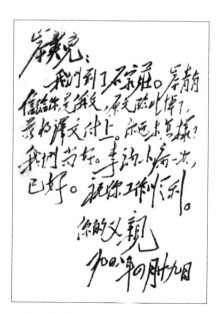

毛泽东手迹

有大量的工作亟待完成，而且光沿着围墙走一圈就有十八公里长，任务十分艰巨！最后他们干脆五人分成一组，胳膊挽着胳膊，顺着颐和园大大小小里里外外的所有道路走一遍，冒着生命危险消除了安全隐患，保证了党中央、毛主席的安全。

从此，毛泽东和毛岸英就都住在了北京。此后毛泽东忙于开国大事和处理国是，也很少有时间给岸英写信了，只是一有空父子俩就坐在一起谈谈心，聊一聊，无拘无束，海阔天空，亲密无间。

天下底定，政权稳握。作为开国领袖毛泽东长子的毛岸英，按中国几千年封建传统的看法，他无疑是一个炙手可热的人物。但岸英却始终牢记着父亲毛泽东在写给他的家书中的教导："一个人无论学什么或做什么，只要有热情，有恒心，不要那种无着落的与人民利益不相符合的个人主义的虚荣心，总是会有进步的。"始终以一个共产党员的身份严格要求自己，他既没有半点优越感，更没有搞什么特权，反而更加谦虚谨慎了。在北京参加工作后，许多亲戚朋友给他写信，有的直接到北京来找他，要求安排工作，但岸英像父亲一样，对于违背党的原则的事情一律拒之，在法理和情理的天平上，他始终顾大局、识大体，不搞个人关系，并对亲友不合理的要求进行了严厉批评和坚决抵制。

一九四九年十月，舅父杨开智托人找他要求安排工作，提出："希望在长沙有厅长方面的位置"。对自己亲舅舅的不正当要求，毛岸英在给表舅向三立的回信中说道："我非常替他惭愧，新的时代，这种一步登高的做官思想，已是极端落后的人。而尤其以通过我父亲即能'上任'，更是要不得的想法。新中国之所以不同于旧中国，共产党之所以不同于国民党，毛泽东之所以不同于蒋介石，毛泽东的子女妻舅之所以不同于蒋介石的子女妻舅，除了其他更基本的原因外，正在于此：皇亲贵戚仗势发财，少数人统治多数人的时代已经一去不复返了。靠自己的劳动和才能吃饭的时代已经来临了。在这一点上，中国人民已经获得了根本的胜利。而这一层，舅父恐怕还没有觉悟，望他慢慢觉悟，否则很难在新中国工作下去，翻身是广大群众的翻身，而不是几个特殊人物的翻身。"

"……反动派常常骂共产党没有人情，不讲人情，如果他们所指的是这种帮助亲戚、朋友、同乡、同事做官发财的人情的话，那么我们共产党人正是没有这种人情、不讲这种人情。共产党有的是另一种人情，那便是对人民的无限热爱，对劳苦大众的无限热爱，其中包括自己的父母子女亲戚在内。当然，对于自己的近亲，对于自己的爹、母、子、女、妻、舅、兄、弟、姨、叔是有一层特别感情的，一种与血统家族有关的人的深厚感情的。这种特别感情，共产党不仅不否认，而且加以巩固，并努力于引导它走向正确的与人民利益相符合的、有利于人民的途径。但如果这种特别感情超出了私人范围，并与人民利益相抵触时，共产党是坚决站在后方面的，即'大义灭亲'亦在所不惜。

"我绝不能也绝不愿违背原则做事，我本人是一部伟大的机器中的一个极普通极平凡的小螺丝钉，同时也没有'权力'、没有'本钱'，更没有'志向'来做这些扶助亲戚'高升'的事。至于我的父亲，他是这种做法的最坚决的反对者，因为这种做法是与共产主义思想、毛泽东思想水火不相容，是与人民大众的利益水火不相容的，是极不公平的，极不合理的。……"

在信中，毛岸英还说："我爱我的外祖母，我对她有深厚的描写不出的感情。但

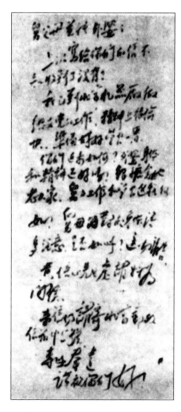

毛岸英致舅父舅母的信

她现在也许骂我'不孝'，骂我不照顾杨家，不照顾向家，我得忍受这种骂。"后来和他一起坐牢的保姆陈玉英也来信，诉说家庭困难。对此，毛岸英给予了同情和理解，并向有关组织进行报告，请组织出面给予合理解决，并没有用自己的所谓身份去谋私情私利。毛岸英的所作所为不能不谓之大公无私，在政治上逐渐走向成熟，毛泽东看在眼里喜在心里。

新中国成立后，毛岸英从中央宣传部调到社会调查部，任李克农的秘书兼翻译。新中国成立初期毛主席出访苏联，他参与了安全护卫工作。他曾多次提出下基层工作，要求下到工人中间去，一边工作一边搜集他喜爱的民间谚语。一九五〇年夏，他托周恩来总理出面向李克农说情，社会调查部才放他去了北京机器总厂，任党总支副书记，并决心"在这个工厂连续不断地做十年工作"。但人事关系仍没给他转。

一九五〇年十月，美帝国主义把战火烧到了鸭绿江边。毛泽东号召全国人民抗美援朝，保家卫国，岸英不顾毛泽东身边的人劝阻，主动申请要求参加中国人民志愿军，坚决要求入朝参战。毛泽东也表示支持。

志愿军入朝作战的决心，是中央在一九五〇年十月才最后确定的，十一月上旬之前参战一事对外还保密。是否要派兵抗美援朝，可以说是毛泽东一生中最费踌躇的一件事。胡乔木在《胡乔木回忆毛泽东》一书中曾说："我在毛主席身边工作了二十多年，记得有两件事使毛主席很难下决心。一件是一九五〇年派志愿军入朝作战，一件就是一九四六年我们准备同国民党彻底决裂。"那时，毛岸英跟主席非常亲近，经常回家，并帮助翻译与苏联协商的电文，在彭德怀受命时便知道了此事。俗话说，父子连心，在政治上已经相当成熟的毛岸英，似乎天生有一种能够深入毛泽东内心世界的触角，他可以从许多外人看不到或者不太注意的毛泽东身上发生的细微变化，来感受毛泽东思想的脉搏。比如，当他看到父亲卧室的床头放着《东周列国志》，看到父亲在书上画了线的"假吾道以伐虢，虢无虞救必灭，虢亡，虞不独存……"的话，他便联想到国与国、唇亡与齿寒、生存与死亡的问题。因此，当中央在讨论是否出兵抗美援朝的时候，毛岸英就懂得了自己应该给父亲以支持。当父亲和党中央在听取了民主人士的意见后，确定用"志愿军"的名义用兵时，毛岸英毫不犹豫地作出了伟大选择：那就是他要带个头，带头去朝鲜参战，因为他是中央军委主席毛泽东的儿子。

在父亲毛泽东设家宴为彭德怀饯行时，毛岸英主动要求"彭叔叔"带他去朝鲜。毛泽东身边的工作人员和负责保卫的李克农都不同意。因为他们知道毛泽东一家为革命斗争已经付出了巨大的牺牲，更何况这次出国作战，面对的是拥有世界上最强大火力的美军，要"锻炼"也绝不能选择这种随时可能牺牲的时候和地点。当中南海里的许多人都来劝毛泽东出面阻止时，得到的回答只是："谁叫他是毛泽东的儿子！他不去谁还去！"

应该说，当时毛岸英完全可以待在机器总厂当他的党总支副书记，不必参军去朝鲜。但"知父莫若子"，毛岸英与父亲毛泽东真可谓心心相印，息息相通。

因为毛岸英懂俄语、英语，过去又从事过情报工作，他便留在了志愿军司令部彭德怀元帅身边工作，任俄语翻译兼机要秘书，并当选支部书记。但志愿军司令部除了彭德怀等几个领导了解他的身世，其他人都只知道这是一个活泼、朴实、能干的年轻人。据时任解放军代总参谋长的聂荣臻元帅回忆："彭总入朝时，为了和驻朝鲜的苏联顾问取得联系，确定带一名俄文翻译，原先确定从延安时期就担任中央领导俄文翻译的张伯衡同志，但当时张已担任军委外文处处长。由于大批苏联顾问来到北京，张伯衡工作很忙，难以离开，后来又挑选了一名年轻的新翻译，可是军委作战部长李涛同志提出，入朝作战非常机密，应选一名经过政治考验和可靠的翻译，当时时间很紧，我立即向毛主席请示怎么办。主席立刻就说：'那就让岸英去吧，我通知他。'就这样，毛岸英就随彭总一起入朝了。"

因此，彭德怀说毛岸英是"我们志愿军的第一个志愿兵"。

第二次战役是在十一月二十五日这天打响的。在志愿军司令部"彭总作战室"工作的毛岸英，为彭德怀会见金日成和苏联驻朝大使担任翻译，经常熬夜整理各种会议纪要。这时，因"彭总作战室"所在的大榆洞发电报甚多，被美军侦测出，认定大榆洞是个重要目标，就常派飞机前来轰

抗美援朝出国前夕，毛岸英与战友在丹东合影（后排左二）

炸。彭德怀是个大军事家，性子烈，不怕死。有人在回国汇报工作时，谈到了志愿军司令部的防空问题，远在北京的毛泽东和军委放心不下，多次打电报提醒注意。据记载就有十月二十一日、十月二十七日、十月二十八日、十一月二十一日的电报都涉及了这个问题。十一月二十四日，毛主席又致电彭德怀等人："请你们充分注意领导机关的安全，千万不可大意。"志愿军司令部在接到电报后也决定：二十五日凌晨四时开饭完毕，除作战室值班脱不开身的，其他人员必须进矿洞内隐蔽。为了劝彭总离开作战室的木板房，毛岸英还给洪学智出了个主意——把彭总随时都离不开的作战地图"先斩后奏"地移到防空洞里边去。彭德怀这才被洪学智连拉带拽地离开了作战室。

十一月二十五日这天，毛岸英和高瑞欣、成普、徐亩元是作战值班员。谁知美军飞机这次来得既隐蔽又突然，四架野马式战斗轰炸机连俯冲的动作都没有做，就平行飞行着迅速投下了带亮点的燃烧弹，正好击中了木板房。因为当时毛岸英与高瑞欣正在房内，而所处的位置又离门很远，等他们站起来向外面跑的时候，还没等他们跨出门槛就被上千度的燃烧弹火焰所吞没，木板房瞬间便化成灰烬，毛岸英和高瑞欣壮烈牺牲。事后，在两具遗体中，依据一块苏联手表的残壳，才辨认出毛岸英。

毛岸英牺牲当天，彭德怀便打电报告诉了周恩来。彭德怀虽然难过得一天没吃饭，还是决定就地安葬，立碑纪念。因为毛泽东正患感冒，又在指挥第二次战役，周恩来在与刘少奇等同志商量后，暂时压下了电报，没有告诉毛泽东。直至一九五一年一月二日，当第三次战役取得胜利后，毛泽东感冒也已好了的时候，叶子龙等人才奉命在万寿路新六所的一楼休息室向毛泽东报告了此事。据在场的卫士回忆，毛泽东听后怔住了，一声不响，身边的人都不约而同地低下了头，不知道该怎么办，没人敢说一句话。只见毛泽东的眼圈湿了，却没有流泪，过了许久，他才发出一声叹息："谁叫他是毛泽东的儿子呢！……"这时，大家都禁不住泪流满面。

朝鲜战争是二战后第一场大规模的国际性局部战争，双方损失惨重。志愿军牺牲伤亡人数达三十六万，因此不可能把烈士的遗骨都运回国内安葬。"青山处处埋忠骨，何需马革裹尸还"。作为中国的最高领导人，毛泽东如今又成了牺牲的几十万志愿军的烈属之一，尽管他的内心万分痛苦，但他必须要带一个好头，因此他同意彭德怀的建议，将毛岸英葬在朝鲜。正因此，才有后来的十四万人民子弟兵埋骨异国他乡。在抗美援朝战争期间和战后，毛泽东曾多次接见和慰问烈属，心情都显得十分沉重，因为他自己同样也是烈属。烈属见烈属，两眼泪汪汪。尽管许多烈属想迁回亲人的遗骨，但当人们知道毛主席的儿子也牺牲在朝鲜埋葬在朝鲜时，他们就都不再说什么。其实，面对这样的领袖，他的人民还能说什么呢？毛泽东用无言的行动教育了人民，这不正是新中国强大起来的重要精神力量吗？！

毛岸英入朝参战虽然只有短短的三十四天，尽管他没有做出像邱少云、罗盛教、黄继光、杨根思那样的英雄壮举，也没有获得任何荣誉称号和纪念奖章。但是，他作为毛泽东的儿子，作为"志愿军的第一个志愿兵"，一直提倡少宣传个人的毛泽东当然地认为自己的儿子不足以宣传，也不同意别人去宣传，因此毛岸英的英雄事迹在当时就鲜为人知。而且毛泽东对儿子为国捐躯，从来没有抱怨过彭德怀，反倒宽慰地说："岸英是一个普通的战士，不要因为是我的儿子，就当成一件大事。"

如今，那场战争的硝烟早已散去，在朝鲜桧昌郡中国人民志愿军烈士陵园里矗立着一块高高的大理石墓碑。墓碑的正面镌刻着"毛岸英同志之墓"几个大字，它的背面刻着：

毛岸英同志原籍湖南省湘潭县韶山冲，是中国人民领袖毛泽东的长子，一九五〇年他坚决请求参加中国人民志愿军，于一九五〇年十一月二十五日在抗美援朝战争中英勇牺牲。

毛岸英同志的爱国主义和国际主义的精神将永远教育和鼓舞着青年一代。

毛岸英烈士永垂不朽！

一个如他的名字一样伟岸的英雄的名字，一个永远值得我们挖掘和品味的名字，一个永远给我们留下思考和怀念的名字！一个永远不应该忘记的名字——毛岸英，毛泽东的大儿子，牺牲于抗美援朝战场，年仅二十八岁，而他的档案里却没有任何立功的记载。

第五章

父爱如母　视如己出

—— 毛泽东和刘思齐

一九四九年十月一日，毛泽东在天安门城楼上向全世界宣告中华人民共和国成立了，开国大典的喜悦笑容还像五彩的云霞一样，飘浮在毛泽东的脸上，半个月后他又迎来了一件大喜事——长子岸英和干女儿刘思齐在中南海举行了简朴而又庄重的婚礼！新中国成立了，革命事业成功了，儿子结婚了，说不定他很快就要当爷爷抱孙子了，这对毛泽东来说真是喜上加喜。

这一年，岸英二十六岁了，按照中国传统的习惯，这已经属于晚婚之列。想当年，一九一九年毛泽东第一次来到北京，穷得叮当响，在北京大学图书馆当一个谁也瞧不起的每月八块钱工资的图书管理员，却和岸英的母亲杨开慧在北京恋爱了，并且默默定下了终身大事。那时他也正是岸英这个年纪。时间过得真快呀！一晃三十年就这么过去了。

说起毛岸英和刘思齐结婚，还有一段毛泽东发火的故事。一年前，他们俩提出结婚时，父亲毛泽东不仅不同意，提出了反对的意见，而且还发了脾气。这到底是怎么回事呢？

其实，毛岸英和刘思齐早在延安时就认识了，而且还是父亲毛泽东为他们提供了机会和桥梁，也算是穿针引线吧。后来，他们俩经过不断的接触了解，于一九四八年在西柏坡定下了终身。

热恋的人儿盼重逢，更盼洞房花烛夜。岸英和思齐也打算早日完婚。于是，两个人就去找父亲，征求毛泽东的意见。他们心想，父亲喜欢他们，一定会答应的。可是让他们怎么也不会想到，父亲给他们泼了冷水。

毛泽东问思齐："你正在学习，还没毕业，现在结婚不怕影响吗？"

思齐说："结婚后，我们好好安排安排，不会影响我的学习的。"

"你还小，着什么急呀。反正我同意你们结婚，等一等好不好？"毛泽东劝道。

听父亲这么一说，岸英说："好，听爸爸的。"

说完，两个人就转身走了。但过了一会儿，岸英又回到毛泽东的房间，说："爸爸，我今年已二十六岁了，我想结婚以后，好专心致志学习和工作，这样，就不必在这方面花费那么多时间和精力了……"

"你的意思，是不是要我同意你们结婚呀？"

"是的。"

"可是现在不行。"毛泽东当时就冲儿子发了脾气，"按照解放区的法律，女方必须满十八周岁，男方必须满二十周岁，思齐还不满十八周岁，你们必须守法，不能因为是毛泽东的儿子而有半点特殊。"看样子，父亲是真的不同意他们立即结婚。岸英心里就有些不愉快，在父亲面前也耍起了孩子脾气，一转身气呼呼头也不回地就走了。但过了几天岸英还是想通了，认为父亲说得有道理，共产党自己制定的法律，共产党人就应该首先遵守，自己不能因为是毛泽东的儿子搞什么特殊化，耍自己的小脾气，那会叫别人怎么看自己呢？岸英主动向父亲作了检讨，承认了错误。

一九四九年九月，到了北京后，思齐到了法定年龄，可以结婚了。他俩在征得思齐妈妈张文秋的同意之后，又去征求父亲毛泽东的意见。这一次，毛泽东二话不说，立即答应了，说："我同意，你们准备怎么办婚事呀？"

岸英说："我们商量了，越简单越好，我们都有随身的衣服，也有现成的被褥，不用花钱买东西。"

毛泽东却非常重视，高兴地说："这是喜上加喜。但还是应该艰苦朴素。你们结婚是一辈子的大事呀，我请你们吃顿饭。你们想请谁就请谁。你跟思齐的妈妈说说，现在是供给制，她也不要花钱买东西。她想请谁来都可以，来吃顿饭。"

岸英和思齐经过商量，就简简单单写了一个参加喜宴的名单送给父亲过目。名单上有邓颖超、蔡畅、康克清、谢觉哉等人。毛泽东看了看，说："你们只请邓妈妈不行，请了邓妈妈，还应该请恩来；请了蔡妈妈，还应该请富春；请了康妈妈，还应该请总司令；请了谢老，还应该请王定国；还有少奇和光美同志也要请。弼时同志有病住在玉泉山休息，就不要麻烦他了。婚事简办，我完全赞同，就是要改一下旧习嘛。"

就这样，一九四九年十月十五日，岸英和思齐在中南海举行了婚礼，成了毛家历史上多年来少有的一件大喜事。婚礼简单而热烈，天下底定，岸英的婚礼为中南海增添了新的喜气。这一天，岸英穿着为外宾当翻译时穿的工作服，思齐穿的上衣是灯芯绒布的，裤子是半新的，方口布鞋是新买的。这天晚上，周总理和邓妈妈、朱老总和康妈妈，还有蔡妈妈等等这些尊贵的客人都欢聚在毛泽东家中，向毛岸英和刘思齐祝贺。

毛泽东这天也少有的高兴，满面春风，不胜酒力的他也微笑着频频举杯，给他的老战友们敬酒。当走到亲家张文秋面前时，他真诚地举杯说："谢谢你教育了思齐这个好孩子，为岸英和思齐的幸福，为你的健康干杯。"

张文秋激动地举杯回敬毛泽东，说："谢谢主席在百忙之中为孩子们的婚事操心。思齐年幼不大懂事，希望主席多批评指教。"

说起张文秋，毛泽东和他的这位亲家也是老朋友了。

早在一九二七年三月他们就在武汉的中央农民运动讲习所筹备期间认识了。当时，毛泽东先后在湖南区委机关刊物《战士》周报、中共中央机关刊物《向导》、汉口《民国日报》的《中央副刊》等发表了著名的《湖南农民运动考察报告》。三月五日，在武昌召开了湖北第一次农民代表大会预备会议。当时在京山县委工作的张文秋是通过刘谦初的介绍，才认识毛泽东的，他们俩当时正在热恋中。而一九二六年参加北伐任第十一军政治部宣传科社会股股长并在北伐途中加入共产党的刘谦初，和毛泽东也是初相识，但他十分敬佩毛泽东的胆识和才干，纵谈天下大事，十分投机。北伐军进驻武汉以后，刘谦初和一九二六年一月就加入共产党的张文秋相识，不久相爱了。张文秋是湖北京山县青树岭谢家湾人，一九〇三年出生在一个举人家庭，十五岁时，她考入湖北省立女子师范学校，曾参加恽代英、李求实、林育南在武汉领导的五四运动。

一见面，毛泽东就热情地问她："京山县的农民运动搞得怎么样？"张文秋说："农会成立了，给土豪劣绅戴上高帽子，审判斗争了一些恶霸，农民的情绪高涨；不过，骂农民运动'糟得很'的人也不少。"于是毛泽东有指导性地告诉张文秋说："抓香摒臭"，站稳立场。农民闹革命，打垮了几千年来封建地方政权，土豪劣绅威风扫地，所有与他们息息相关的中上层人物说农民运动"糟得很"是不足为怪的。我们闹革命，就要抓住"好得很"这股香，摒除"糟得很"那股臭。

认识毛泽东后，张文秋就经常到住在武昌都府堤四十一号的毛泽东家中做客，和杨开慧也成了无话不谈的好友。那时，五岁的岸英和四岁的岸青，两兄弟天真活泼，张文秋十分喜爱。但谁也没有想到，岸英和思齐的姻缘竟让他们两家结成亲家。

张文秋和刘谦初是一九二七年四月在武汉结婚的。但新婚刚刚过了三天，刘谦初就随军开赴前线了。不久，汪精卫发动了七一五反革命政变，京山县城笼罩在白色恐怖之中，张文秋在暗道夹壁里躲了三天两夜，后来还是装死人躺在棺材里抬出城外才脱了险。在大革命失败后，刘谦初奉命到江西参加南昌起义，因在九江受阻，只好撤回武汉又转赴上海。一九二八年初任中共福建省委书记，年底又调任山东省委书记。一九二九年三月，张文秋在上海大马路参加三八国际妇女节游行示威时恰好被刘谦初的好朋友发现，从此失去联系达两年之久的夫妻终于有了联络。后来经中央同意，张文秋化名陈孟君来到济南，担任省委执行委员兼妇工部长，夫妻久别重逢，又并肩干革命了。

毛岸英和刘思齐结婚照

　　但欢聚不过两个月，刘谦初又奉中央指示去青岛组织六家纱厂总罢工，两人又分开了。七月，张文秋被捕；八月，刘谦初被捕。在狱中，夫妻受尽严刑拷打，遍体鳞伤，但他们始终坚贞不屈。这年冬天，在山东省委的多方营救下，张文秋由于怀孕获释出狱。经她哀求，监狱长才勉强同意她和丈夫在监狱中见了最后一面。夫妻俩的双手隔着铁栅栏紧紧地握在一起，张文秋哭了。刘谦初一边安慰她一边告诉她赶快设法回到上海去"找妈"——就是找到党组织。临行前，张文秋请丈夫给还没有出世的孩子取个名字。刘谦初说："不管是男是女，乳名就叫'牢生'吧。今后不管你们流落到哪里，要想念齐鲁，思念故土，大号就叫'思齐'吧。"一九三〇年，思齐出生于上海。刘谦初却在关押了两年之后的一九三一年被山东军阀韩复榘杀害。不久，地下组织转来刘谦初给张文秋的遗书，上面写着："我在临死之际，向我最亲爱的母亲和最亲爱的兄弟告别，并向你紧握告别之手，希望你不要为我悲伤，你要紧紧记住我的话，无论在任何条件下，都要孝敬母亲，爱护母亲，听母亲的话！你要保重身体，好好抚育孩子，重建幸福家庭。你的幸福，就是我的幸福；你的快乐，就是我的快乐。"这里的"母亲"指的是中国共产党。数年后，张文秋和陈振亚结婚，一边从事革命活动，一边抚养小思齐。全国抗战爆发后，他们带着小思齐辗转千里来到红都延安。

一九三八年，刘思齐因在话剧中扮演一对被捕地下党员的女儿获得成功，引起了在场观看的毛泽东的注意，便询问是谁家的孩子。当毛泽东知道是张文秋和刘谦初的女儿后，他走上前去，抱着小思齐，并认她做干女儿。从此，刘思齐经常去毛泽东的窑洞玩耍。第二年，思齐随继父陈振亚、母亲张文秋去苏联，途经乌鲁木齐（当时叫迪化）被军阀盛世才扣留。一九四三年，陈振亚等被盛世才杀害。张文秋和刘思齐被关进监狱长达四年之久，直到一九四六年夏才返回延安。到延安的第二天上午，毛泽东看望了从新疆归来的全体同志，和每一个大人、小孩都一一握手，连连说："同志们，辛苦了！同志们，辛苦了！"当他走到张文秋面前时，他停住了脚步，说："你回来了，好不容易呀！思齐呢？怎么没有见到她？"张文秋就把站在她身后的女儿拉到毛泽东跟前。毛泽东拉着思齐的手高兴地说："七八年不见面，长成大人了，我都认不出你啦！你还是我的干女儿呢，记得吗？"思齐羞涩地点点头。

几十年后，已经改名刘松林的思齐回忆说："一九三七年我在延安第一次见到了主席，但可惜的是那时我的年龄太小了，只是在朦胧的记忆中留下了一个和蔼可亲的伯伯的形象，他轻言细语，笑容可掬。"但这次从新疆回来的见面是在经历了生死考验后的相逢，刘思齐更加难忘。她说："这次看望是与阳光、自由、欢乐融合在一起的。四年的狱中生活，使我生疏了阳光、隔绝了自由和欢乐。我像久旱的沙漠突然遇见了甘甜的雨露，贪婪地吮吸着；我忘情地享受着这久别的阳光，难得的自由，对我来说是梦幻般的欢乐。"

返回延安后，刘思齐有机会到义父家去探望。她和刚回国半年的毛岸英相识了。这时，岸英二十四岁，刘思齐十六岁。楚楚动人的少女和英俊青年的相逢恰似春风雨露，而他们的童年和少年几乎有着同样坐过监牢、颠沛流离的苦楚生活经历，让他们在生活上有了共同语言，在对人生的认识上有了共同的理解，相惜相印，两颗年轻火热的心就这样跳在了一起。对此，毛泽东看在眼里，喜在心头，乐意玉成儿女的这件终身大事。

　　一九四七年三月，因国民党的胡宗南部二十万大军进犯延安，刘思齐随部队撤离东渡黄河到山西，毛岸英则跟随父亲转战陕北，一对热恋中的青年，被战争拆散。直到一九四八年夏，他们才重逢于河北平山西柏坡。一九四九年三月，他们随中央进入北平，刘思齐转到北京师范大学附属女子中学就读。开国大典后的十月十五日，毛泽东在中南海为已经二十七岁的大龄青年毛岸英举行了婚礼。

　　宴会快结束时，毛泽东拿出随身带来的一件黑色夹大衣——这是一九四五年他参加重庆谈判时穿的，风趣地笑着对岸英和思齐这对新人说："我没有什么贵重礼品送你们，就这么一件大衣，白天让岸英穿，晚上盖在被子上，你们俩都有份。"毛泽东的话还没说完，大家都忍不住大笑起来。

　　毛岸英和刘思齐结婚后，刘思齐继续上学。毛岸英先后在中宣部等单位工作，并申请到北京机器总厂的基层锻炼。一年后，岸英瞒着新婚的妻子思齐，雄赳赳气昂昂地跨过鸭绿江，作为抗美援朝志愿军"第一个志愿兵"奔赴朝鲜战场。临走的时候，思齐还躺在北京医院的病床上。因为阑尾手术住院的思齐一直以为岸英是"要去一个很远的地方出差"。那是一个无法回忆得清楚的傍晚，岸英匆匆地来了，左叮咛右嘱咐要思齐照顾好父亲和弟弟岸青，就像是一个兄长在嘱咐他的小妹，然后就匆匆地走了。就这样，没有花前，亦没有月下，他们甚至还没来得及说一声告别，他就离开了新婚一年的妻子，从此就再也没有回来……看着心爱的丈夫离去的背影，依然沉浸在新婚甜蜜中的思齐，怎么也不会想到，这一别竟成了他们的永别！年仅二十的思齐从此再也见不到她的岸英了……

毛岸英是在一九五○年十一月二十五日不幸牺牲的，毛泽东知道这个消息是在一九五一年的一月二日。因为毛泽东感冒了，周恩来将彭德怀的电报压了一个多月才将这个噩耗告诉毛泽东。毫无疑问这消息如晴天霹雳，在新六所（今万寿路甲十五号）办公室的毛泽东手捧电报，一支接一支地抽着烟，看了好久好久，然后长长地叹了一口气，说了一句话："唉，树犹如此，人何以堪？战争嘛，总要有伤亡。"

中年丧妻，老年丧子。毛泽东这位叱咤风云的领袖，毛泽东这位感情丰富的父亲，他把命运交给他的所有巨大悲痛，都默默地埋在自己的心底，默默地一个人去扛，默默地一个人来承受。死去的已经不能复生，活着的更应该好好活着。令他担心的是——新婚仅一年的儿媳思齐将如何承受这残酷现实的打击？按照岸英的嘱托，只要他在北京，思齐每周都要来看望他。他不知道该如何说？如何面对这个才二十岁的姑娘？无疑每周这样的见面都像是一场海啸，在他情感的大海上汹涌。毛泽东隐瞒着，他真的不想说，也不能说呀！思齐毕竟还年轻，而且还在读书。而思齐每次来，都要问爸爸收到岸英的信没有，岸英为何几个月不来信？毛泽东总是装作若无其事的样子，支支吾吾找到一些冠冕堂皇的理由来搪塞着来安慰她，或者说简直就是在骗她！有什么办法呢？一个国家的最高领导人竟然在家里总是说着一个谎言，编织一个已经破碎的梦。而且这一"骗"就是三年整！

一天，不知道内情的中央摄影组组长侯波阿姨送给她一张岸英的照片，相片上岸英穿着中国人民志愿军军服，潇洒帅气。这下，思齐知道了岸英去了朝鲜战场。毛泽东见这下子瞒不住了，就告诉她，岸英是真的去了朝鲜，在志愿军总部搞翻译工作，但更具体的情况就不说了。思齐想，岸英或许正担负着什么特殊的使命，保密性强。从战争年代走过来的她懂得保密纪律，知道什么该问什么不该问。她依旧努力地读书，依旧每周去看望爸爸，沉浸在对美好未来的甜蜜憧憬之中。但毕竟三年了，她暗暗地想岸英怎么连一封信一个字也没有给她呢？许多指战员都回国探望过，而且爸爸还接见了许多英烈家属，难道，难道岸英真有什么三长两短？难道……她不敢往深处想，她害怕往深处想，她有时还做梦梦到岸英就在她身边，对她爽朗地笑，像一个大哥哥一样呵护她爱她。有时她也曾想到那个害怕的字眼，但一想到就马上后悔，好像有一种犯罪的感觉一样，她发誓再也不想了，岸英不会就这样一去不回来，岸英不会抛开她一个人不管的，岸英不会死的！再说，岸英是毛泽东的儿子，她想毛泽东的儿子应该不会……但一天天过去，板门店谈判了，停战协定签字了，可岸英怎么还不回来呢？思齐好像预感到什么了，她越来越有些坐卧不宁了。

转眼到了一九五三年，朝鲜战争结束了，岸英还是没有回来。纸总是包不住火的。作为公公的毛泽东，他不能也不愿再扮演这个世界上最难演的角色了，他的痛苦已深沉如没有波澜的老井，现在该是告诉真相真情的时候了。为了使年轻的思齐能承受得住这生命中不能承受的痛，毛泽东把思齐找来，颇费苦心地先和她谈起自家为革命牺牲了的亲人：岸英的母亲杨开慧、岸英的叔叔毛泽民和毛泽覃、姑姑毛泽建和毛楚雄……思齐越听越觉得父亲毛泽东似乎隐瞒着她什么，她也似乎预感到了什么，但又不敢说出来。年近古稀的父亲跟她说这些，是在教育她怎么做人怎么做事，作为一个合格的毛家人，她就应该继承和发扬毛家的优良传统。一周以后，思齐又来中南海看望爸爸，这次周恩来总理也在场。毛泽东就把岸英牺牲的消息告诉了思齐。尽管自己似乎早就有了某种不祥的预感，尽管自己似乎早就有了一些心理准备，尽管自己早就有了某种最坏的打算，三年来，她思念和牵挂的泪水也无法淹没这痛苦的火焰，痛不欲生，生不如死，所有的悲伤、委屈、无奈，甚至绝望，都只有也只能化作"倾盆雨"……

看着哭得死去活来的儿媳，毛泽东强忍着悲痛，木然地坐在那里，已经没有了任何表情。此情此景，似乎缺少了母性的爱抚，悲痛就显得格外悲痛，伤心就显得格外伤心。守在一旁的周恩来难过地忙碌着，一面安慰思齐，一面照料毛泽东。当他触摸到毛泽东那冷冰冰的手时，不禁心里一惊，赶紧对思齐耳语："思齐，你要节哀，爸爸的手都冰凉啦。"痛哭的思齐清醒过来，又赶紧去安慰爸爸……

衣带渐宽终不悔，为伊消得人憔悴。岸英之牺牲对刘思齐的刺激太大了，她寝食难安，神经衰弱。但为了不再勾起父亲的悲痛之情，她只能一个人躲着流泪，独自把哀伤深深地埋在心底。但这一切又怎么能瞒得过毛泽东的眼睛呢？毛泽东不止一次地说："战争嘛，总是要死人的。不能因为岸英是我的孩子，就不应该为中朝人民而牺牲。"他跟思齐说："今后，你就是我的大女儿。"毛泽东安慰着刘思齐，又像是在安慰着自己。也就是从那时起，毛泽东格外疼爱刘思齐，常常亲自过问她的衣食住行，而在以后的通信中总是称她为"思齐儿"，如同己出。

为了让刘思齐尽快走出生活的阴影，减轻心灵的痛苦，毛泽东想给她换一换环境，于是在一九五四年刘思齐高中毕业时，决定送她去莫斯科大学数力系深造。这一年刘思齐已经二十四岁。但就在出国前夕，刘思齐患了重感冒，她在病中给毛泽东写了一封信，希望能在出国前见一见父亲毛泽东。于是毛泽东马上给她写了一封回信——

思齐儿：

　　信收到。患重感冒，好生休养，恢复体力，以利出国。如今日好些，望来此看；否则不要来。最要紧是争一口气，学成为国效力。

　　祝好！

父　字

一九五五、八月六日

你要的列宁选集两卷，给你送上。

一九五五年八月初的这几天，毛泽东正在北京中南海怀仁堂主持召开省市自治区党委书记会议。会议从七月三十一日开始到八月一日，毛泽东在第一天作了《关于农业合作化问题》的报告。等会议一结束，毛泽东就在八月六日给刘思齐写了这封回信，第二天（八月七日）他便去北戴河了，一边休息一边静心修改《关于农业合作化问题》的报告稿，精心指导全国的合作化运动。所以在信中，毛泽东告诉刘思齐："如今日好些，望来此看；否则不要来。"

从目前公开的史料中，这是毛泽东写给刘思齐的最早的一封家书，毛泽东提笔就亲热地称呼刘思齐作"思齐儿"，可见毛泽东把刘思齐这个大儿媳一直放在心上，也一直牵挂着，并以父亲的口吻教导她说："最要紧是争一口气，学成为国效力。"平平淡淡见真情，这也是一个父亲送孩子上大学的最美好的祝福吧！

一九五五年九月至一九五七年九月，刘思齐在苏联莫斯科大学数力系学习。尽管远隔万里，父女间的联系却一直不断，刘思齐经常写信向父亲汇报学习和思想，毛泽东对她的成长也十分关心。

亲爱的思齐儿：

　　给我的信都收到了，很高兴。希望你注意身体，不使生病，好好学习。我们都好，勿以为念。国内社会主义高涨，你那里有国内报纸否？应当找到报纸，看些国内消息，不要和国内情况太隔绝了。

　　祝好！

得　胜

一九五六年二月十四日

刘思齐在莫斯科大学第一学期结束时，收到了毛泽东写给她的这封家书。远在异乡他国，刘思齐不断写信给毛泽东，温柔细腻的她思念爸爸，更深知和理解失去爱子的父亲如何需要安慰。而毛泽东也想念、疼爱她这个不幸的女儿。信一开头，毛泽东就亲热地说"亲爱的思齐儿"。这种热烈的称呼，毛泽东在家书中一般很少使用，仅有称呼"我亲爱的夫人杨开慧"和"亲爱的岸青儿"等少有的几次。在信中，毛泽东和蔼可亲地说："希望你注意身体，不使生病，好好学习。我们都好，勿以为念。"对女儿深切的爱和期望溢于言表。

毛泽东是在一九五六年二月十四日写这封家书的，这一天，对毛泽东

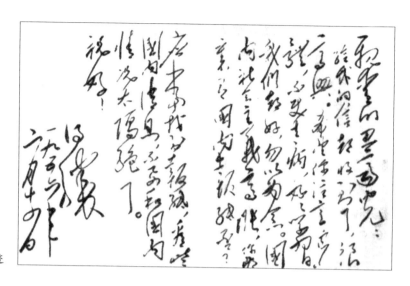

毛泽东手迹

来说也是非常有意义的一天。被称为探索适合中国情况的建设社会主义道路的开篇之作的《论十大关系》，就是毛泽东从这一天开始所做的调查研究的最终成果。从一九五六年二月十四日到四月二十四日，毛泽东几乎每天都是"床上地下，地下床上"，在颐年堂用了四十三天时间听了国务院三十四个部门的工作汇报和国家计委关于第二个五年计划的汇报。为了听汇报，毛泽东不得不改变长期养成的夜间工作的习惯，每天坚持四五个小时。第一天听的是主管工业的国务院第三办公室的汇报。所以毛泽东在给刘思齐的家书中，提醒她："国内社会主义高涨，你那里有国内报纸否？应当找到报纸，看些国内消息，不要和国内情况太隔绝了。"

或许因为水土不服，在异国独处的刘思齐，经常生病，而其真正的"心病"并没有因为环境的改变而改变，所以学习往往就难以集中心思和精力，再加上自己由文科改学理工，而且还要重新学习俄语，她感到学业上非常吃力和困难。一九五七年暑假，刘思齐回国向父亲汇报了自己的学习和思想状况，希望能转回国内学习。毛泽东十分理解思齐的难处，同意她转学，并于八月四日给她写了一封信：

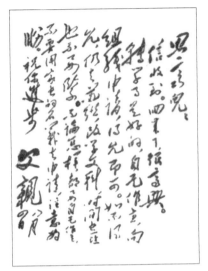

毛泽东手迹

思齐儿：

　　信收到。回来了，很高兴。

　　转学事是好的，自己作主，向组织申请，得允即可。如不得允，仍去苏联，改学文科，时间长一点也不要紧。不论怎样，都要自己作主，不要用家长的名义去申请，注意为盼。祝你进步。

父　亲
八月四日

　　这封家书，毛泽东写得既有坚强的党性原则又有尊重子女的民主，既有鲜明的组织观念又有深厚的父女感情，既客观地提出了自己的意见又强调孩子独立自主。毛泽东反复在信中要求自己的孩子注意自身的身份和影响，严格要求子女不能有什么高干子女的特权、不能搞特殊化，不能"靠自己有一个好爸爸"，利用毛泽东的影响去给自己谋福利。毛泽东强调转学的事情一定要"向组织申请，得允即可。如不得允，仍去苏联，改学文科，时间长一点也不要紧"，而且要求"不要用家长的名义去申请，注意为盼"。

　　就孩子转学这样一件不算什么了不得的事情来讲，毛泽东这种不包庇、不溺爱、不纵容的良好家风，确实给人一种清新扑面、干净爽朗的感觉。这无论是与历史上的还是现实生活当中的某些领导干部相比，毛泽东以其实际行动鲜明地告诉了人们，真正的共产党人就是这种既有儿女亲情又有党性原则的人。

在这封短短的家书中，毛泽东两次提到了"自己作主"，可见毛泽东有着良好的家庭民主作风。他尊重子女的意志，积极鼓励孩子自己选择适合自己的道路，不指手画脚，不搞家长制。他只是起一个引导的作用，掌握大的方向，然后像天下所有的父母一样，让孩子感受到自己背后有一双充满期望的眼睛，从而倍增前行的勇气和力量。

对于刘思齐转学的平常事情，本不值得去说三道四，但俗话说"人上一百，五颜六色"，这时偏偏有人跟她过不去，挖苦她、嘲讽她，说什么给她提供这么好的条件送到国外读书，却不好好读，从国内读到国外，又从国外读回国内，没出息，掉价。面对这样的讥笑，刘思齐不能不感到苦恼，很快她又病倒了。病中，她又给爸爸写了一封信，把这些苦恼倾诉给父亲，希望父亲给她做主。

毛泽东知道后，在八月九日给刘思齐写了一封回信：

思齐儿：

　　信收到。我在此间有事，又病，不要来。你应当遵照医生、党支部、大使馆的意见。下决心在国内转学文科。一切浮言讥笑，不要管它。全部精力，应当集中在转学后几年的功课上，学成为国服务。此嘱。

父　亲
八月九日

细心的读者会发现，这封家书和上一封家书写作的时间——八月四日和八月九日，只隔了短短的五天时间。间隔这么短的时间，毛泽东接连给一个孩子写信，这在毛泽东的家书中是罕见的。这再次证明了毛泽东对这个由"干女儿"到"儿媳"再到"大女儿"的刘思齐，是倾注了他深厚的父爱的。

毛泽东写这两封信的时候正在青岛。由他主持召开的省市自治区党委书记会议刚刚结束，并于八月三日将会议讨论的《一九五七年夏季的形势》一文作为党内文件印发。毛泽东十分看重这篇文章，先后改了十一稿。毛泽东是在八月十一日离开青岛返回北京的。由此可见毛泽东是在十分繁忙的会议间隙，给刘思齐写了这封家书，处理家里的事务。

那么毛泽东为什么这么急切地给刘思齐写信呢？

原来，事情就出在江青的身上。作为继母的江青，尽管她只比毛岸英大八岁，但毛岸英无论是在革命资历、政治经验，还是在文化程度上，都比江青要过硬，而且年轻有为又有志气，深受毛泽东的信任和喜爱，因此她对很尊重她的毛岸英一直怀着一种猜忌、怀疑、排斥、退避乃至记恨的心理。再加上有些毛泽东不方便说的话，毛岸英不仅能说而且敢说，这让江青既不敢惹毛岸英，又不敢得罪。可在毛岸英牺牲后，江青终于找到了泄私愤的机会，把对毛岸英的怨恨都撒到刘思齐身上。

一九五七年暑假，刘思齐刚从苏联回国要求转学，江青就四处挖苦讽刺，说刘思齐没有出息，并且派人收走了她出入中南海的特别通行证，还放出话来："刘思齐不是我们家的人！"从此，刘思齐再也不能像以前一样可以正常进出中南海了。

对江青的所作所为，毛泽东是知道的，但由于忙于工作，他也不想因此和江青计较，闹得满城风雨，所以就劝刘思齐"最要紧是争一口气"，"一切浮言讥笑，不要管它。全部精力，应当集中在转学后几年的功课上，学成为国服务。"

毫无疑问，毛泽东对刘思齐的关怀无微不至，就像对自己的亲生女儿一样。而毛泽东的信更加增添了刘思齐的勇气和力量，帮助她克服了瞻前顾后的心态，坚定了转学回国的决心。在父亲的鼓励下，她很快办理了转学手续，于这年十月转入北京大学俄语系学习。

转眼就到了一九五九年，刘思齐突然又生了一场大病。

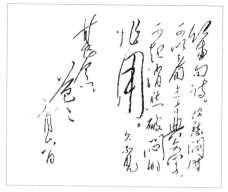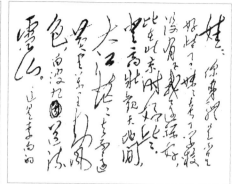

毛泽东手迹

毛泽东得知后，在庐山会议期间，千里迢迢，八月六日寄来一信——

娃：

　　你身体是不是好些了？妹妹考了学校没有？我还算好，比在北京时好些。登高壮观天地间，大江茫茫去不还。黄云万里动风色，白波九道流雪山。这是李白的几句诗。你愁闷时可以看点古典文学，可起消愁破闷的作用。久不见甚念。

爸爸

八月六日

　　毛泽东写这封信的时候，八届八中全会刚刚开幕才四天，对"军事俱乐部"问题即所谓的"彭黄张周反党集团"（彭德怀、黄克诚、张闻天、周小舟）的批判正进入高潮，使得党的民主集中制原则受到极大破坏。[①]

　　身在庐山的毛泽东在这封家书中抄录了诗仙李白的《庐山遥寄卢侍御虚舟》一诗给刘思齐，"登高壮观天地间，大江茫茫去不还。黄云万里动风色，白波九道流雪山。"毛泽东非常喜欢李白的诗歌，这首诗是李白因永王李璘事件遭贬遇赦后由江夏来庐山时所作，诗很长，开头一句就是"我

　　① 《毛泽东传（1949—1976）》，中央文献出版社 2003 年版，第 999 页。

本楚狂人，凤歌笑孔丘。手持绿玉杖，朝别黄鹤楼。"诗仙的潇洒倜傥和无拘无束的气势，毛泽东在心灵上就似乎有了某种契合与认同。诗结尾处还有"早服还丹无世情，琴心三叠道初成。遥见仙人彩云里，手把芙蓉朝玉京。先期汗漫九垓上，愿接卢敖游太清"。毛泽东非常喜欢李白的诗，认为李白的诗"文采奇异，气势磅礴，有脱俗之气"。但毛泽东只选诗歌中间的这四句送给刘思齐，看似状写庐山壮丽自然景色，实抒高蹈出世不满现实的心情，但意境浩阔雄浑，大度超凡，"笔下殊有仙气"，读来确实能开阔心胸，"消愁破闷"。而从某种角度来说，庐山会议上的毛泽东此时此刻何尝不也是借古人的诗抒发自己的心情呢？而李白诗中"琴心三叠"的境界也只能心向往之了。

正在北大俄文系学习的刘思齐的身体状况，一直是毛泽东的挂牵。毛泽东信一开始就改变了称呼，叫刘思齐"娃"，这在毛泽东的家书中还是第一次。一个"娃"字，无限情深，就像母亲唤儿的乳名一样亲切，那份呵护那份疼爱那份血浓于水的博大的爱，跃然纸上。为了让刘思齐"消愁破闷"，毛泽东建议她在"愁闷时可以看点古典文学"，希望她早日恢复健康。

但当毛泽东从庐山下来后，得知刘思齐多次受江青的恶气，又于一九六〇年一月十五日在上海给刘思齐写了一信——

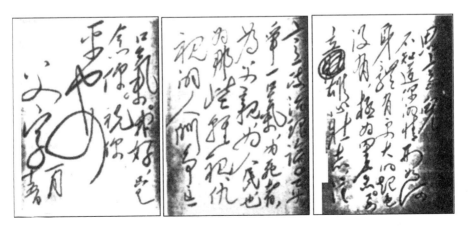

毛泽东手迹

思齐儿：

　　不知道你的情形如何，身体有更大的起色没有，极为挂念。要立雄心壮志，注意政治、理论。要争一口气，为死者，为父亲，为人民，也为那些轻视、仇视的人们争这一口气。我好。只是念你。祝你平安。

父字

一月十五日

　　值新春佳节之前，毛泽东给他的"思齐儿"写了这封家书。当时，毛泽东正在上海忙着主持召开中央政治局扩大会议。这次会议从一九六〇年一月七日开到十七日，又称上海一月会议。这次会议是为即将召开的二届全国人大二次会议做准备的，但因为是在继续"大跃进"的浓厚气氛中召开的，所以会后全国又刮起了浮夸风、命令风和"共产风"。此时也是经济工作中"左"倾蛮干最厉害的时期。①

　　此时，距毛岸英牺牲已经整整十年了。而对爱情忠贞不渝的刘思齐依然沉浸在失去丈夫的悲痛之中，依然独身一人独自品尝生活的酸甜苦辣，而且身体自一九五九年大病一场后就没有恢复。而毛泽东一声"思齐儿"的呼唤，读来令人心动，仿佛在唤女儿的同时，也是在呼唤已经逝去的爱子岸英。毛泽东在会议期间抽空给正在北京大学读书的刘思齐写信，表达了他很久没有见面的牵挂："不知道你的情形如何，身体有更大的起色没有，极为挂念。"注意，毛泽东在"挂念"前面加上了一个"极"字，这在毛泽东的家书中是不多见的，可见他对思齐的关怀到了何种程度。同时，更为重要的是，他积极鼓励她"要立雄心壮志，注意政治、理论"的学习，"要争一口气，为死者，为父亲，为人民，也为那些轻视、仇视的人们争这一口气"。毛泽东在这里以十分关切的语气，接连两次劝慰刘思齐

---

① 《毛泽东传（1949—1976）》，中央文献出版社 2003 年版，第 1050 页。

要"争一口气"，为已经牺牲的丈夫毛岸英，也为作为国家最高领导人的父亲毛泽东，更要为祖国为人民努力读书，做出成绩让"那些轻视、仇视的人们"看一看。

争气，是中国父母劝儿女努力学习最常见的一个词语，但其含义却又最为深刻。俗话说，人活着，就是为了争这口气。毛泽东劝慰他的子女同样也是用一颗天下父母的平常心，充满期望，简单却又十分现实。而在信的末尾，毛泽东只是用简简单单的十个字却表达了一种浓得化不开的父女亲情："我好。只是念你。祝你平安。"

"只是念你。祝你平安。"还有什么语言来形容这种挂牵、这种伟大的爱呢？祝你平安，祝你平安，让所有的快乐都围绕在你的身边；祝你平安，祝你平安，你的幸福就是我最美的祝愿。作为公公的毛泽东，他和长媳刘思齐的这种情感，不正是给我们社会关系注入了新的内容，带来了一种新的家风吗？

毛泽东最能体谅刘思齐的心情，从支持她出国留学，到同意她转学回国，再又鼓励她要坚强，不要为某些人的误解、嘲笑而悲观失望，处处体现了一位慈父对女儿的爱心。在毛泽东的殷切期望和亲切关怀下，刘思齐以顽强的毅力与衰弱多病的身体支持着、抗争着，终于完成了学业。

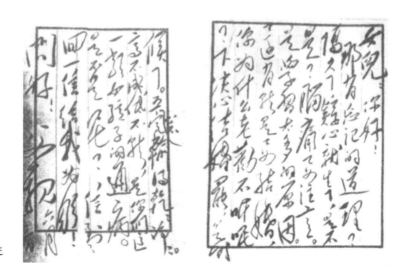

毛泽东手迹

一九六一年秋天，刘思齐分配到解放军工程兵的科研部门从事翻译工作。转眼间，毛岸英牺牲已经十一年了，刘思齐也从一个十八岁的少女迈入了而立之年。四千多个日日夜夜，刘思齐不知流过多少伤痛的青春泪水，不知经历过多少个子夜梦回。她没有了丈夫，如今连令她爱戴尊敬的父亲一年到头也见不着一面，她有苦无处诉，有忧无人分，有屈无处伸，有累无人担，她孤独无依，如同一棵无根的浮萍，生活好像一池长满青苔的死水，寂寞冷寂。对此，毛泽东非常焦急，多次劝思齐找个合适的男友，成个家，总不能让她就这样为牺牲的岸英守寡，孤单地度过一生吧？一九六一年六月十三日，毛泽东在刚刚主持开完北京中央工作会议的第二天，就提笔给刘思齐写了一封家书——

女儿：

你好！哪有忘的道理？隔久了，疑心就生了，是不是？脑痛要注意。是学习太多的原因。还有总是要结婚，你为什么老劝不听呢？下决心结婚吧，是时候了。五心不定，输得干干净净。高不成低不就，是你们这一类女孩子的通病。是不是呢？信到，回信给我为盼！问好！

父亲

六月十三日

一声"女儿"的呼唤，怎不令人感动！毛泽东和刘思齐这种特殊的父女关系，堪称历史佳话。"哪有忘的道理？"是啊，毛泽东怎么会忘记他的这个女儿呢？尽管一年多没有写信，甚至也没有见过面，但在他的内心依然牵挂着思齐，尤其是她的终身大事，毛泽东更是操心。无奈之中，他便让思齐的妹妹邵华去劝她。情深意笃的刘思齐说："岸英瞒着我去了朝鲜，再也没有回来，我最后连他的尸骨都没有看到，连他的墓地都没去过，怎么可能考虑再婚的事？！"

"女儿"道出的"心结"，令毛泽东的心灵受到了震撼，他感动了，他

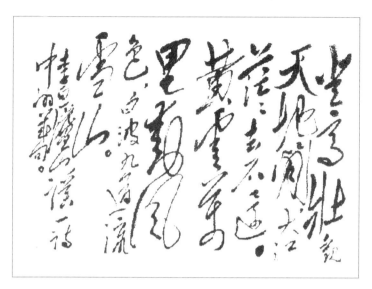

毛泽东手书李白的诗："登高壮观天地间，大江茫茫
去不还。黄云万里动风色，白波九道流雪山。"

哭了，老泪纵横。他怎么也没有想到思齐对岸英的爱有这么深这么真！同时他也为自己的"疏忽"感到难过和内疚。不久，在毛泽东安排下，由中办负责，让秘书沈同陪她们去朝鲜为岸英和长眠在那里的志愿军烈士们扫墓。临行前，毛泽东拿出自己的稿费为他们每人添置了一身新衣服，嘱咐说："你们去看望岸英，这是我们家的私事。不准用公家的一分钱；不要惊动朝鲜的同志；住在大使馆里；也不要待得太久。"

遵照父亲的嘱咐，刘思齐探望丈夫毛岸英的心愿实现了。抚摸着那冰凉的墓碑，她的心碎了，十年生死两茫茫，不思量，自难忘。如今，她真的相信岸英已经离她而去，到了另一个世界，留下孤独的她，但她又是多么希望时光能够倒流啊！

"五心不定，输得干干净净。"这是毛泽东在战争年代经常讲的一句话，告诫军事指挥员应该当机立断，不能优柔寡断，错过战机。毛泽东以前就曾多次耐心地开导刘思齐，方式比较委婉，但这次却是直言相劝："你为什么老劝不听呢？下决心结婚吧，是时候了。"言辞非常直接，但语气

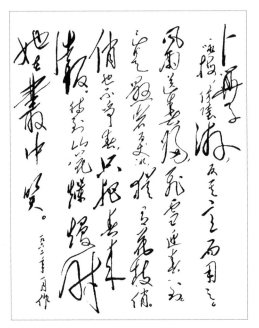

毛泽东手书《卜算子·咏梅》

又相当含蓄。毛泽东同时还从反面分析了女孩子找朋友"高不成低不就"的心态，意在再次提醒思齐，应该下最后的决心，解决个人问题了。毛泽东的这封家书读来令人热血沸腾，一个公公劝自己的儿媳改嫁，并始终把这件事当作自己的一个未了心愿，这不仅增添了毛泽东个人人格的无穷魅力，而且也给我们的社会伦理道德提供了许多启示。

刘思齐被毛泽东的真情实意深深打动了，从此她听父亲的话，下决心走出往日生活的阴影，并在父亲的进一步关心下，真正地开始了全新的生活。就像她自己怀念父亲时所说的那样："尤其是在岸英牺牲后，他关心着我的思想，我的学习，我的工作，我的健康，甚至我闲暇时阅读的书籍。到后来，他像慈母一样关心着我的婚姻……"

毛泽东为刘思齐的婚姻大事确实花了不少心思，托过不少人。最后还是在时任空军副司令兼空军学院院长刘震的介绍下，认识了从苏联留学回来的空军学院强击机教研室教员杨茂之。在见面之前，毛泽东经过了解得知：杨茂之三十挂零，大高个，精壮结实，忠厚老实，人品没有问题，父母都是渔民。而在苏联时，刘思齐和在苏联学习空军指挥的杨茂之尽管没有交往，但也见过面。于是毛泽东就叫刘思齐与杨茂之来往一段时间，相互了解一下。经过一段时间相处，刘思齐同意了。

一九六二年二月，刘思齐和杨茂之的婚礼在北京南池子刘思齐的四合院中举行。简朴又热烈的婚礼中迎来了谢觉哉、伍修权、刘震等老一辈革命家。终于了却了心思的毛泽东，欣喜之余手书一幅自己刚刚创作的《卜算子·咏梅》，作为新婚的贺礼，并给了三百元钱叫刘思齐自己购置礼品。

"风雨送春归，飞雪迎春到。已是悬崖百丈冰，犹有花枝俏。俏也不争春，只把春来报。待到山花烂漫时，她在丛中笑。"毛泽东用他瑰丽浩瀚之才，标格风流，把美好的人格寓于梅花之高洁完美之中，不正是诗人毛泽东自己人格和气度的真实写照吗？他把这首诗词送给新婚的"女儿"，可见他对刘思齐的爱，对刘思齐和儿子岸英之间的伟大爱情给予了高度的赞颂。

毛岸英牺牲后，毛泽东把儿媳刘思齐当作自己亲生的女儿，他是这么说的，也是这么做的！

第六章

呵护有加　又痛又爱

—— 毛泽东和毛岸青

　　毛泽东是一个内心充满着爱和痛苦的伟大的父亲。他的爱之博大，我们完全可以从他的人格魅力和传奇的故事中感受得到，但他内心深沉的痛苦却并不是我们常人所能体味的。毛泽东把他的痛苦藏在自己的心底，而且埋藏得很深很深，就像一口深不可测的井，幽深寂寞，观看的人从明镜似的水面看不见一丝波澜，甚至只能看见自己。

　　可怜天下父母心。对毛岸青来说，毛泽东可是既当父亲又做母亲。

　　毛岸青是毛泽东第二个儿子，也是他唯一活下来的儿子。

　　毛泽东共有十个孩子，其中杨开慧生了三个男孩，即毛岸英、毛岸青和毛岸龙；贺子珍生了六个孩子，其中三个男孩，一个是下落不明的毛岸红（小毛），一个是在江西出生也下落不明，一个是在苏联出生十个月夭折的廖瓦，而三个女孩中仅幸存在延安出生的娇娇（李敏），另外两个分别在福建和贵州出生的女儿都下落不明；再就是江青生的李讷。

　　在我们普通百姓看来，总有一种感觉，做国家领导人或者做高干的子女该是多么的幸福，多么的骄傲啊！从心理上就有一种向往和羡慕。但时代毕竟不同，在毛泽东时代，做毛泽东的孩子，他们得到的与众不同，而付出的代价和牺牲同样也与众不同，甚至生命！这与和平年代是绝对不能相提并论的。

毛泽东十个孩子，活下来的只有四个，但新中国刚刚成立，最受毛泽东器重的长子毛岸英又捐躯疆场，最后只剩下了三个。但就是这三个幸存者的一生也饱尝辛酸，历尽苦难，他们所经历的人生磨难和悲欢离合又岂是普通人所能感受的呢？战争的颠沛流离，政治的波峰浪谷，情感的大悲大痛，毛泽东的子女们体会得或许最具体也最深刻。

毛岸青是毛泽东唯一留下的儿子，无疑在十分传统的中国人眼中，他的存在就是毛泽东生命和象征的某种延续。但众所周知，由于革命斗争的残酷，毛岸青幼年就备受国民党反动派的摧残，在身体和精神上终身都埋下了巨大的疾患。这是伟人毛泽东的遗憾，也是父亲毛泽东的愧疚。

一九二三年十一月十三日，毛岸青生于长沙东乡板仓的外婆家中。两个月前，父亲毛泽东随中共中央机关由广州迁往上海，住在闸北区三曾里。九月十六日，他遵照中共中央的决定并受国民党本部总务部副部长林伯渠的委托，从上海回到长沙，在湖南筹建国民党。二十八日，毛泽东以"毛石山"的名义致信林伯渠，商谈了在湖南筹建国民党事宜，并在十月初建立了国民党长沙支部，并建立了湖南总支部。就是在这个时候，毛岸青出生了。可是等到儿子刚刚满月，毛泽东又奉命离开长沙去上海，准备赴广州参加

毛岸青

国民党第一次全国代表大会。临行前，毛泽东作词《贺新郎·别友》，表达了离妻别子的忧伤与惆怅。

此后的日子，毛泽东与杨开慧分分合合，一家人团聚在一起的时间少得可怜。岸青和哥哥岸英、弟弟岸龙不能像平常人家的孩子那样得到更多的父爱。岸青四岁那年秋天，奉命发动秋收起义的毛泽东匆匆告别妻儿，挥手而去，从此天各一方，直到二十年后，父子才得重逢。

长到七岁时，母亲杨开慧被国民党湖南省省长何键逮捕杀害。岸青兄弟三人东躲西藏，为逃避反动派的搜捕迫害，最后在叔叔毛泽民的帮助下，由外婆和舅妈送到上海。但由于形势变化，兄弟三人历尽人间苦难，小弟岸龙不幸病死，岸青则因惨遭特务、巡捕的毒打，两耳失聪，留下了脑震荡的毛病。这病根好像一团阴云一直笼罩着毛岸青的人生，影响和干扰着他正常的思维和生活。

聚少离多，父亲在岸青的记忆里印象不算很深。仅有的几件能够回忆起来的故事，足以让我们体会毛泽东爱子、教子的与众不同。一件是岸青小时候曾不小心打碎了一个瓷杯，父亲并没有责怪他，而是耐心地给他讲一只杯子的生产过程，它是如何从泥土变成精美实用的瓷器的，要经过多少道工序，要工人付出多少汗水。毛泽东通过这一米一物都来之不易的生活道理教育孩子要爱惜物品，珍惜劳动成果。还有一件事是岸青随母亲、哥哥到武汉与父亲团聚时，有一天岸青蹲在地上手里拿着一块玻璃玩，保姆发现了马上把岸青手上的玻璃哄着要了回来。毛泽东发现了，就制止说："随他玩去吧，没关系的。"保姆说："那划破了手怎么办？"毛泽东说："流血了，他就记住了，下次就再也不敢玩了。"可见毛泽东教子不是溺爱，他鼓励孩子勇敢地去面对生活，告诉孩子只要大胆地去亲自动手实践，才能懂得生活的学问。实践出真知讲的就是这个道理吧。

一九三七年初，岸青和哥哥岸英在党组织的秘密安排下到达了苏联，十四岁的他结束了人间地狱般的流浪生活。不久，兄弟俩和父亲毛泽东中断多年的音讯终于联系上了，他们不断地给父亲写信，表达自己的思念，汇报离别后的生活、学习情况。父亲每次收到来信，心情都非常激动，并尽可能在百忙之中抽空给他们回信，给兄弟俩鼓劲加油，还多次寄去哲学、文学等各种书籍，让兄弟俩和他们的"小同志们"在异国他乡不忘加强学习祖国的文化知识。

毛泽东对两个儿子的成长进步感到由衷的喜悦。当他第一次在延安看到岸英岸青兄弟俩的照片，正在生病的毛泽东激动地捧着儿子的照片在室内不停地来回走动，左看看右看看，那份发自心底的挂牵和惦念，好像花儿正在慢慢地绽放，绽放……凝视着儿子，毛泽东心潮澎湃，多少往事如泉涌心头，那艰难的岁月，那难忘的里程，那恩仇的往事，那爱憎的心情，毛泽东一半是欣喜，一半是内疚。尤其对曾遭毒打、头部受过伤的岸青，他既心疼心痛，又怜悯同情。直到新中国成立初期，他还对身边的工作人员说："我很同情岸青，他很小就和岸英流落在上海街头，受尽了苦难，几次被警察打过，对他的刺激很大。"

在苏联，物质生活上得到了很大的改善，兄弟俩最初住在莫斯科郊区的共产国际第二儿童院，后来该院合并到伊万诺夫市的共产国际第一儿童院。吃过苦的孩子早当家。岸英岸青兄弟俩更懂得和平安宁的生活来之不易。在哥哥的带领下，岸青和哥哥一起刻苦学习，发愤图强，取得了优异的成绩，还都曾跳过级。从十年制学校毕业后，毛岸青考取了东方大学深造。而哥哥岸英于一九四六年一月先期回国，把弟弟岸青的生活学习情况带给了父亲。

从一九四五年十一月开始患植物神经失调症的毛泽东，抱病到机场迎接大儿子的归来。人们都说儿女是母亲身上掉下的一块肉，其实，哪一个儿女不也都是父亲的心头肉呀！仍然在疗养中的毛泽东看见阔别十九年的儿子岸英，又得知岸青的消息，精神倍爽，病除大半，当即挥毫舞墨，给远在异国的岸青写了一封家书——

岸青，我的亲爱的儿：

岸英回国，收到你的信，知道你的情形，很是欢喜。看见你哥哥，好像看见你一样。希望你在那里继续学习，将来学成回国，好为人民服务。你妹妹（李讷）问候你，她现已五岁半。她的剪纸，寄你两张。

祝你进步，愉快，成长！

毛泽东
一九四六年一月七日

一九四六年的一月七日，毛泽东可谓是运筹帷幄，壮志满怀，一场更为巨大更为激烈的较量将在中国大地上演，而他将是这场激动人心的活剧的总导演，一个垂死的蒋家王朝正在作最后的挣扎。

"岸青，我的亲爱的儿"，毛泽东真是性情中人，他把他的喜悦和爱化作最直接最简单的文字寄给远方的儿子。而一句"看见你哥哥，好像看见你一样"更是把无尽的思念和牵挂，化作深深的祝福和呵护："希望你在那里继续学习，将来学成回国，好为人民服务。"

毛泽东真是一位细心的父亲。在这封信中，毛泽东同时告诉岸青："你妹妹（李讷）问候你，她现已五岁半。她的剪纸，寄你两张。"毛泽东知道他的复杂的婚姻和情感，将必然给子女造成家庭生活上的矛盾。但作为父亲，他衷心希望孩子们能够和睦相处，携手同心，相亲相爱。而且岸英和岸青在苏联就已经认识了贺子珍和妹妹娇娇，他们的相处是经过很长一段时间的磨合之后，才相互走进对方的心灵的。所以毛泽东在这里特别对还没有回国的岸青提到他们的小妹妹李讷，希望给孩子们营造一个好的家庭气氛。毛泽东尊重儿子们的情感，在信中极少提到江青，即使提到也是只说我和江青都好之类，极为简单，他不勉强孩子们去接受这位继母。可见毛泽东在处理家庭和子女问题上的细腻和柔情。

岸英回国后，毛泽东更加关心远在他国的岸青。一九四七年九月十二日，毛泽东在给毛岸英的信中特别提到："永寿这孩子有很大进步"，他的信"写得很好"。同年十月八日，毛泽东又致信毛岸英说："告诉你，永寿回来了，到了哈尔滨。要进中学学中文，我已同意。这个孩子很久不见，很想看见他。"寥寥数语，父爱深深。

新中国成立后，毛岸青在中宣部从事翻译工作，先后参加翻译了斯大林的著作《马克思主义和语言学问题》等五六本书。因为他俄文功底深厚，翻译能力很强，事业上可谓一帆风顺。但在爱情问题上，却一直不很如意，很长时间没有找到合适的女朋友。毛泽东听说后，就认真地找岸青谈了一次心，对儿子说："你谈恋爱找对象，就不要说你是毛泽东的儿子嘛！你就说你是中宣部的翻译，不是很好嘛。我劝你找一个工人或农民出身的人，这对你可能还有些帮助。你要求条件高了，人家的能力强，看不起你，那就不好了。整天不愉快生闷气，那还有什么意思呀。"

毛泽东的确是一个非常负责任的父亲，他的话平平淡淡却实实在在。这和当时的林彪之流为儿子找女朋友，大搞什么"选美"活动相比，毛泽东交给历史和人民的是一份满意的答卷。而伟人之所以成为伟人，家庭生活的这些细节或许比那叱咤风云指挥千军万马的故事情节更令人感动，更表达了人格的无穷魅力。

那时候，机关每逢周末、节假日都兴搞舞会。而跳舞对吃过洋面包、喝过洋墨水、穿过洋西装、脚蹬洋皮鞋的毛岸青来说，那简直就是驾轻就熟，每次在舞会上他那翩翩的舞姿总让他成为中心人物。但是就是这极为平常的娱乐活动，发生在毛泽东的儿子身上，再加上岸青是一个单身汉，闲言碎语就多了起来。于是各种流言蜚语就传到了江青的耳朵里。于是，江青就借机生事，开始找毛岸青的碴儿。她怒气冲冲地用电话把毛岸青从中宣部叫回来，把这些事情含沙射影地数落了一遍，然后不容岸青解释就大骂起来。

尽管毛泽东知道后，严厉地批评了江青，但这对岸青的打击太大了。父亲忙，没有时间和他谈心，最知心最爱他的哥哥岸英又牺牲在战场上，再加上自己的爱情好像是一个被人遗忘的角落，自己的心思跟谁倾诉？自己的委屈到哪里发泄？他的心没有听众，他的苦没有人能够体会。就在这个时候，继母江青的辱骂就好像一个导火索，岸青的精神世界崩溃了，本来神经就不能受刺激的他一下子又病倒了，住进了北京医院，而且病情十分严重。最后，毛泽东接受换换环境的建议，把毛岸青送到苏联治疗。这是一九五一年的事情。

这是毛岸青第二次去苏联了。但这次他重病在身，而且孤身一人。没有了哥哥，离父亲又更远了。没有享受到父爱母爱的他内心更加孤单。尽管病情得到控制，但心情却郁郁寡欢。一九五五年，刘思齐来到苏联莫斯科大学学习，抽空去看望了弟弟岸青。岸青和嫂子谈心，提出希望回国，并通过刘思齐带给父亲一封信。毛泽东看信后，同意他回国。后来经周恩来总理和驻苏大使刘晓的安排，毛岸青回国转往大连疗养。

经过疗养，毛岸青的病情大为好转。一九五七年夏，毛泽东去大连，见岸青的病情大有好转，很是兴奋。他和儿子亲切轻松地谈了很长时间，岸青也得到极大安慰。谈话中，毛岸青忽然讲起了他做的一个梦，便对父亲说："爸爸，您说怪不怪，几十年没有梦见妈妈了，昨夜她来了，笑眯眯地跟我说：'孩子，我不能给你爸爸抄文章了，你要好好练字呀！'"说着毛岸青泪流满面。

坐在一旁的毛泽东，神情凄然，房间里一时陷入了沉默，只能听见毛岸青轻轻的抽泣声。不知过了多长时间，毛泽东递给岸青一张信笺，说："岸青，这是我不久前写的一首词，你看看。"

岸青接过父亲递来的信笺，小声念了起来："我失骄杨君失柳，杨柳轻飏直上重霄九。问讯吴刚何所有，吴刚捧出桂花酒。寂寞嫦娥舒广袖，万里长空且为忠魂舞。忽报人间曾伏虎，泪飞顿作倾盆雨。"在岸青断断续续的默念中，毛泽东不停地抽着烟，他在沉思，他也在怀念。毛泽东告诉岸青，这首词是他在五月十一日写给母亲杨开慧的好朋友李淑一的。李淑一是长沙第十中学的老师，丈夫柳直荀烈士也是毛泽东早年的战友。这年二月，李淑一在《诗刊》上看到毛泽东发表的十八首诗词后，便致信毛泽东，寄来她在一九三三年写的悼念丈夫的《菩萨蛮·惊梦》一词，并索要毛泽东在一九二一年写给杨开慧的《虞美人·枕上》。毛泽东复信说："大作读毕，感慨系之。开慧所述那一首不好，不要写了吧。有《游仙》一首为赠。"这就是这首诗词的由来。

儿子岸青一夜惊梦，引起父亲毛泽东的无限思绪。从一九二七年分别到如今的一九五七年，已经整整过去了三十年，毛泽东和杨开慧这段千古爱恋，如今只剩下毛岸青这一亲骨肉，沧海横流，又岂是河东与河西的阻隔呢？看着病中的儿子，想起逝去的开慧、岸英和岸龙，为人夫、为人父的毛泽东怎能不怅然，内心怎么不疼痛？

也就是在这次谈话中，毛岸青告诉父亲自己想找个女朋友，并说大连医院里有一个女护士对他不错，但他拿不定主意。毛泽东没有表态，只是轻轻地"嗯"了一声。后来，毛泽东请警卫处的徐永福去医院看望毛岸青，顺便对那个女护士的情况进行了解，认为不合适。于是毛泽东又找岸青谈心，劝慰他说："这个姑娘别谈了，另找个合适的吧。"

此后，毛岸青的病情又出现了波动，毛泽东对儿子更加挂牵，尤其是岸青的终身大事更令他操心，他经常去信问候，鼓励岸青一定要安心，不要急躁。有一次，毛泽东就试探着问儿子："你嫂子的妹妹怎么样？"

毛泽东这一问，正合儿子的心思。嫂子刘思齐的妹妹少华（邵华）他们很早就相识了，岸青还记得第一次见面是在中南海丰泽园，那时少华还是一个头扎两个羊角辫的十几岁的小姑娘，活泼可爱又伶俐，跟着哥哥岸英和嫂子经常来这里玩，大家都开玩笑地叫她"跟屁虫"。如今，少华已经是一个大姑娘了，正在北京大学读书，可谓风华正茂。如果毛岸青能和少华做朋友，这正是亲上加亲。其实，毛岸青对少华心仪已久，只因为自己一直在外地养病，从来没敢向他心爱的姑娘表达自己心中的那份爱情，只是在哥哥岸英面前说过类似的话："如果我找对象，就找嫂嫂的妹妹少华。"

这次父亲主动提出了这个想法，毛岸青好像感到自己心中埋藏很久的一个秘密终于见到了阳光，心中暖洋洋的。从此以后，毛岸青就主动给在北京读书的邵华写信，交流思想，探讨人生；邵华也不停地给岸青回信，沟通情感，共叙友谊。就这样，两个相隔千里的年轻人通过鸿雁传书，慢慢地两颗火热的心跳到了一起。慢慢地，岸青的病情也大为好转，并主动提出要离开疗养院，出来参加热火朝天的社会主义建设。

一九六〇年，毛泽东得知岸青身体好转，而且和邵华交上朋友后，就托大儿媳刘思齐和她妹妹邵华一起前往大连，看望毛岸青，并托她们带上了一封长信——

岸青我儿：

　　前复一封信，谅收到了。甚念。听说你的病体好了很多，极为高兴。仍要听大夫同志和帮助你的其他同志们的意见，好生静养，以求痊愈。千万不要性急。你的嫂嫂思齐和她的妹妹少华来看你，她们十分关心你的病情，你应好好接待她们。听说你同少华通了许多信，是不是？你们是否有做朋友的意思？少华是个好孩子，你可以好好同她谈一谈。有信，交思齐、少华带回。以后时时如此，不要别人转。此外娇娇也可以转。对于帮助你的大连市委同志、医疗组织各位同志们，一定要表示谢意，他们对你是很关怀的，很尽力的。此信给他们看一看，我向他们表示衷诚的谢意。

　　祝愉快！

父　亲

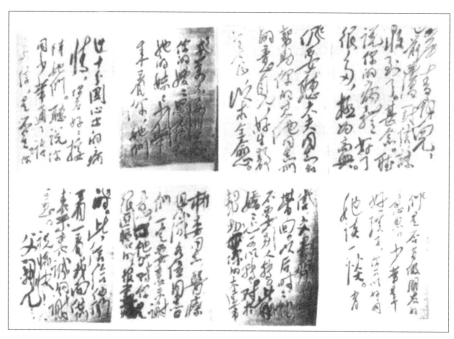

毛泽东手迹

毛泽东给岸青写这封信的时候，岸青已经三十七岁了。毛泽东自己也已经是六十七岁了。男大当婚。这个年纪对岸青来说已经是老大不小了，他的婚姻大事，怎能不让作为父亲的毛泽东操心？！爱子岸英在十年前牺牲沙场，岸青就已经是他唯一的儿子了，而且从小身体就不好，得了严重的身体和精神方面的疾病，这与他没有尽到做父亲的责任是有关的。岸青和哥哥岸英从小就吃尽了苦头，因为父亲是干革命的"赤匪"而挨了打，落下了病根。

但毛泽东不仅仅是一个父亲啊！他还是一个国家的当家人呀！他更多地操着国家这个"大家"的心，而对自己这个"小家"，有时实在是身不由己力不从心啊！

毛泽东是一个极富人情味的父亲，他给子女写的每一封家书的称呼都亲切得令人流泪，短短几个字，却意味深长。这封家书亦是如此，"岸青我儿"，六十七岁的老人呼唤他已经三十七岁的儿子，其中饱含着多少沧桑多少爱啊！在普通百姓家，毛泽东这个年纪或许早已经是儿孙满堂绕膝欢了。如今他自己呢？那份天伦之乐似乎离他还很遥远。尽管他很孤独，但他并不寂寞。他始终如一继续领导人民建设新中国的伟大事业，后天下之乐而乐。当他听到岸青的"病体好了很多，极为高兴"，并告诫儿子"仍要听大夫同志和帮助你的其他同志们的意见，好生静养，以求痊愈。千万不要性急"。话语中一片温情，呵护之情力透纸背。

这封信，毛泽东是托刘思齐和邵华亲自捎给岸青的。毛泽东就在信中像母亲一样地叮嘱岸青："你的嫂嫂思齐和她的妹妹少华来看你，她们十分关心你的病情，你应好好接待她们。"当他知道岸青和邵华两人之间正在谈恋爱时，毛泽东没有在信中以"指示"的口吻教导儿子该如何如何，而是以一种非常平易近人的商量口气，问道："听说你同少华通了许多信，是不是？你们是否有做朋友的意思？少华是个好孩子，你可以好好同她谈一谈。"可见，毛泽东没有家长制，他对儿子的爱情婚姻采取非常民主的作风，只提参考意见，不拍板，尊重孩子自己的选择。

在信的结尾，毛泽东不忘帮助岸青治疗的大连市委同志和医疗组织各位同志们，"一定要表示谢意，他们对你是很关怀的，很尽力的"。叫儿子将他的这封家书"给他们看一看，我向他们表示衷诚的谢意"。可见，毛泽东始终没有忘记人民，他是一个非常懂得感恩的人，他给他的子女也给中国人民作出了榜样。

日理万机的毛泽东，无法亲自去探望病情时好时坏的儿子，他只能委托刘思齐、邵华和娇娇等去探望、照顾。在毛泽东的支持下，毛岸青和邵华同年在大连结婚。时年，毛岸青三十七岁，邵华二十二岁。

毛泽东心中的一块石头终于落地。

第七章

与君相知 企予望之

—— 毛泽东和邵华

  邵华和刘思齐是同母异父的姐妹，而她们的苦难童年就好像是一根藤上结的两个苦瓜。就像贺子珍和贺怡姐妹俩嫁给毛泽东和毛泽民兄弟俩一样，刘思齐和邵华姐妹俩嫁给了毛岸英和毛岸青兄弟俩。

  邵华原名张少华，父亲陈振亚原是彭德怀部属的一个连长。一九二八年七月，参加平江起义后随彭德怀上了井冈山。他紧跟彭德怀转战湘赣，三次攻打长沙，五次反"围剿"，立过战功，后在长征中身负重伤，留下了一条伤残的腿。在西安八路军办事处，经林伯渠介绍，陈振亚认识了张文秋，两人一起结伴带着六岁的刘思齐奔赴延安。这时，已经三十七岁的陈振亚仍孤身一人没有成家。后来在抗大第三期学员帮助抗日军人家属学校挖窑洞时，张文秋和陈振亚重逢，两人互诉衷情。一九三七年冬天，他们结婚了。为此，彭德怀还特批六十元钱，为他们筹备婚礼和生活费用。彭德怀还用一口湖南话开玩笑地对陈振亚说："你这个'老光棍'总算是有个家了，也了却我一桩心事。祝你们白头偕老，革命到底！"抗大毕业，张文秋分配到陈振亚所在的八路军一一五师后方留守处工作。陈为政治部主任，张任政治部《生活星期刊》编辑。

  一九三八年秋，张文秋生下一个女孩，陈振亚给女儿取乳名"安安"，学名随母姓叫张少华。第二年春，胡宗南部队进攻延安，陈振亚率兵作战，以少胜多，击退敌人，获得军委嘉奖。这时他残疾了的左腿却又开始发炎、肿痛，军委十分关心他的健康，决定送他去苏联医疗，并由张文秋陪同，思齐和少华两个女儿也一起带在身边。后来在迪化（乌鲁木齐）陈振亚和毛泽民等革命者一起被盛世才残害。就这样，一个刚刚建立起来的美满家庭就像一只在风浪里颠簸的小船，一下子搁浅了。不久，张文秋生下了遗腹子第三个女儿少林。到了一九四三年，张文秋和她三个幼小的女儿再次被投进了监牢，开始了四年的铁窗生活。直到一九四六年，在党的积极营救和"和平将军"张治中的努力下，她们母女四人和其他被盛世才关押的一百三十多人一起回到了延安。

回到延安，看到延安城里人山人海的站在路边和山上欢迎他们回来的同志们时，才七八岁的邵华也感到无比兴奋和感动，因为他们这些孩子都是被这些叔叔阿姨们手递手传进了延安城的。这一次，邵华第一次见到了毛泽东，她回忆说："大家排着队，主席从头跟我们握手握到尾。像我和另

饱尝铁窗风味的娃娃们（1946年7月20日）

外几个男孩儿，我们就感到和毛主席握手是最大的幸福。毛主席跟我们握完了之后，我们赶快又跑到队尾，又再站队，争取第二次和毛主席握手。"这些从新疆回来的同志尤其是孩子们，得到了党中央的特别照顾，给他们专门检查了身体，用最好的饭菜招待他们，并给他们拍了一张照片。细心的摄影师还在照片上题写了"饱尝铁窗风味的娃娃们"。

新中国成立不久，姐姐刘思齐和毛岸英结婚了，几乎每个周末都要去中南海看望父亲毛泽东。十一岁的邵华也总是吵着要一起去见毛主席，姐姐姐夫就送一个绰号给她，叫"小跟屁虫"或者"拖尾巴虫"。耳濡目染，当她看见毛主席那么关心姐姐和姐夫的学习，这勾起了因为战争没有机会上学的邵华对学习的强烈欲望，她忍不住大胆地问毛泽东："毛伯伯，我也要上学。"毛泽东很吃惊，问道："孩子，你怎么还没有上学呀？"邵华就简单地把自己的情况讲了一下。毛泽东一听，笑着说："你愿意上学，好嘛，你放心，这件事情我来替你办。"几天后，毛泽东的秘书叶子龙交给邵华一封信，说："你拿着这封信，到中直育英小学报到，找韩校长，你就可以上学了。"就这样，邵华走进了育英小学，开始读书。

一九五九年邵华考进了北京大学中文系。因为刘思齐、邵华姐妹俩都是学文科的，博览群书的毛泽东也非常关心她们的读书情况，和她们在文学上成了"论友"。在交谈和讨论中，毛泽东和邵华既谈论过《西游记》、《聊斋志异》、《红楼梦》等中国古典文学名著，也谈论过《简·爱》、《茶花女》这样的外国文学名著；既谈论过《中国通史》这样的史学书籍，也谈论过李白、陆游、辛弃疾、王勃和曹操父子的诗歌，可谓海阔天空。

作为诗人的毛泽东更喜欢和子女们谈古诗。在谈到曹操父子时，毛泽东问邵华："你喜欢曹操还是喜欢曹丕、曹植？"邵华爽快地说："我喜欢曹植的诗，尤其喜欢他的七步诗。你看他哥哥曹丕逼得他没有办法了，七步之内要做不出诗来就要杀掉他。但他做出来了，而且这么才华横溢。"毛泽东听后，笑着说："和你不一样。我喜欢曹操的诗。曹操的诗词，直抒胸臆，豁达洒脱，应当学习。比如他的《龟虽寿》、《短歌行》、《观沧海》等篇章，更是脍炙人口。"说着，毛泽东还把其中的一些词句写出来，给邵

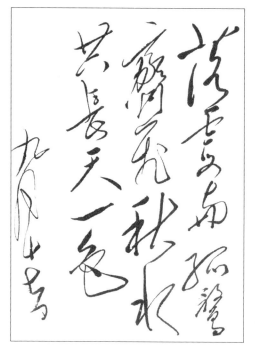

毛泽东手书"落霞与孤鹜齐飞，秋水共长天一色"

华解释。

　　毛泽东非常推崇李白，认为李白的诗"文采奇异，气势磅礴，有脱俗之风"。他评价说：《将进酒》是一首好诗，《蜀道难》也有些意思。在评论白居易时，他说：《琵琶行》不但文采好，描写得逼真细腻，难得的是作家对琵琶演奏者的态度是平等的，白诗的高明处在于此而不在他。同时，毛泽东还谈到了王昌龄、陆游、辛弃疾这些人的边塞诗，并把王昌龄的《从军行》等亲笔写给在座的儿女们。而最令邵华感到难忘和激动的还是那次在中南海，毛泽东同他们谈起了唐代诗人。在谈到"初唐四杰"之一的王勃时，毛泽东说：这个人年轻有为，才高学博，为文光昌流丽，二十几岁的人就写了十六卷诗文作品，可惜死得太早了。他还说他喜欢王勃的《送杜少府之任蜀川》，对其中的"海内存知己，天涯若比邻"两句很欣赏。交谈中，当毛泽东发现邵华这些孩子也十分喜欢王勃的《滕王阁序》，非常高兴，他一边背诵佳句，一边评论，在谈到兴头时，又挥笔写下了"落霞与孤鹜齐飞，秋水共长天一色"的千古名句。这也成了邵华最为珍爱的一幅珍贵墨宝。毛泽东的这幅墨迹十四个字分三行，谨严有法，笔笔不苟，互相呼应，一气呵成，气势磅礴，结构和谐，不同凡响。

在谈论宋代诗词时，毛泽东问邵华："你最喜欢谁的作品？"邵华说："陆游。"毛泽东问："为什么？"邵华说："陆游的诗词充满着热血沸腾的爱国主义激情，具有雄浑豪放的战斗风格，常常表现出'一身报国有万死'的牺牲精神。"毛泽东很是赞同，又问她："你最喜欢他的哪几首呢？"邵华就给毛主席列举了《书愤》、《示儿》、《夜游宫》等几首。毛泽东听后兴致大发，从沙发上站起来，走到桌前，铺开宣纸，饱蘸墨汁，挥笔给邵华写下《夜游宫》这首词。邵华如获至宝。

在谈论《西游记》时，毛泽东对孙悟空不畏艰险、敢于同一切妖魔鬼怪作斗争的精神和善于识别正义与邪恶的洞察力，以及不达目的决不罢休的可贵品格和顽强毅力十分称赞。难怪毛泽东在给江青的信中说自己既有虎气又有猴气呢！或许受《西游记》中的孙行者的影响很大吧。毛泽东还对孙悟空敢于违背师父唐僧的"千日行善，善犹不足；一日行恶，恶常有余"的信条，而信奉"行善即是除恶，除恶即是行善"的观点十分赞赏。

当谈到《聊斋志异》时，毛泽东认为《小谢》是一篇好文章，反映了个性解放的强烈要求，并说《聊斋志异》中那些善良的做好事的"狐仙"要多些就好了。

许多人都认为毛泽东对中国文学可谓是烂熟于心，但对于外国文学似乎没有什么兴趣和研究。但邵华却觉得并非如此，她和毛主席就谈过《简·爱》。而且毛泽东在听说后就立即找来看了。在新中国成立初期，毛泽东还曾托刘思齐借了一本《茶花女》，毛泽东认真阅读后，还在上面圈圈点点，作了许多眉批。刘思齐当时看到后大吃一惊，因为书是借来的，她害怕别人说她不爱惜不知道如何归还人家才好。等后来知道有了毛主席的批阅这才更珍贵时，这本《茶花女》已经丢失了，好不遗憾。

有一次，邵华的《中国通史》考试取得好成绩，便兴冲冲地跑来告诉毛泽东。毛泽东就说："那我来考考你，你谈谈刘邦、项羽兴衰的原因吧。"

邵华便按照教材的内容回答了一遍，毛泽东笑道："这是死记硬背，算是知道了点皮毛，但还没有很好地理解。要多读史料，多思考，能把'为什么'都说清楚，这一课才算学好了。"还有一次期中考试，邵华除了体育课只考了三分外，其他的课程全都考了满分五分。她就高兴地拿着"满堂红"的通知单跑来向毛主席报喜，谁知毛泽东在看了之后，对沾沾自喜的邵华说："体育方面要加强，要增强体质，要进行锻炼。"他还教导说：一个人的精力是有限的，你不能把精力平均地用在每一门功课上，你应该钻一门你最喜欢的，你认为是最值得学习的东西，在这一门学科上，你要去有所突破，理解得更深一点，满堂红不一定就是好的。毛泽东的这番话给邵华很大启发，从此她学习更有重点了，目标更清晰了。

邵华深深地被毛泽东的渊博和思想所折服，尤其是这些看似是死的史料知识，一到了毛泽东那里就都变"活"了起来。努力读书的邵华越努力，越觉得自己的知识不够用，对此她感到有些迷茫，就像一只刚刚学会独自飞翔的小鸟，不知道怎样才能使自己知识的翅膀尽快丰满起来。毛泽东就劝慰她说："不要急，知识需要积累，最重要的是要把书读活，切忌读死书，死读书，要勤动脑，要善于思考。"

一九六〇年，三十七岁的毛岸青和邵华在大连结婚了，十五岁年龄的差距并没有阻挡两颗年轻火热的心相通和相知。作为父亲的毛泽东没有能够亲自去参加婚礼，但还是认真地准备了两份礼物。一份是给邵华送了一块手表，一份在当时可谓是一个"大件"——一台熊猫牌收音机。这比十年前毛岸英和刘思齐结婚时的条件要好多了，那时毛泽东只能送一件旧大衣。

一九六二年春天，毛岸青和邵华一同回到北京生活，毛泽东见到儿子儿媳，高兴又风趣地说："新媳妇总该去认认家门，让外婆和亲友们看看嘛！"于是，他们遵照父亲的嘱托，回到长沙，先到板仓祭扫妈妈杨开慧的陵墓，又到韶山看望乡亲们。他们还去看望了九十高龄的外婆，老人家布满皱纹的脸上的笑容像一朵绽放的花，一手拉着岸青，一手拉着邵华，眼里盈满了泪花。第一次湖南之行，给邵华留下了深刻的印象。

毛泽东也经常和毛岸青、邵华夫妇谈起他们母亲杨开慧的故事。有一次，邵华跟父亲说："爸爸，您能不能把您写的《蝶恋花·答李淑一》给我和岸青写一份。"毛泽东一听非常高兴地说："可以。"于是立即坐到桌前，欣然提笔写下了这首著名的"蝶恋花"。但邵华却发现父亲在写第一句"我失骄杨君失柳"时，把"骄杨"写成了"杨花"，就奇怪地问爸爸："爸爸，不是'骄杨'吗，怎么这里写成了'杨花'呢？"毛泽东舒缓地说："称'杨花'也很贴切。"

但生活毕竟不同于谈恋爱，不可能天天都是花前月下卿卿我我的浪漫，更多的将是锅碗瓢盆的交响曲和柴米油盐酱醋茶。

一九六二年春，毛岸青和邵华回到北京生活。这个时候随着毛岸青精神和身体的恢复，并不想当一名纯粹的家庭主妇的邵华，还想回到北京大学读书。毛泽东给予了积极支持。可是由于缺课时间太久，邵华感到学习已经非常吃力，跟不上，情绪十分低落。

谁家没有一本难念的经呢？大千世界，芸芸众生，纷繁复杂。毛泽东家也不例外。而毛岸青和邵华的婚后生活自然总有一些不如意的事情发生。再加上岸青不能经受刺激，小夫妻之间自然而然就不可避免地发一些小脾气，互相斗气。对这一切，作为父亲的毛泽东在知道他们之间的矛盾和烦恼后，十分理解儿媳邵华。在接到毛岸青和邵华两人要分别给他写信的消息后，匆匆行程中的毛泽东在六月三日上午七时给邵华回了一封信——

你好！有信。拿来，想看。要好生养病，立志奔前程，女儿气要少些，加一点男儿气，为社会做一番事业，企予望之。《上邪》一篇，要多读。余不尽。

父　亲

六月三日上午七时

令人奇怪的是，这封家书毛泽东没有写抬头，这也是毛泽东家书中唯

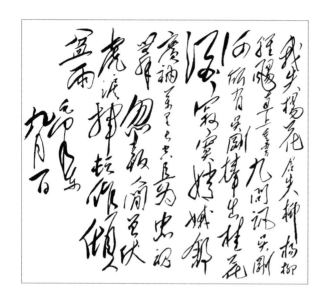

毛泽东手书《蝶恋花·答李淑一》

一没有抬头的信件。

家书中，毛泽东首先劝慰儿媳邵华"要好生养病，立志奔前程"，而且"女儿气要少些，加一点男儿气"，希望邵华勇敢地面对生活中、学习上暂时的困难和挫折，要有一股不服输、不怕苦和战胜困难的精神，要有"谁说女子不如男"的英雄气，只有这样才能"为社会做一番事业"，这是毛泽东所"企予望之"的。

这封家书言简意赅，寓意深刻。作为父亲的毛泽东，深知儿子岸青的精神和身体状况以及独立生活生存的能力，因此他对岸青和邵华的家庭是有牵有挂有担心的，所以他希望儿媳邵华能够独当一面，"加一点男儿气"，勇敢地挑起家庭生活的重担。而当他得知儿子儿媳的关系出现不愉快的时候，毛泽东没有讲任何道理，作任何说教，只是与同样喜爱中国古典文学的儿媳讲了一句话："《上邪》一篇，要多读。"七个字，笔力千钧，意味深长。

《上邪》乃汉朝民歌《饶歌》第十六曲。全词为："上邪！我欲与君相知，长命无绝衰。山无陵，江水为竭，冬雷震震，夏雨雪，天地合，乃敢与君绝！"

这是一个女子对爱人的山盟海誓。意思是说：苍天啊！我对你发誓，我和我的爱人相亲相爱，我们的爱情永远没有断绝的时候！只有到了山夷为平地，江水干枯，冬天雷声阵阵，夏天雨雪纷纷，天地合而为一的时候，我才敢决定与您断绝关系！

这是中国爱情诗的千古绝唱。诗中列举了五种不可能出现的自然现象，来比喻女子对爱情的忠贞不渝和坚定不移。伟人毛泽东以其渊博的学识巧妙地告诉儿媳一个做人处世的道理，鼓励并希望邵华坚强些，既要以事业为重，又要坚信美好的爱情可以成为战胜生活中的困难、家庭中的纠葛和烦恼的武器。毛泽东可谓用心良苦。

聪明的邵华读懂了父亲毛泽东的人生至嘱，感动不已。她知道父亲在婚姻上有挫折和失误，尤其是在和江青的夫妻关系基本上已经山穷水尽名存实亡的这个时候，父亲跟她说这些话，心是苦的，而且这苦好比是"哑巴吃黄连"——无处诉说。作为过来人的毛泽东，让儿媳"要多读"《上邪》，邵华理解了父亲这封家书的用心和意义。此后，邵华的性格慢慢地

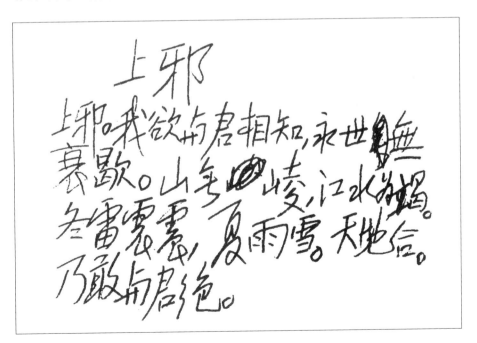

毛泽东手书《上邪》

毛泽东和邵华（刘思齐摄）

变得开朗了、豁达了、从容了，对岸青也更加关心和体贴了。"与君相知"的她没有辜负毛泽东的"企予望之"，始终按照父亲的教导去做，与毛岸青一起患难与共，携手同心，赢得了美满的爱情和人生。

因为毛岸青从苏联回国时带回来一台"捷夫"牌照相机，邵华结婚以后就喜欢上了摄影，想把自己家人与父亲毛泽东在一起的生活记录下来。毛泽东看见孩子们拿着相机在自己面前拍来拍去，没有反对，但却给邵华来了个"约法三章"：第一，你们不许拿到外面去冲洗；第二，你们不许给报纸、杂志投稿；第三，不许送人。可见毛泽东的家风是严厉的。

一九七〇年一月，十月怀胎的邵华住院就要临产了。为此，邱会作急忙将此情报告毛泽东。

马上就要抱孙子的毛泽东听了非常高兴，问道："快生了？"

"难产。"邱会作小声地补充了一句。

毛泽东很吃惊："为什么？"

"头胎，胎儿又大。"邱会作望了望毛泽东，吞吞吐吐地说，"主席，你说留哪个？"

"两个都留！"毛泽东说，"你告诉医院，想方设法，母子两安。"

后来经过剖腹平安产下一子，这就是毛泽东唯一的孙子，毛泽东亲自取名：毛新宇。

新宇，新的宇宙新的天地也！毛泽东寄予厚望。

这一年，毛岸青和邵华结婚整整十年。

这一年，毛岸青四十七岁。

这一年，毛泽东七十七岁。

第八章

姣好千金 宝贝天使

——毛泽东和李敏

一九三六年七月十一日，毛泽东率中共中央党政军领导机关经过二十天的跋涉，由瓦窑堡撤离到达保安（今志丹县）。别看保安县城很小，偏僻荒凉，人口才四百多，但在唐朝和金朝的时候，这里可曾是抵御北方游牧民族入侵的边防要塞。当年蒙古人就是通过这里大举侵入中原的。毛泽东与贺子珍住在一个很破旧的窑洞里。据民间传说，这孔窑洞是北宋名将杨继业的士兵开凿的。这是一眼石孔窑洞，有两间，天花板和墙壁，都是从岩石中凿出来的，下面则是砖块地。窗户也是从岩石中凿出的，半窗里挂着一幅布窗帘。室内摆着一张没有上油漆的方桌，上面铺了一块清洁的红毡。四壁简陋，空无所有，只挂了一些地图。卧室里的财物也就是一卷铺盖，几件随身衣物——包括两套布制服，主要的奢侈品只是一顶蚊帐。在这里生活很苦，但心灵手巧的贺子珍能把新鲜的野杏子制成蜜饯，尽管又酸又涩，但毛泽东却吃得津津有味。

就是在这个时候这样的背景下，娇娇闯进了毛泽东和贺子珍的世界。而毛泽东和贺子珍十年婚姻，十次怀胎，六次分娩，留下的也就只有这个被毛泽东称作"洋宝贝"的娇娇——李敏。

这天凌晨，快要临产的贺子珍感到自己快要生了，马上就叫来警卫员贺清华，让他赶快找一间屋子，因为她的家还是毛泽东的办公室。贺清华好不容易在担架班才找到了一间连门都没有的屋子。贺子珍走进去，刚刚躺下，就传来了孩子落地"哇哇"的哭声。毛泽东听见了，赶紧走进来，还风趣地说："哟，就生了？真快呀，像鸡下蛋一样，一滑溜就下来了。"毛泽东的话把大家都给逗乐了。

第二天，与贺子珍一起参加长征的女战友邓颖超、康克清、刘英、钟月林等闻讯赶来祝贺。毛泽东高兴地迎她们进屋，一边笑着幽默地说："生了，生了，子珍生了一个大鸡蛋。"因为条件艰苦，没有什么营养食品，所以孩子生下来就十分娇小瘦弱。邓颖超抱起襁褓中的婴儿，充满怜爱地说："真是个可怜的小娇娇啊！"大家也就你一嘴我一嘴，"小娇娇"地叫个不停。站在旁边的毛泽东一听，"娇娇"还真是一个不错的名字，这让他想起《西京杂记》中"文君姣好，眉色如望远山，脸际净如芙蓉"这句话，于是便给女儿取名"姣姣"，后来大家又习惯叫"娇娇"。但为了革命工作，毛泽东和贺子珍仍然像在江西、福建和长征路上一样，把生下来才四个月的娇娇寄养在陕北老乡家里。后来娇娇又被送进延安的保育院，在

娇娇（右四）与小朋友们在延安保育院

保育院中娇娇一直过着没有"家"、没有"爸爸"也没有"妈妈"的生活，每天放学的时候，她只能一个人站在窑洞门口的土圪垯上看夕阳西下，看红霞满天，看鸟儿归巢，看蚂蚁搬家，一直等到天黑了才回到窑洞里。这样的日子，一直陪伴着娇娇有三年之久。

一九三七年九月，贺子珍"赌气"离开毛泽东，去了苏联。一九三九年初，痛失出生才十个月的幼子廖瓦后，贺子珍终日以泪洗面。张闻天夫人刘英回忆说：廖瓦葬在房子后面的花园里，贺子珍"伤心至极，天天到坟上去哭"。毛泽东听说后大为震惊，痛心疾首。一九四一年一月，毛泽东遂决定把四岁的娇娇送到苏联贺子珍的身边。娇娇是由朱德十四岁的女儿朱敏带着坐飞机离开延安的，江青也去了机场送行。据朱敏回忆：在飞机上娇娇闹肚子疼，又哭又叫的。在七八个大哥哥和大姐姐的安抚下，大家坐在这个"古怪"的房间里穿云破雾到达了目的地。娇娇这个四岁的"红色公主"不远万里，第一次当上了爸爸和妈妈的"天使"。

母女的异国团聚给孤独寂寞的贺子珍带来了心灵的安慰和寄托。母女俩第一次相见，贺子珍惊喜地张开双臂紧紧地把娇娇搂进自己的怀里，鼻子酸酸，热泪滚滚。据说，就在这感人的镜头中，还有一段非常有趣的对话——

贺子珍问道："你是谁呀，你叫什么名字？"

"我叫娇娇。"

"娇娇干什么来了？"

"找妈妈来了。"

"你妈妈叫什么名字？"

"我妈妈叫贺子珍。"

"你给妈妈带什么礼物来了？"

"我把娇娇带来了。"

女儿娇娇的到来，就像落水的人抓住了一把救命的稻草一样，贺子珍重新开始燃起生活的信心，脸上才开始有了笑容。她把这唯一的心肝宝贝真是当作掌上明珠，想方设法地用自己微薄的收入，给女儿买漂亮的衣服、玩具，把娇娇打扮得漂漂亮亮。懂事的娇娇在母亲的呵护下，生活也变得开心快乐。但好景不长，苏德战争爆发后，五岁的娇娇和妈妈、哥哥们一起撤到离莫斯科几百公里的伊万诺夫市。战争带来了极大的物资贫乏，在没有暖气、没有炉子，气温达零下三十多摄氏度的严寒日子里，他们每天就只能吃几块黑面包充饥，甚至连盐也极度匮乏，人们在生死线上挣扎着。娇娇和母亲相依为命，不仅顽强地活下来，而且还用节省下的食物尽量照顾在苏联读书的哥哥岸英和岸青。

直到一九四三年，苏联红军进入反攻后，国内经济条件开始好转，八岁的娇娇才开始上五年制小学。可是祸不单行，娇娇不幸得了重病，濒临死亡边缘，被推到国际儿童医院太平间的副室。女儿已经成了贺子珍唯一的精神支柱，她不相信自己的娇娇会离开她，她失去了那么多孩子，她再也不能失去这最后的希望了，她把娇娇抱回家，自己照顾女儿，她一定要把女儿从死神那里夺回来。为了精心护养娇娇，贺子珍无法完成分配给她的劳动定额，也拒绝让娇娇再回国际儿童院，为此，她和儿童院院长发生了激烈争吵。想不到的是这位没有人情味的院长竟然莫名其妙地把贺子珍当作精神病人送进了疯人院。

再次失去母亲的痛苦让娇娇终生难忘。那天，当母亲声嘶力竭地呼喊着娇娇的名字被几个苏联彪形大汉强行架走时，娇娇吓坏了！她甚至吓得跳出了教室的窗户，一溜烟地钻到自己认为最安全的一条暗沟里。直到夜深了才被她最要好的俄罗斯小姑娘找到。从此，娇娇又回到了国际儿童院，过起了孤儿般的生活，直到一九四六年她才见到妈妈。

就在这个时候，治疗烧伤的王稼祥和夫人朱仲丽与在莫斯科治疗肾病的罗荣桓、林月琴夫妇相遇了，他们在那里又结识了许多革命子女和遗孤，包括毛岸英和毛岸青。据朱仲丽在《毛泽东、王稼祥在我的生活中》回忆：

> 王稼祥在莫斯科治病痊愈出院后，住在位于热闹的高尔基街的"柳克斯"旅馆内。我们在那里又遇到了国内来的老战友，他们是我党原山东分局的书记兼军区领导人罗荣桓和他的夫人、红

军战士林月琴。罗荣桓是因为患了较重的肾脏病，特地从我国东北转来苏联治疗的。我们和罗荣桓、林月琴真是他乡遇故知，大家每天聚会畅叙，十分快慰。我们在那里又看到了一大批早年来到苏联的中国青年，他们是毛泽东与杨开慧烈士的儿子毛岸青，革命烈士蔡和森、张太雷、郭亮等同志的遗孤，还有刘少奇、朱德、李富春、蔡畅等同志的子女。他们是内战时期和抗日战争时期先后从国内来到苏联学习的。这些年，他们与苏联人民一起，共同度过了伟大的卫国战争，经受了战争的考验，既在苏联学到了一定的知识本领，又尽了自己的国际主义义务。现在，他们都已陆续长大成人，正迫切需要了解祖国的情况，对于我们这些新来的祖国亲人，当然倍感亲切，我们也像对待自己的孩子一样地喜爱他们。

在广泛的谈话中，我们从朱德女儿朱敏的口中得知，毛泽东与贺子珍的女儿娇娇（李敏）也在苏联。贺子珍也是我们党的一位老革命家，在井冈山时期与毛泽东结为战斗伴侣，共同度过了最艰苦的战争岁月，长征途中她为掩护战友身负重伤，体内留下了十七块敌人的弹片。一九三七年底，她怀着孕离开毛泽东来到苏联治病，到苏联后生下的一个男孩却不幸因肺炎死去，不久又听到毛泽东与江青结婚的消息，由于这一连串的不幸事件，不仅加重了她的伤病，也使其精神受到很大的刺激。她在苏联治病期间，又因语言不通，与苏方人员产生了种种误解与不和，结果被苏联医生错误地诊断为精神分裂症，强迫她住进了远离莫斯科的精神病院，使她陷入了精神上无比痛苦、生活上极端困难的境地。

王稼祥与罗荣桓商量后，认为让贺子珍这样一位老同志长期孤身寄居国外，甚至被关在疯人院里，是很不合适的。他们一致主张向苏联方面提出请求，让贺大姐去莫斯科诊治，如果没有精神病症状，就应该送她回国。他们商定后就由王稼祥通过苏方联络人员向有关方面正式提出了这一问题。谁知隔了一周，苏方又通过联络员给了我们一个完全是外交辞令的否定答复："经过上级考虑，贺子珍同志患的是精神分裂症，不便来莫斯科。你们的请求没有获得预期结果，很抱歉。"

王稼祥得到这一答复后，马上同我商量了一下，又与苏方磋商，提出让我以一个医生的身份，查看一下贺子珍的病情，并且要看望她的并非病人的女儿，因此还是请苏方将贺子珍母女送来莫斯科，以行使我的医生义务。又过了十天，苏联的联络员来找我们，一见面就耸着肩膀摊开双手，仍然是一个毫无结果的答复。

王稼祥一下子收起了往日的谦和笑容，非常严肃地用流利的俄语直接对联络员说道："请你们以我们的名义，再次向有关领导提出，我们有权利代表我们的党，看望自己的老同志贺子珍。如果她确实病情严重，我们将请示国内，是否让她继续留在苏联治疗，或是将她接回祖国，我们已经解放了哈尔滨等大中城市，那里有较好的医疗条件，完全可以让她得到较好的治疗。如果她病情不重甚至没病，你们就更没有理由把她长期关在疯人院内。请你们的上级重新考虑我们的郑重要求。"

我也以医生的身份，坚持提出看望贺子珍的要求。苏方不得不派人将贺子珍和她的女儿娇娇，一起送来莫斯科，使她们母女俩见到了来自祖国的亲人，听到了故土的音讯。

贺大姐与王稼祥是老战友、老相识，我对大姐也久已闻名，一见如故。这次会见使我们大家都激动万分。其实，贺大姐根本没有什么"精神分裂症"，只是由于情绪上的苦闷不堪而形成一种忧郁症状，加之苏联有关人员的简单粗暴，不分青红皂白地将她送进精神病院，一关就是七八年，直到苏德战争结束，一直无人过问，使她受尽了精神折磨，失去了人身自由。这次突然脱出牢笼，又见到亲人似的战友，真是如入梦境，百感交集。她乍见我们，连话也说不出来，一是过分激动，二是多年"囚禁"，已经不习惯甚至不会说话了。后来情绪安定一些，才慢慢地向我们诉说了几年来的伤心事，我们也尽力抚慰她。随后我又仔细地查看了她的病情，完全否定了原来对她作的"精神分裂"的错误诊断。于是王稼祥向苏方正式提出：贺子珍不宜再回精神病院，应该暂时留在莫斯科，等待国内指示，决定她的去留问题。她的女儿当然地要留在自己母亲身边，并随同母亲去留。

我们把贺大姐母女安顿下来后，王稼祥对我说："我们必须把贺大姐带回祖国，无论是出于一个革命战友的阶级感情，还是考虑到她和孩子的境遇，必然关联到毛泽东同志，我们有责任为中央处理好这件事。"

我说："是不能再让她这么受苦了，一定要把她们母女接回去。她到底是毛主席的前妻啊！"

王稼祥先将贺大姐的情况，用电报详细地向毛主席作了报告，并请示是否由我们将她们母女带回国内。不久，毛泽东亲自复电："完全同意。"于是，在一九四六年晚夏，即我们来到苏联的几个月后，贺大姐和她的女儿娇娇，在我们的陪同下，一起回到了她阔别已久一直思恋的祖国。我们由东北入境，到达哈尔滨，党的东北局和东北军区热情地接待了贺大姐母女，从此根本结束了她们多年来的痛苦生活。①

娇娇在苏联共生活了七年，而在延安生活的四年她也几乎没有在父亲毛泽东身边，母亲贺子珍又很少和她说起父亲，因此在她的印象里，她好像就没有爸爸。在国际儿童院的礼堂里，挂着各国共产党领袖的巨幅照片，其中有列宁、斯大林、季米特洛夫、加里宁，也有中国的领袖毛泽东、朱德。老师们也常常给这些孩子们进行国际主义教育，讲述各国共产党的领袖和他们领导的革命斗争故事，其中自然也讲中国共产党的领袖毛泽东的故事。但这对娇娇来说，她做梦也没有想到这个被老师们神化了的

---

① 《毛泽东、王稼祥在我的生活中》，朱仲丽著，中共中央党校出版社 1995 年版，第 155—158 页。

在莫斯科上学时的娇娇

中国伟人竟是她的爸爸。

有一次，哥哥毛岸青和娇娇坐在礼堂里聊天。突然，岸青指着高高挂在墙壁上的毛泽东的照片，问娇娇："你知道他是谁吗？"

娇娇响亮地回答说："我知道，他是中国共产党的领袖毛泽东。"

"对。可他也是我们的爸爸。"

"不可能。你瞎说，我没有爸爸。"

"我没瞎说，他是我们的爸爸，是他把我们送到这里来学习的。"

听哥哥岸青说得那么认真那么肯定，娇娇似乎有点相信了，就去问妈妈。这时贺子珍才告诉娇娇，哥哥说的是真的。娇娇心里高兴极了，她又跑到礼堂里去看看自己的爸爸，看看这个被老师们称作伟大人物的英雄爸爸。以后每次到礼堂她都要认真地看看爸爸，有时一看就是好半天，傻傻地站在"爸爸"面前发呆。可爸爸似乎离她还是太遥远了，她仍然想象不出她同爸爸有些什么关系。

回到日夜思念的祖国，娇娇已是一个十岁的小姑娘了，异国他乡的五年生活让她已经不会说中国话了，祖国对她来说似乎变得有些陌生了。她和岸青哥哥一样，又开始学习中文。在哈尔滨，无论对娇娇来说，还是对贺子珍来说，生活又重新开始了。

这个时候的贺子珍还刚刚过完四十岁生日，文静秀美，风姿绰约，风采不减当年。她多次表示与毛泽东的关系已结束，她要开始新的生活。

而在她工作的单位，也的确有同事向她示好。

一天晚上，贺子珍把娇娇叫到跟前，轻言细语地说："娇娇，我同你商量个事，我给你找个新爸爸，好不好？"

"我不要！我不要！我不要新爸爸！"一向在妈妈面前温顺听话的娇娇，此时却大哭大叫起来。看到娇娇这种态度，贺子珍哭了。她伏在桌上哭了好久。从此以后，她再也不提这件事了。

对此，娇娇在晚年回忆起母亲的这些往事，神色黯然，心情沉重，她说："我到现在也分析不清楚，当时听了妈妈想再婚的话为何会这样冲动，是因为我有了一个当伟人的爸爸，不想要一个不如自己爸爸的新爸爸吗？那时单纯幼稚的我，还没有那么复杂的头脑，也不会那么世故。这种近似本能的反抗，只有一个主导思想：妈妈是属于我一个人的，我不愿有人从我这里分去妈妈的爱；另外，一个妈妈管教我就够受的了，再加一个爸爸，我更受不了了。"

十二岁的女儿哪里懂得母亲的心事呢？年幼无知的娇娇哪里能理解妈妈的苦楚呢？但改变贺子珍的还不仅仅只是女儿娇娇，妹妹贺怡在一九四八年的东北之行更加让贺子珍的情感世界出现了又一个十字路口。在沈阳，姐妹俩也是分别十多年后的第一次相逢，妹妹力劝姐姐回到毛泽东身边，而且她还要为姐姐争个名分。面对性格泼辣刚烈、做事一向雷厉风行的妹妹的劝说，贺子珍尽管知道自己和毛泽东破镜重圆的希望已经很渺茫，但又拗不过妹妹的一片好意，她犹豫不决，举棋不定。俗话说"一日夫妻百日恩"，她和毛泽东毕竟是十年生死恋，旧情怎能忘？！而早在一九四八年，贺子珍就从嫂子李立英（贺敏学的夫人）那里听说了毛泽东为她们贺家所做的一些事情。李立英告诉贺子珍说："母亲在父亲病逝后到了延安，毛主席亲自照料老人家的生活，为她送终立碑。胡宗南侵占延安，把母亲的坟给挖了，部队收复了延安，毛主席请老乡重新把母亲安葬了。贺怡在战争年代很勇敢，落入敌手后坚贞不屈，受到毛主席的赞扬，并指示用俘获的国民党一将领交换她出狱。贺怡因为在狱中为保持共产党人的气节曾吞金戒指自杀，但她竟然奇迹般地活下来，在延安做大手术时胃被切除三分之二，当时身边没有亲人，还是毛主席为她签的字。"

在贺怡的建议下，贺子珍和娇娇分别给毛泽东写了一封信。

贺子珍在信中写道："主席：我已经回到中国来了。身体不太好，还在休养，并参加一些工作。我离开中国九年，对国内现有的情况不大了解，我要通过工作来了解情况。我在苏德战争期间，生活艰苦，什么都要干，比长征还要苦。不过，这已经过去了，现在我要好好工作。我现在学做工会工作。我很感谢您对我妹妹和母亲的照顾，代我尽了姐姐和女儿的责任，我将终生铭记在心。"

娇娇的信是用俄文写的，字迹歪歪扭扭，语气天真活泼，字里行间洋溢着调皮可爱：

毛主席：

> 大家都说您是我的亲生爸爸，我是您的亲生女儿，但是，我在苏联没有见过您，也不清楚这回事。到底您是不是我的亲爸爸，我是不是您的亲女儿？请赶快来信告诉我，这样，我才好回到您的身边。

两封信是同时寄给毛泽东的。一收到信，毛泽东就立刻认出信封上的字迹出自贺子珍之手。他怎能忘记井冈山上、长征路上、陕北的窑洞里，贺子珍为他抄过许多文件，清秀刚劲的笔迹依然那么熟悉那么亲切。

很快，娇娇就收到了父亲毛泽东用加急电报发来的信：

娇娇：

> 看到了你的来信很高兴。你是我亲生女儿，我是你的亲生父亲。你去苏联十多年一直未见过面，你一定长大了长高了吧？爸爸想念你，也很喜欢你，希望赶快回到爸爸身边来。爸爸已请贺怡同志专程去东北接你了，爸爸欢迎你来。

> 　　　　　　　　　　　　　　　　　　　　毛泽东

——你是我亲生女儿，我是你的亲生父亲。

——爸爸想念你，也很喜欢你，希望赶快回到爸爸身边来。

——爸爸已请贺怡同志专程去东北接你了，爸爸欢迎你来。

这一声声的呼唤，这一缕缕的思念，那么热切，那么真诚，那么温暖，那么甜蜜，那么打动着人的心灵，好像一束阳光在雨过天晴的蔚蓝天空中照耀着我们，干净，灿烂，宁静，且充满着希望。这该是一种什么样的感觉？

——幸福！这就是幸福的感觉。在毛泽东的家书中，像这样给人这种宁静的幸福感的还真的不多。

据说，毛泽东将这封信刚刚写好，正等待寄出的时候，他又突然改变主意，吩咐身边的工作人员将这封家书用加急电报发出。毛泽东的温情是如此的荡气回肠，又如此的酣畅淋漓。从北京的香山发往遥远的哈尔滨，无线电波穿越长城穿越白山黑水，把失散了八年的情和爱紧紧地维系在一起。而且这维系着的还不仅仅是父亲和娇娇两个人的情感，还浓浓地缠绵着另一个恩恩怨怨的十年生死之恋，那就是娇娇的母亲贺子珍。

往事并不如烟。四岁的娇娇是在一九四一年随朱德十四岁的女儿朱敏一起乘坐苏军的运输机到苏联的。当时贺子珍在苏联孤苦一人，而且正处在襁褓中的幼子廖瓦病逝的巨大悲痛之中，毛泽东得知后就把娇娇送去，以安慰贺子珍。想不到跟女儿这一别就是八年多，当毛泽东接到十三岁的女儿娇娇用歪歪扭扭的俄文亲笔给他写的信后，饱尝思念之苦的毛泽东怎么不激动万分？

而女儿的那份天真活泼的童心，怎能不勾起毛泽东的无限柔情？阅读女儿这可爱调皮的文字，毛泽东的心如平静的湖水投入了一块石子，荡漾起一圈又一圈的涟漪。他甚至高兴得连娇娇到苏联的具体时间都忘掉了，还以为是跟贺子珍一样已经分别十年了呢！

可以想见，毛泽东是怀着一种少有的快乐心情给女儿写下这封家书的。他不仅给了娇娇一个笃定的回答，而且接连用"想你"、"喜欢你"、"欢迎你"这样的语汇来表达自己的那份发自心灵深处的一种呼唤。而这发自肺腑的声声呼唤，落在纸面上，让人读来如沐春风如栉阳光，真可谓此处无声胜有声，又好比于无声处听惊雷——毛泽东的心跳和节拍就这样温暖柔软地和女儿的心跳在了一起，血浓于水，一切恩恩怨怨都化作云烟散去，一切得得失失都不必计较，青山依旧，涛声依旧。

"你是我亲生女儿，我是你的亲生父亲。"一番私房话，几多儿女情，毛泽东就是这么一个可爱的父亲，一个可敬的父亲，一个无法拒绝的父亲，他深沉的爱像一股暖风包围着你，你看不见，但可以用心，也只能用心去感受那种来自他生命和灵魂的温度。娇娇因为爸爸有福了，爸爸也因为娇娇有福了。

收到爸爸的来电，娇娇高兴地跳了起来："噢，爸爸来信了！我要到北平看爸爸了！"虽然毛泽东没有直接给贺子珍回信，但她明白给女儿的信其实也不就是给她的吗？她叮嘱娇娇：见到爸爸一定要代我向他问候，一定要听爸爸的话，好好学习，要照顾好爸爸的身体，不要淘气，不要影响爸爸的工作……

一九四九年五月，贺怡与来北平商讨翻译毛泽东哲学作品的苏联教授尤金一起，带着娇娇和毛岸青一起奔赴北平香山。在著名的双清别墅，毛泽东与阔别八年的女儿娇娇见面了！

当贺怡领着娇娇风尘仆仆地赶到香山双清别墅时，毛泽东赶紧停止了办公，走出别墅，大老远地和贺怡打招呼。贺怡牵着娇娇的手，对这位既是哥哥又是姐夫的毛泽东主席说："您交给我的任务完成了，娇娇接回来了。"然后又低头对娇娇说："娇娇，快叫爸爸！喏，这就是你爸爸。"毛泽东和她们面对面地站着，脸上堆满了慈爱的笑容。娇娇抬头看着面前这个身材魁梧和画报上看到的毛主席一模一样的人，明白了他就是自己朝思暮想的亲生父亲，她马上高兴地像一只小喜鹊扑进了毛泽东的怀抱，羞涩又快乐地叫了一声"爸爸"，依偎在爸爸的怀里。毛泽东看着眼前这个恬静漂亮的"乖乖女"，也激动地抱起娇娇，亲了又亲，喃喃地念叨着："娇娇，我的小娇娇啊……"

泼辣耿直、敢作敢为的贺怡对毛泽东也毫不掩饰自己的真实心事，她对毛泽东说："主席，我这次来香山，一是来送外甥女的，二是来给子珍姐姐找地位的。"毛泽东沉思良久没有说话，也没有作什么具体的答复。据有关资料记述，毛泽东在一九四九年春从西柏坡迁居石家庄时，曾专门约见贺怡，两人在谈及贺子珍的情况时，毛泽东说："你让子珍到这里来，这是历史造成的事实了，我们还是按中国的老传统办吧！"但毛泽东并没有具体说按中国的老传统怎么办。但贺怡明白毛泽东的意思，他希望与贺子珍恢复夫妻关系，承认历史造成的这个事实。而江青当时正在苏联治病。可是等贺怡和姐姐贺子珍姐妹俩乘车南下，到达山海关的时候，却被有关组织部门拦截了。贺子珍只好在天津住了一个夏天。由于贺怡英年早逝、贺子珍又守口如瓶，对当年在沈阳至北平的火车上发生的"拦截事件"已经没有人能够说出真相了。但有一点是值得注意的，毛泽东在收到贺子珍的信后一直没有直接回信。贺子珍收到毛泽东的回信，已经是一九五〇年的夏天了。此时，贺子珍已经身居上海。毛泽东在信中说："子珍：向你问好！娇娇在我身边很好，我很喜欢她，望你保重身体，革命第一，身体第一，他人第一，顾全大局。"

娇娇回到身边，毛泽东喜不自胜。他还高兴地约请在香山的中央领导同志来双清别墅，并幽默地说："我给你们带来一个'洋宝贝'。"几位领导一来，大家正你一言我一语地猜毛泽东到底给他们带来什么"洋宝贝"时，只见贺怡领着娇娇走了进来，毛泽东就乐滋滋地指着娇娇对他们说："'洋宝贝'来了，我有个说外国话的女儿，喏，她就是。"然后把娇娇介绍给他们。

看见父亲和几位伯伯叔叔们谈笑风生，娇娇半懂半不懂地听着，大家都亲热地走过来慈爱地摸摸她的头、握握她的手，跟她亲热地打招呼。中国话说得还不太流利的娇娇禁不住几位中央领导问这问那，一着急就说了一串俄语。毛泽东拉着娇娇的手放声大笑："英文嘛，我倒会一点，俄文我却是一窍不通。恩来在就好了，他会。"

毫无疑问，香山双清别墅的生活是娇娇这个"红色公主"的人生中最难忘最快乐的时光，第一次享受着从未享受的父爱。而对毛泽东来说，"洋宝贝"的到来自然也是喜从天降,心灵上有了一种做父亲的幸福和慰藉。这一点从毛泽东和娇娇在香山拍的照片可以看到,毛泽东总是带着一种难得的慈祥笑容,沉浸在难得的天伦之乐中。在香山,每天晚饭后,毛泽东总是牵着娇娇的手到公园散步,问娇娇在苏联的学习生活情况,教女儿背诵古诗,勉励女儿要好好学习,做一个对国家和人民有用的人。而温柔可爱的娇娇也经常和父亲做游戏,在父亲怀抱里撒娇顽皮,有时她抱着父亲的头和脸亲了又亲,有时用双手遮住父亲的双眼叫父亲猜猜是谁。每逢这个时候,毛泽东不论自己是在工作还是在休息,总是高兴地逗着女儿玩,从不责怪娇娇,有时自己也快乐得像一个孩子哈哈大笑,给娇娇留下的印象总是一个亲亲热热、疼她爱她的好爸爸。

但这样的日子持续得并不很长,到了一九四九年九月,随着在苏联治病的继母江青和从未见过面的妹妹李讷回国,娇娇独自享受父爱的时光似乎戛然而止。而这个时候,娇娇也随着父亲搬家住进了一个更加神秘的地方——中南海。娇娇清楚地记得与继母江青第一次见面时的情景,江青"主动上前搂抱她、亲吻她,满脸堆着笑意。那股亲热劲,比亲生的女儿还要亲。以后,她常常在人前人后夸娇娇好,多么爱她,情同亲生,而且都不愿回到贺子珍那里去了,等等"。其实,娇娇对江青这个继母的心情是复杂的,她从不愿意叫江青"妈妈",这样坚持了大约半年时间。为此毛泽东有些着急,不停地做娇娇的思想工作,甚至央求女儿,说:"你不肯叫她妈妈,她很难过的!""她不会对你不好的。""你叫她一声妈妈,对你不会有什么损害嘛!"温文娴静、心地善良的娇娇为了不让爸爸伤心,经过爸爸的劝说才开始叫江青"妈妈"。

转眼娇娇也已经到了上中学的年龄了。尽管她在苏联上小学和在东北补习中文都用的是娇娇这个乳名,但一直还没有一个学名,而娇娇马上就要在北京师范大学附属女子中学读书了。

一天晚饭后,毛泽东把娇娇叫到身边说:"娇娇,爸爸再给你取一个名字。"

"爸爸,我有名字,叫娇娇。"娇娇不解地说道。

毛泽东笑着说："娇娇这个名字是你在陕北保安刚刚出生时取的小名，现在要进中学读书了，爸爸要给你取一个学名，而且这个名字要有深刻的含义。"说着，毛泽东打开孔子的《论语》，翻到《里仁》篇，给娇娇读起来："子曰：'君子欲讷于言而敏于行'，这里的讷，就是指语言迟钝的意思；敏，则有很多解释。"说着，毛泽东又打开《辞源》，指着"敏"字的注释说："敏，有敏捷、聪慧、勤励的意思。《论语·公冶长》中说：'敏而好学，不耻下问。'敏，还有灵敏迅捷、聪敏通达、聪明多智的意思。唐朝的大诗人杜甫在诗歌《不见》中说：'敏捷诗千首，飘零酒一杯'。"娇娇听着父亲的解释，感受到了父亲对自己的期望和祝福。父亲又接着说："你的名字就叫敏，但不一定叫毛敏，也可以叫李敏。"

"为什么？哥哥都叫毛岸英、毛岸青，他们都跟爸爸姓，我为什么不姓毛？"娇娇感到奇怪。

毛泽东爱抚地用手拍拍娇娇的头，说："娇娇，爸爸姓毛，是不错的，但为了革命，爸爸也用过毛润之、石山、子任、马任、赵东、李得胜等十多个名字，但爸爸特别喜欢李得胜这个名字。"接着毛泽东还给女儿讲了"李得胜"这个名字的由来。李敏似懂非懂地听着，虽然她不可能知道父亲到底为什么要给她取这个名字，但她已经明白父亲对她的爱和这个名字背后的意义。

20世纪50年代李敏与母亲贺子珍在上海

但无论怎样，"李敏"这个名字，已经与比她小四岁、取名却早于她四年的同父异母的妹妹李讷之间，增加了更加融洽和亲密的成分，或许这也正是父亲毛泽东对她们姐妹俩寄托的一种希望——虽然妈妈不是同一个，但要像亲姐妹一样团结和睦。而江青又叫李云鹤，李讷随母姓。毛泽东则是在一九四七年四月八日晚在靖边县青阳岔召开的会议上改名李得胜的，同时中央前委机关代号为九支队，周恩来化名胡必成。可见，在李敏取名这个问题上，毛泽东考虑得更多的还是家庭日常生活的和睦，因为李敏毕竟和江青生活在一起，他希望娇娇也能得到继母江青像爱护亲生女儿李讷一样的爱护。如果毛泽东将娇娇取"毛"姓，那么江青会怎么想呢？伟人毛泽东可谓用心良苦也！

　　李敏刚从苏联回来，因为饮食习惯上不同，和毛泽东一起生活就要以吃米饭为主，她就有些不习惯。炊事员有时就在早饭时为她做些面包什么的，来改善一下。毛泽东发现后就专门召开了一个家庭会议，批评了李敏，也批评了江青、李讷和江青的姐姐李云鹭。毛泽东说，生活费都要有一定的标准，不能超。

　　转眼到了一九五四年的暑假，毛泽东安排李敏和妹妹李讷随江青去北戴河度假。期间，李敏和李讷分别给父亲写了一封热情洋溢的信，希望辛劳工作的父亲和她们一起分享快乐。收到女儿的来信，毛泽东非常高兴，马上给两个女儿写了一封家书——

　　李敏、李讷，我的亲爱的女儿：

　　　　你们的信都收到了，很欢喜。北戴河、秦皇岛、山海关一带是曹孟德（操）到过的地方。他不仅是政治家，也是诗人。他的碣石诗是有名的，妈妈那里有古诗选本，可请妈妈教你们读。我好，勿念。

　　　　亲你们！

爸　爸

一九五四年七月廿三日

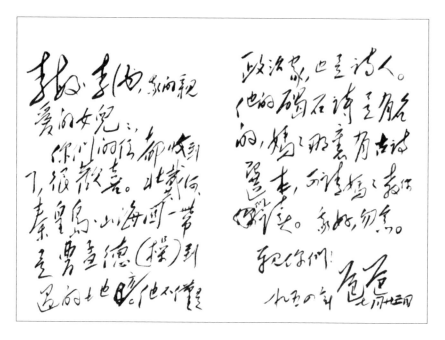

毛泽东十分欣赏曹操的诗文,尤其对其《短歌行》、《龟虽寿》、《观沧海》等诗歌极为喜爱。在这封家书中,毛泽东告诉女儿们"北戴河、秦皇岛、山海关一带是曹孟德到过的地方",并十分公正客观地评价这位三国时代的历史人物"不仅是政治家,也是诗人",并不是像一些戏剧中把曹操演绎成了一个"白脸奸臣"的形象。他还告诉女儿们曹操的"碣石诗"——《观沧海》"是有名的",而且"妈妈那里有古诗选本,可请妈妈教你们读"。这里的"妈妈"当然是指江青。再次可见毛泽东是希望李敏和江青这个"妈妈"的关系融洽,和睦相处,这或许也正是他安排李敏、李讷和江青一起到北戴河度假的真正目的。

也就是在这一年的夏天,毛泽东写下了传诵天下的《浪淘沙·北戴河》——

大雨落幽燕,白浪滔天,秦皇岛外打鱼船。

一片汪洋都不见，知向谁边？

往事越千年，魏武挥鞭，东临碣石有遗篇。

萧瑟秋风今又是，换了人间。

李敏在上中学的时候，许多同学都积极要求入党，她也跃跃欲试，但拿不定主意。她就回家把这个想法告诉了父亲，想征求毛泽东的意见。毛泽东一听，并没有露出非常高兴的样子，只是反问李敏："你为什么要入党？"本想自己会得到父亲的鼓励和表扬的，没想到作为党的主席的父亲竟然这么一句反问，搞得李敏有些心凉，噘着嘴埋怨父亲："人家都是说鼓励的话，您倒好，还问我。"毛泽东说："我是党的主席，所以就要这么问，这也是关心嘛。"李敏就回答说："为了共产主义事业……"毛泽东就说："还有呢？"李敏就答不上来了。毛泽东说："那好吧，你可以去听听我的报告。"毛泽东说的"报告"是指他在"七千人大会"上的报告。李敏说："我还不是党员呢。"毛泽东说："叫你去你就去就是了。"后来乖乖女李敏真的去听了。

一九五四年，李敏已经十八岁了，与五年前第一次见到爸爸相比，她已经从一个不太会说中国话的孩子长成了一个亭亭玉立的大姑娘了。女孩的细心和敏感，再加上与母亲贺子珍的分居，以及与李讷妹妹和继母江青的不复杂却又不简单的家庭关系，让李敏感受到了自己身份的与众不同，而这种难以表达又无处倾诉的情感在自己的内心世界里，好像是一个最微妙的机关，她明白地观察和思考，但却无法打开，只有接受现实，并努力做父亲和自己母亲的好孩子。从此，她这个"洋宝贝"也扮演起父亲和遥居上海的母亲贺子珍的"信使"，给父母架起一座沟通感情、问候平安、互致祝福的鹊桥。而这"鹊桥"也几乎成了贺子珍下半生孤独幽居生活的寄托。

中学毕业后，李敏考取了北京师范大学化学系。几乎每年寒暑假，李敏都按照毛泽东的吩咐去上海看望母亲。毛泽东从女儿那里了解贺子珍的生活情况，贺子珍也从女儿这里知悉毛泽东的心情。贺子珍病了，有时还拒绝服药治疗，但只要毛泽东的信到了，她就立即配合治疗，病也很快康复。每次李敏去看望母亲，毛泽东都要亲自打点行装，带上北京的土特产；而李敏每次回到北京，总要给父亲带来母亲准备的父亲爱吃的南方蔬菜等等。对于父母的这种关系，毛泽东也曾毫不隐讳地告诉女儿李敏："我知道，你妈妈生病都是因为我而起的，只有我才能治好她的病。可我有什么办法呢？李讷已经十八岁了。"话语中透出一种内疚和无奈的悲凉。

有一次，毛泽东跟李敏谈心，说道："你妈过去可苗条了，腰细细的，"毛泽东一边说还用两只手比画着，"现在你妈妈是什么样子了，还那么苗条吗？"

"我妈妈现在可胖了，像个大水桶。"李敏故意逗爸爸说。

"不会，你妈妈的身子骨绝不会变成个大胖子，更何况她有病，心事重重呢。"

毛泽东还告诉女儿，母亲的小名叫"桂圆"，而那"桂"字与玫瑰的"瑰"同音。因此父女俩在一起时只要看到丰泽园里种的玫瑰就心照不宣地相视而笑。李敏每次给母亲写信时，毛泽东总是要以女儿的口气加上一句话："爸爸向您问好，我们很想念您"。而母亲贺子珍对毛泽东的关心更是事无巨细，每次女儿一来，都要把毛泽东的饮食起居来一个打破砂锅问到底。有一次，李敏说爸爸将要坐飞机出国访问，贺子珍听了，立即急切地说："回去一定要告诉爸爸，不要坐飞机，那太危险，还是坐火车安全。"她还告诉女儿一定要和江青、李讷搞好关系，不要让爸爸操心。在江青与毛泽东分居后，她还跟女儿说："你爸爸也是很孤独很寂寞的，你要多体贴他。"而且贺子珍每次托女儿给毛泽东带礼物的时候，也都不忘给江青捎带一份，她说："我不在他身边了，可也不能让他当和尚呀！"

李敏就是这样担任着父亲毛泽东和母亲贺子珍之间特殊情感的纽带和心灵上的鹊桥。但随着年岁的增长，李敏也到了谈情说爱的年龄了。她这颗纯洁美丽的心里也有了自己的意中人——她在八一小学的同学孔令华。孔比李长一岁，高两级，是学生会的主席，名气比李大。上中学后，两人都是班级的学生干部，联系的机会就很多。直到高中毕业的前一天，情窦初开的李敏收到了一封看了自己羞红了脸的来信，从此她和孔令华的恋情开始公开。那时，李敏正在北京医院治疗肝炎。她的第一封情书还是在父亲身边的王医生的"指导"下写成的。而当李敏病愈出院回到家中时，毛泽东紧紧地把女儿搂在怀里，高兴地说："你终于回来了，爸爸欢迎你。"父女俩自然也谈到了女儿的恋爱问题。

毛泽东问道："小孔的父母姓甚名谁，他们都在哪里工作呀？"

"这，这，我真还没有问过，他也没有说过。"李敏吞吞吐吐地说。

"那你怎么能跟人家交朋友呢？"毛泽东态度有些严肃。

"八一学校收的都是军队干部子女，我想他父母也应该都是军队干部嘛。"李敏解释说。

"可家长都不知道是谁，你怎么谈对象哟！"

"我是跟他谈朋友，了解家长干什么吗？"

"还是要问一问，了解情况嘛。"

对爸爸的话，李敏十分尊重，再说她的身份也的确与众不同，谁让她是毛泽东的女儿呢？于是她就把这些问题给孔令华说了，两人哈哈大笑起来，认识这么多年来，还真的没有说起家里的事情。这次孔令华可是竹筒倒豆子，把自家的情况详详细细地告诉了李敏。李敏回到家里又原原本本地报告了父亲。毛泽东一听，高兴地乐了，说："噢，原来小孔的父亲是孔从洲将军。我们熟悉，熟悉。"孔从洲时任沈阳高级炮校校长。

"那……您同意吗？"李敏还是有些担心。

"好，好……"毛泽东答应了。

也就是在一九五八年的七月，李敏把自己心爱的小伙儿领进了中南海。毛泽东不动声色地端详着这个帅气的未来女婿，与女儿相视一笑，李敏知道，父亲是满意的。寒假，李敏把自己和孔令华的恋情告诉了在上海的母亲。贺子珍告诉她："你要跟爸爸商量，他同意的我也同意。"而毛泽东也提醒女儿："你们的事，是个大事。我同意了，还要征得你妈妈同意。如果你妈妈没得意见，你就跟小孔见他的父母。俗话说：丑媳妇也要见公婆哩！我的娇娃不丑，更要见公婆。"

一九五九年暑假，李敏带着孔令华来到南昌，向母亲汇报。初次见面，像毛泽东一样，贺子珍相信女儿的选择，一眼就喜欢上了这个女婿。但她给女儿的还是那句话："你爸爸同意，我就同意。"

　　也就是这年的夏天，著名的庐山会议召开时，毛泽东和贺子珍这对分别了二十二年的患难夫妻在"美庐"秘密会面了，这也成了他们的最后一次见面。庐山会议一结束，毛泽东立即匆匆从庐山赶回北京，第二天也就是八月二十九日，他亲自在中南海的家中给女儿李敏主持了婚礼。毛泽东亲自拟定了参加婚礼的名单，有蔡畅、邓颖超、王季范、曹轶欧、王海容和孔令华的父母孔从洲夫妇以及身边的工作人员、李敏的同学等。毛泽东拿出四百元钱在丰泽园颐年堂摆了三桌酒席，请诸位亲友吃了顿饭，又在春藕斋看了场电影。喜宴上，不胜酒力的毛泽东高兴得频频举杯，并与大家合影留念。因为江青和李讷在庐山避暑，没有参加婚礼，但江青还是送了一块纯毛料作为贺礼。

　　婚后，李敏和孔令华继续上大学，李敏上的是北京师范大学，孔令华上的是北京航空学院，仍然住在毛泽东丰泽园的菊香书屋内，给毛泽东这个大家庭增添了快乐的喜气。毛泽东十分关心他们的成长，既像对待儿子一样对待这个女婿，也像要求亲生的儿女一样严格要求孔令华，一有空就找他们夫妻谈话。孔令华根据岳父的建议，抽了很多时间钻研政治经济学，遇到难点就向毛泽东请教，写下了数十万字的读书笔记。当毛泽东知道孔令华没有在农村劳动的经历后，也像要求毛岸英到陕北农村"劳动大学"学习一样，安排孔令华到北京郊区黄土岗公社接受劳动锻炼。一个星期六的傍晚，李敏回家看望父亲，突然传来孔令华结束劳动锻炼回城，一个小时后就要到家的消息，本来马上就要吃晚饭了，但毛泽东特地告诉身边工作人员推迟一个小时开饭，全家人等孔令华回家一起吃。这无疑是对女婿从学堂走向农村课堂接受劳动锻炼的一种最高奖赏。孔令华到家后，毛泽东看到女婿的小白脸晒得黝黑黝黑的，很是高兴，对李敏说："你要向令华学习，也要到农村锻炼锻炼，劳动光荣嘛！"吃饭时，毛泽东还时不时地给女婿夹菜，李敏就开玩笑说："爸爸，您莫偏心，怎么光给他夹菜呀！"毛泽东说："我这叫赏罚分明。不劳动者，不得食嘛！"说着自己先乐呵呵地笑了……

一九六二年，李敏生了个男孩。毛泽东和亲家孔从洲将军商议，取名"孔继宁"，意为"继承列宁"。毛泽东一有空就抱着亲亲这个小外孙，享受着天伦之乐。但添丁进口，也给小夫妻俩增加了生活的负担，李敏还在读书，仅靠刚刚参加工作的孔令华一人微薄的收入，生活十分拮据。毛泽东心疼女儿，就主动包揽了小外孙的花费，李敏每月的零花钱也增至三十元，用于补充产后营养。为了减轻父亲的负担，李敏还是把出生才八个月的儿子送到上海，让母亲贺子珍帮助抚养，直至两岁半才接回来。因为李敏生孩子时，出现了大出血，患了产褥热，月子没有过好，身体很虚弱，后来又几次做了人流，体质明显下降。毛泽东不忍心看着女儿受如此折磨，就劝她："不要再做人工流产了，还是再生一个吧，免得伤了身子。"李敏说："爸爸，我连一个都养不起，还能再生孩子？"毛泽东就劝她："你就再生一个吧，我来替你养。"但李敏还是忍痛做了手术。

作为"红色公主"，生活在红墙里的李敏在普通百姓的眼里好像是过上了天堂的日子，有好爸爸，又有如意郎君。其实，家家都有一本难念的经，李敏的个人小家庭生活是幸福的，但这个大家庭的人际关系的复杂性远远不是单纯善良的她所想象和能处理的。因为江青的褊狭自私，对李敏夫妇落户中南海特别不痛快，开始寻衅滋事，但为了不给爸爸和远在上海的妈妈找麻烦，她总是委曲求全，把一切酸苦都忍耐在自己的心底。

李敏还记得在她上中学的时候，有一次她按美术老师布置的作业，画了一张西瓜的水彩画——一只深绿色的大西瓜旁边还画了一块切下的三角状的瓜瓣。老师给这张画打了满分五分。李敏很高兴，就把这张画给妈妈贺子珍寄了去。母亲看了女儿的画，触景伤情——那滚圆的西瓜，不正是毛泽东美满的家庭吗？那块切开的瓜瓣，不就是孤单凄凉的自己吗？不禁悲上心头，就在画面空白处写了一首诗寄往北京。有一天，江青突然气冲冲地跑到李敏的房间，训斥道："你用西瓜拉什么线，搞什么名堂？"把李敏问得云山雾罩，莫名其妙。"你的妈拿你画的西瓜写了一首诗，用诗来讽刺我！骂我！"江青吼叫着："我岂能咽下这口气，我已经将这件事向中央报告了，让组织来处理这件事，要组织处分你妈。"江青不解恨，又加了一句，"还要处分你的舅舅和舅妈，他们也在里头出谋划策。"李敏这时才知道自己画的西瓜惹了祸，但她始终不知道母亲的来信到底是寄给谁，是寄给爸爸呢？还是寄给自己的呢？但就竭力分辩说："那幅画是我老师布置的作业，也是我自己寄给妈妈的，没有同任何人商量，也没有任何人给我出主意。如果我妈写了诗，这首诗也是写给我的，是你把我妈写给我的诗截留了。"江青无言以对，只好恨恨地说："你以后不要来往穿线，上蹿下跳。"说完转身走了。直到现在李敏也不知道父亲毛泽东见没见过这首诗，她也曾跟母亲提起过这幅画和这首诗引起的风波，并要妈妈把诗念给她听，但贺子珍守口如瓶。从此以后，贺子珍再也没有给李敏写过一封信，而且不论女儿写多少封信，她从不回信，顶多只是请人捎来口信。

但人总有忍无可忍的时候。有一次，江青在家里突然嚷着自己的一张相片丢了，还硬说是李敏拿去了。李敏十分平静地说："我从来没有见过您说的那张相片，更没有拿过您的东西。"故意找事的江青竟然瞪着眼睛说："偷了就是偷了，还死不认账！"这个"偷东西"的难听话一下子把李敏惹火了，觉得自己的人格遭到了侮辱，积蓄在心底的委屈和怒火一下子像火山一样爆发了，她大声吼起来："我没偷，我从来不会偷东西！我妈我爸都没有教我偷东西！我是清白的！……"平时文静贤淑没有什么脾气的李敏这样不顾一切地和江青吵架，十几年来还是第一次，周围的工作人员都惊呆了。江青本人更没有想到，沉默寡言的娇娇竟然如此大发雷霆，站在那里不知说什么才好。后来，这事被毛泽东知道了，他没有批评女儿，只是轻轻地安慰李敏说："你要学会搞外交。"

由于江青的挑剔和刁难，李敏考虑再三，不想再同江青一起生活，向爸爸提出搬出中南海的想法。对儿女从不偏心的毛泽东听了李敏的心事，内心里是希望女儿不要离开他，留在自己的身边的，心情十分沉重地说："手心手背都是肉啊！"李敏也懂得爸爸的爱，自己内心也舍不得离开爸爸。于是，她根据爸爸的意见与孔令华商量，就采取了一个折中的办法，小两口搬出丰泽园，到中南海一所偏僻的平房里去住，自己动手做饭，还保持着和爸爸的往来。但住了一段时间后，李敏和孔令华觉得还是不要在父亲的羽翼庇护下生活，因为怕父亲不同意，就以李敏的名义瞒着毛泽东直接给中央办公厅写了一份报告，说：我已经长大成人，需要独立地进行生活锻炼，才能更快地提高，我希望离开中南海出去锻炼。对此，毛泽东给予了支持，考虑到李敏学业未竟，他就每月从自己的工资中给李敏四十元的资助。一九六一年，李敏夫妇在无奈中带着孩子搬出了中南海，离开了父亲的身边。到了一九六三年，李敏参加工作后，再次给中央办公厅打报告，主动要求停止父亲补贴给她的生活费，真正开始了完全独立的生活。

一搬出中南海，李敏出入中南海的证件就被收回了，这给以后她回去看望爸爸带来了麻烦。从此红墙不再是安全温暖的屏障，而是隔绝父女亲情的藩篱了。李敏搬出中南海后，毛泽东经常想念李敏。据李讷回忆："姐姐搬出去自己住，爸爸起初不知道，姐姐以为爸爸知道，心里结着疙瘩。爸爸想起姐姐，就让我代他前去看望。姐姐在大学，我去看过她，她那个时候做化学实验，硫酸烧得裤子上都是洞。当时我去看过她，以后又看过她几次。我们姐妹是挺好的。她住在兵马司，后来又搬到景山后街。至少有两三次是父亲正式叫我去看她。我坚决执行，按父亲的意思去看。"①

"文化大革命"爆发后，幽居上海的贺子珍也受到了冲击。据汪东兴回忆："在'文化大革命'中，陈伯达就来找我，说要把贺子珍从上海搞到大西北去。我就对陈伯达说，你是要我转报，还是要我通知毛主席有人要向他报告。陈伯达不敢去主席那里报告，连忙说：'由你转报最好。'这样，我就向毛主席报告了。"毛主席知道后说："我不同意，这是谁出的主意？他们有本事他们干，我不同意……"汪东兴很快把毛主席的意见转告了陈伯达，贺子珍这才幸免于难，幸运地在上海湖南路二六二号安度了晚年。

"文革"中，在国防科委院校局工作的李敏对全国掀起的"造反"浪潮很不赞同，直率地对"造反派"说："人各有志，你们造反未必我也一定

① 《温情毛泽东》，中央文献研究室第一编研部编，辽宁人民出版社2005年版，第22页。

1958年，李敏、孔令华和母亲贺子珍在南昌

造反，不造反就有罪，这是什么道理？"为此，她遭到了批斗，被关押了五个月。而在北航任教的孔令华也被江青封为"四大学生领袖"之一的北航红卫兵头头韩爱晶称为"埋在毛主席身边的定时炸弹"，并叫嚣一定要挖掉。

一九六七年，因遭到"造反派"的围攻，"老井冈"干部、国防科委主任赵尔陆突发心脏病去世，而且被人诬蔑说是叛徒，是自杀。为了保护这些老革命，李敏要去找爸爸。父女见面后，两人拉起了家常。但当李敏将赵尔陆和钟赤兵的事情汇报后，毛泽东脸色突变，一下子满脸怒容，呼吸急促，手脚冰凉。这可吓坏了李敏，她还是第一次看见爸爸发这么大的脾气。李敏连忙安慰父亲，并打来热水给父亲洗脚。看着给自己洗脚的女儿，毛泽东想起了四十年前的贺子珍，他跟女儿讲起了自己的往事——

一九二七年十月二十三日，我率领部分队伍向井冈山转移，由于连续奔波，我的脚被草鞋带子磨烂了，行动很困难，脚背肿得像个大紫茄子，紫里透亮，他们要用担架抬我。我是坚决不坐担架，坚持自己拄个棍子步行，队伍到达井冈山南荆竹山下时，王佐派人接应我们上了山。就是在井冈山认识了你的妈妈。

她看见我这个样子上得山来，好心疼呀！她几乎是以命令的口吻让我把脚伸向她的手里。她小心翼翼地揭下我脚上的药膏后，又起身忙去熬药煎汤，给我洗脚、敷药。

"疼吗？"她抬头问我。我强忍着脚心的剧痛，笑着对她说："世界上的万物都是物极必反，这脚痛过了头也就不痛了。"

"都这样了，还开玩笑呢！"她说。[1]

这时，毛泽东把脚从盆里抬起，一边擦一边对女儿微笑着，就不再说了。毛泽东从来没有跟女儿李敏讲过自己和贺子珍的爱情故事，这次女儿给他洗脚，不由得让他的思绪飞回到四十年前的井冈岁月。

不久，正在解放军总医院住院的国防科委副主任钟赤兵又被"造反派"强行从病床上拉走，带着氧气瓶遭到批斗。钟将军是和贺子珍共患难的战友，李敏又不顾一切地跑到中南海找爸爸反映情况。这一次李敏在中南海门口等了好久才见到父亲。她一进门，正好碰到江青。江青盛气凌人地大声说："小保皇回来了呀！现在搞运动，回来干什么？想摸底呀？"听得真切的毛泽东从屋里走出来，一边拉着女儿的手，一边反驳江青道："当小保皇有什么关系。回来摸底，光明正大，搞运动不准女儿见父亲，岂有此理！"毛泽东听了李敏的报告后，认为钟赤兵是好人，是打仗打出来的，是有功的，并要求李敏回去传达。毛泽东的话保护了钟赤兵。

一九六九年，李敏被下放到河南遂平县莲花湖"五七干校"。一九七一年"九一三事件"的发生，给毛泽东打击巨大。因病回京的李敏去看望父亲几次，但每次去，都让她觉得父亲"晚年的生活是孤苦的，内心是孤独寂寞的，也是矛盾复杂的"，而其中一次见面，父女俩竟然是"长时间的相对无语"。

---

[1] 《听外婆讲那过去的事情》，孔东梅著，中央文献出版社 2005 年版，第 146 页。

一九七四年，江青企图借"批林批孔"阴谋篡党夺权，李敏和孔令华决定去中南海向父亲反映情况。两人本来一起给爸爸写了一封信，但因担心落到江青手里，就改为见面口头汇报。但有人奉"四人帮"旨意，借口"主席现在领导运动，特别忙，还要接见外宾，年事又高，不见客"为由，将李敏和孔令华挡在门外。李敏气愤地质问道："为什么不让我见爸爸？搞运动就要骨肉分离？我爸爸知道了也绝不会赞成你们这样搞。你们这样封锁主席，为的是干见不得人的事情。"李敏回家后，大哭一场。有一次通过汪东兴李敏好不容易才进去了，毛泽东问女儿："你怎么不常来看我呀？"李敏只好说："门槛高了，不好进了。"说着，毛泽东深深地叹了一口气。

　　此后，从毛泽东患病到去世，李敏总共只见了爸爸三次。

　　第一次是在陈毅去世的时候。毛泽东在出席了陈毅追悼会后就生病了。李敏去看望他，他拉着女儿的手，深情地说："娇娇，你为什么不常来看我呢？你要常来看我啊。"李敏只能含泪对爸爸点点头。

　　第二次是她在孔令华所在部队的驻地接到毛远新打来的长途电话，告诉她父亲病重，想让她回去看他。可是等李敏风风火火地赶回来时，江青却只允许她看一眼，说什么"主席抢救过来了，好多了，你走吧"。李敏不肯走，说："这个时候我要守候在爸爸身旁。"江青恐吓她说："你待在这里，主席出了问题，你负得起责任吗？你要这样，以后再也不让你来看了。"李敏仍然不肯走，气愤地说："我看爸爸还要你让吗？"见两人相持不下，守候在那里的汪东兴和华国锋，只得过来做李敏的工作，她只好含泪忍痛离开了。

　　第三次见到爸爸是在毛泽东逝世的前几天。李敏是在中央的一份文件上看到毛泽东的病情后，不顾一切地赶往中南海的。爸爸躺在床上，面容憔悴，说话也已经很吃力。李敏强忍泪水，叫了一声"爸爸"。

　　神志尚清醒的毛泽东紧紧地拉着女儿的手说："娇娇你来看我了？"李敏点了点头。"你为什么不常来看我呢？"面对父亲的埋怨，李敏的心都碎了，她无法给父亲做出解释，只有哽咽着双手捧起父亲的大手，放在自己的脸上。毛泽东又问道："你今年多大了？"

"三十九了。"

"不，你三十八。"毛泽东用微弱的声音吃力地纠正道。病入膏肓的毛泽东仍然清楚地记得女儿的年龄，父亲的爱该是多么深沉啊！然而他哪里知道，女儿如今进中南海来看他一眼是多么的不容易啊！这时，毛泽东艰难地举起右手，用拇指和食指弯成一个圆圈，说了一句话。但因为声音微弱，李敏没有听清，她就询问站在旁边的张玉凤，她也摇了摇头。李敏就问他们爸爸的这个手势是什么意思，大家也说不知道。没等李敏弄明白，毛泽东又陷入了昏迷之中。于是这就成了一个谜，始终藏在李敏的心中。事隔多年以后，她和挚友谈起这件往事，觉得父亲毛泽东的手势可能与母亲贺子珍的小名"桂圆"有关。难道父亲知道自己即将离开这个世界，嘱咐女儿一定照顾好妈妈贺子珍吗？然而这竟是她见父亲的最后一面。

几天后，中央办公厅的汽车把李敏接进了中南海，她本以为父亲已经转危为安了，没想到见到的是已经离开人世的爸爸，她不由得失声痛哭……

父亲毛泽东去世了，李敏和孔令华要求为爸爸守灵。但江青不同意她多守，还轻蔑地说："让你守一次就够照顾了。"就这样，毛泽东的大女儿、"红色公主"李敏只得和丈夫一起一连几天都和瞻仰毛主席遗容的群众一起排队，来到爸爸的灵堂，向亲爱的爸爸做最后的致意和告别……

第九章

掌上明珠　喜慰无极

——毛泽东和李讷

作为毛泽东的女儿，李讷比她的哥哥姐姐们幸运。

毫无疑问，在毛泽东的子女中，李讷是享受父爱最多的一个。她在毛泽东身边生活的时间最长，也是唯一一个在父亲身边度过完整的童年的孩子，而毛泽东给她直接的教诲也最多，真可谓掌上明珠。

一九四〇年八月在延安，江青给四十七岁的毛泽东生了最小的女儿。毛泽东给她取名李讷，这也是他们唯一的孩子。

投笔从戎逐鹿风雨，长征万里叱咤风云。戎马倥偬的革命斗争生涯，毛泽东历尽千难万险，置生死于度外，抛妻别子，除了在江西长征前夕和贺子珍一起短暂地享受过与儿子毛毛（毛岸红）的天伦之乐外，他再也没有安静地品尝过作为父亲的滋味。而在那个时期，他也是被打击排挤的对象，正是人生的一个低谷。作为一个父亲，毛泽东和天下所有的父亲一样，他多么希望自己做一个好爸爸，让儿女享受更多的父爱，自己也更多地享受"家"的乐趣和温暖。然而，革命没有给他机会，或者让他舍弃或丢失了这种机会。他的内心是痛苦的。岸英、岸青从四五岁时就分手，如今远在苏联，至今没有见过一面；岸龙和贺子珍生的岸红、廖瓦等六个孩子如今或不幸死去或散落他乡不知去向；而小娇娇也为了安慰母亲贺子珍被他送去了苏联。如今，历史给了他享受家的温馨和甜蜜的机会的时候，身边的子女却只剩下了这个刚刚出生的李讷。

没有孩子的家是不完整的。五十而知天命的毛泽东需要孩子，需要一个和他亲昵、撒娇、游戏、淘气甚至调皮的孩子伴在自己的身边，围绕在他的前后左右，给他饱经沧桑和尝尽酸苦的心增添些许乐趣，给他操劳疲惫的心增添些许宁静和快乐，让革命家的紧张理性与平常人的轻松情怀得到和谐。因此，毛泽东没有像别人那样，把李讷送进延安的儿童保育院或者托儿所，而是一直跟在毛泽东、江青身边，起到一个活跃家庭气氛的作用。

毛泽东工作起来不要命，废寝忘食。如何让毛泽东多休息，曾经是毛泽东身边工作人员的一道难题。因为大家都知道毛主席非常喜欢小女儿，所以李讷就常常成了工作人员动员毛主席休息的一个"秘密武器"。每当大家看到毛主席工作累了还不休息的时候，工作人员就哄着把天真活泼的李讷推进毛泽东的办公室。而毛泽东每次一看到女儿李讷，往往总是要放下手边的工作，逗女儿玩一会儿，或者带着李讷出门散步。毛泽东的大手牵着李讷的小手，一边走一边给她讲故事，教她认字，教她文明礼貌。李讷回忆说："我记得我最早学说话，有一句就是'爸爸散步去'。我父亲进城的时候还说呢，你小的时候就会说爸爸散步去。"她说"我倒成了工作人员动员爸爸休息的一个法宝"。也就是从这个时候起，他们父女间有了一个秘密：李讷叫毛泽东"小爸爸"，毛泽东叫李讷为"大娃娃"。

可见李讷这个"法宝"给战争年代的毛泽东带来了谁也无法替代的欢乐。一九四六年一月七日，毛泽东在写给远在苏联的次子毛岸青的家书中还不忘提起小小的女儿，写道："你妹妹（李讷）问候你，她现在已五岁半。她的剪纸，寄你两张。"

一九四七年三月，延安的形势骤然紧张起来，蒋介石调集二十万大军气势汹汹地对陕甘宁边区进行围攻。中共中央在毛泽东的领导下审时度势，决定主动撤离延安，诱敌深入，把延安变成一个空城交给蒋介石。军情紧急，中央机关大部分都已经撤离，天上敌机已经开始轰炸，地下也传来隆隆的炮声，但毛泽东却不慌不忙，他带着小女儿坚持最后撤离延安。他还笑着对李讷说："看看飞机轰炸，听一听炮声，这也是对你的锻炼啊。大人需要锻炼，小孩子也需要锻炼。"

三月十八日，毛泽东最后一批撤离延安。六岁多的李讷跟着毛泽东一起昼夜行军。白天坐汽车，一路颠簸，李讷就在父亲的怀里。但夜间行军，尤其是不能开车和在山间小道上的时候，小孩子又不会骑马，李讷只能靠人背着了。有时她就在父亲的背上睡着了。由于道路崎岖险恶，人背着也不是很安全，最后就找了一副马鞍子的铁架子，把小李讷捆在铁架子上，就这样靠战士们一人一肩地接力，安全撤离了延安。

不久，中共中央、毛泽东再次英明决策留在陕北和敌人展开"蘑菇战术"，以一万七千人的西北野战部队和十五倍的敌人展开了较量。转战陕北，战争形势十分严峻，毛泽东不得不决定把可爱的女儿送走，李讷就被送往陕西河东的兴县，后来又随中央机关转到山西。期间，组织上派一位叫李若的阿姨照料李讷的生活。但尽管战事繁忙，毛泽东仍挂牵着女儿的消息。他在一封给邓颖超和康克清的电报中，还专门说道："李若任保姆及管理李讷的办法很好。"同年十月八日，在陕北佳县神泉堡的毛泽东给在西柏坡的长子岸英的家书中也不忘提醒儿子："你给李讷写信没有？她和我们的距离已很近，时常有她画的画寄的，身体好。"短短几句话，可以看见毛泽东就是在如此残酷的战争环境中，还是经常与儿女联系，尤其希望家里的所有人都要和睦团结，要哥哥关心小妹李讷。见画如见人，小女涂鸦的画自然也成了维系父女情感的纽带，给毛泽东艰苦的战争生活带来乐趣，增添愉悦。

就这样分别了大半年，毛泽东和小女李讷在黄河边的南河底村相聚了。

久别的人盼重逢。父女相见，大老远地毛泽东就张开双臂向女儿发出了来自心底的呼唤："大娃娃，我的大娃娃！好娃娃！爸爸可想坏你了！"而李讷也像一只迷路的小鸟好不容易找到了妈妈一样张开双臂一路小跑着扑进毛泽东的怀里，一把搂住了爸爸的脖子。父女俩你亲亲我的脸，我亲

1945年10月，毛泽东牵着
小女儿的手出门散步

亲你的脸，亲热得久久不愿分开。毛泽东还不停地用手轻轻地拍拍女儿的
小脸蛋，无限温情地重复念叨着："大娃娃，我的大娃娃！好娃娃！爸爸可
想坏你了！"李讷也紧紧搂着毛泽东的脖子甜甜地喊着："小爸爸，乖爸爸，
我天天都想小爸爸。"

　　如果摄影师将这个画面拍下来将是一个多么感人的镜头。而李讷就是
这样在父亲毛泽东的大手牵小手的温暖中慢慢成长起来的。至今她回忆起
和父亲一起散步都感觉那是一种享受，而父亲的大手的温暖简直就是一种
幸福。很小的时候，李讷拉着父亲的一只手指头；稍微长大点，她拉着父
亲的两个手指头；再大点，她拉着父亲的三个手指头；然后长大了，她就
拉着父亲的大手，从延安拉到西柏坡，又从西柏坡拉到北京中南海。

　　在延安，毛泽东除了和女儿一起散步，教女儿背诵古诗外，还和女儿
一起玩过家家。有时候，李讷和小朋友们一起用泥巴搭房子什么的，毛泽
东看见了，就走过来帮孩子们一起盖，"这少一个窗户，他又帮孩子们搞一

个窗户，说这家人还没有水呢，他就把那积了一潭水，用沟把水引进来，也是玩得两手都是泥。"① 而且毛泽东跟孩子们玩得非常投入，童心未泯。因为毛泽东没有架子，孩子们也爱跟他玩。有时候，工作累了，毛泽东就在门口伸伸脖子扭扭腰或者背着手在那里漫步。李讷和小伙伴们看见了，也偷偷地跑到毛泽东身后，学着毛泽东的样子伸伸脖子、扭扭腰，或者背着手漫步。有时候毛泽东身后跟着一大串，毛泽东自己却不知道。等他转过身来，发现有一嘟噜孩子时，孩子们已经笑得合不拢嘴巴作鸟兽散。还有的时候，毛泽东背着两只手在院子里来回踱步，眉微蹙，走了一圈又一圈。毛泽东发现了他后面跟着"尾巴"，但他一开始也不说，而是来个"突然袭击"，猛一回头做个"老鹰抓小鸡"的姿势，李讷和孩子们都吓得尖叫一声，又开心地咯咯笑着躲藏起来。毛泽东就佯装去追，说："你和我藏猫，学我，我早发现了呢。"李讷说："早发现了吗？我跟了爸爸好久呢！"毛泽东装糊涂说："是吗？开始就跟了，那我可没发现。"李讷就得意了，自信地说："我知道，爸爸扭着腰走就是不想事，背着手走就是想事情呢。对不对？"毛泽东开心大笑，一把抱起女儿："我的大娃娃，你也学会观察哩，不简单哟！"

毛泽东喜欢听京剧。延安有个评剧团，毛泽东经常抱着李讷去看戏。那时李讷才两岁，每逢戏演到是好人时，她就安心睡觉了；但如果是坏人就不睡，非要等着把这个坏人制伏了才睡。毛泽东就说："你看连这么小的孩子她都要分清好坏。"毛泽东家里有一个留声机，有唱片，他就经常放这个唱片听。李讷就在这种京剧的锣鼓声中，受爸爸妈妈的影响，也渐渐喜欢上了京剧，还经常给爸爸表演一段"打渔杀家"。有时毛泽东自己也唱两段，但人都以哼唱板眼为主。

一九四七年十月，李讷七岁了，应该上小学了。但因为战争的影响，学校也很难正规起来。于是，高小毕业的韩桂馨作为家庭保育员来到了毛泽东的家中，负责教李讷读书识字。韩桂馨来的这天，李讷向父亲保证：

① 《温情毛泽东》，中央文献研究室第一编研部编，辽宁人民出版社 2005 年版，第 12 页。

1946年，毛泽东教女儿李讷读书识字

"好好读书，不淘气……"毛泽东笑着说："好好学习是对的，这个不淘气还可以商量。乱淘气不行，有点小淘气还是可以的。孩子淘气是聪明健康的一种表现……"在毛泽东这种宽松民主的家教环境中，李讷的人格得到了自然健康的成长。金秋十月，西柏坡毛泽东住的小院的柿子树上结满了柿子，一个个像小灯笼似的。李讷这些孩子们眼巴巴地看着，可把他们给馋坏了。树太高，打不着；树太粗，摇不动；树枝细，不敢爬，咋办？李讷捡起一块瓦片作"武器"瞄准柿子就砸，一时间柿子树上是哗哗作响像下冰雹似的，孩子们都左右开弓打起柿子来。这可把韩桂馨吓坏了，因为夜晚工作白天睡觉的毛泽东正在休息呢！她赶紧跑过去说："哎！你们真是无法无天，毛主席在睡觉呢！"李讷一听说爸爸在睡觉，她立即停止了淘气。

进城后，江山初定，毛泽东把李讷送育英小学学习，插班读四年级。因为学校离家远，一个星期回家一次。一开始，工作人员用小车接送。毛泽东知道后说"不能搞这样的特殊化"。后来有关部门就专门派了一个大的面包车，住在中南海的二十来个孩子都一起接送了。

李讷自幼体质就不是很好，一九五一年元旦前后，李讷又病了。一月四日，毛泽东在极其繁忙的工作中，给李讷写了一封短信——

　　小李娃：你病了，我很念你。你好好养病，早日好了，大家
　　欢喜。下大雪了，你看见了吗？

家书虽短，殷殷情深。因为工作无法亲自去探望生病的女儿，毛泽东只好给十一岁的李讷写了这封短信，寥寥数笔，把一个父亲的呵护却表达得淋漓尽致，而且也非常适合一个才十一岁的孩子阅读。一声"小李娃"给躺在病床上的女儿的该是一种怎样的亲切和关切。"你病了，我很念你。你好好养病，早日好了，大家欢喜。"毛泽东就是这么简简单单的一句大白话，却表达了自己最想跟女儿说的内容和自己的牵挂惦念。写信的时候，正好迎来了新年的第一场大雪。最爱"千里冰封，万里雪飘"之美景的毛泽东喜欢看雪，也喜欢咏雪。他在诗作中多次赞美雪的世界和雪的冰清玉洁的精神。因此他在一边看着窗外白茫茫纷纷扬扬的雪花，一边提笔给李讷写这封家书的时候，告诉躺在病床上的小李讷说："下大雪了，你看见了吗？"希望美丽的雪景能帮助女儿放松心情，消解愁闷。

一九五三年，李讷考入北京师范大学附中读书，也是周末才回家一次，真正开始独立生活。日理万机的毛泽东仍十分关心小女儿的成长，经常在周末考考李讷的政治、文学、历史、地理等知识，还教导女儿为人处世的方法和道理。

毛泽东喜欢游泳，尤爱到大江大河里去游泳。"自信人生二百年，会当水击三千里"，在大风大浪中迎接挑战，披风战浪，乘风破浪，"中流击水"，"万里长江横渡，极目楚天舒，不管风吹浪打，胜似闲庭信步"，这是毛泽东的个性，也是毛泽东的胸怀和气魄。李讷很小的时候就跟着父亲一起游泳。但在游泳的时候，毛泽东对女儿有一个特别的规定：不准用救生圈。从小就爱游泳的毛泽东，把游泳当作锻炼意志的好方法，教育子女要

像他一样勇敢地面对自然和人生的风浪，不怕困苦，自信自强。

　　毛泽东不仅仅只是言传，更多的是身教，他自己游泳也从来不戴救生圈。一九五四年暑假，毛泽东安排李敏、李讷姐妹俩随江青去北戴河度假。不久，姐妹俩分别给父亲写了一封信，毛泽东也马上给两个女儿回了一封信，告诉他"亲爱的女儿"："北戴河、秦皇岛、山海关一带是曹孟德（操）到过的地方。他不仅是政治家，也是诗人。他的碣石诗是有名的，妈妈那里有古诗选本，可请妈妈教你们读。"

　　这个时候，毛泽东还没有去过北戴河。后来，他曾多次去那里开会，也曾带着李讷在大海里游泳。有一次，风浪很大，警卫战士给李讷戴上了救生圈，毛泽东立即叫李讷摘下来。而且这天他们父女俩从早晨五点一直游到中午十一点。李讷回忆说："他自己就是那么做的，那我们还有什么话可说的呢。你比如说来了台风了，白浪滔天，他让我们跳下去，首先他自己第一个跳下去。他不让用救生圈，他也是有道理的。他不是蛮干，他一定是对你的水性有了解，而且对水情也有了解。那个浪看上去很厉害，但是你不下去，你就不知道是怎么回事，它是有规律的，你摸到规律了，你就可以存在，你就自由了。"毛泽东教育子女的方法或许过于严厉，与那些"捧在手里怕摔着，含在嘴里怕化了"的溺爱孩子的家长相比已经是大相径庭，他强调的依然是要孩子学会吃苦、耐苦，教育孩子要从生活实践中懂得社会和人生的道理，除了本领能力（才气）之外，还要有强壮的体力（力气）和坚强的心力（勇气）。

　　一九五四年十二月二十六日，是毛泽东六十一岁生日，李讷为了表达自己对父亲的热爱和感激，特此准备亲手给父亲制作一个小礼物。可是做来做去，做了几个心里就是不满意，眼看着父亲的生日过去了，礼物也没有做好。但她还是坚持一定要把给父亲的礼物做好。最后她决定用丝线在圆形的硬纸片上编织起一个精美的小书签——正面画了两个大寿桃，上面还画了一个大大的"寿"字；另一面写着：送给亲爱的爸爸，女儿李讷。因为送礼物的时候，毛泽东正在睡觉，李讷就请卫士转交给父亲。同时，她还给她的"小爸爸"写了一封热情洋溢的信——

亲爱的爸爸：

您正在睡觉吗？一定睡得很香吧？

您一定奇怪，我为什么突然要写信给您。事情是这样：在您过生日的时候，我想给您送礼，一块手绢还没有绣成，您的生日就过去了。而且也绣得很不好，于是我就没有送。因为我知道您不会生气，您是我的好爸爸，对吗？这次妈妈的生日就要到了，就趁此补补吧，我送的东西也许您不喜欢，但这是我亲手做出来的。东西虽然小，但表示我的心意：我愿我最亲的小爸爸永远年轻、慈祥、乐观，您教导我怎样生活，怎样去做人，我爱您呀！小爸爸，我愿您永远活着和我们在一起。

吻您

热烈爱着您的女儿

李 讷

一九五五，二，八

1955年2月8日，李讷写给父亲的祝寿信和补送的生日礼物

父亲过生日了，做女儿的，该送一份生日礼物。可送什么呢？想来想去，李讷决定送一份自己亲手绣制的手绢。但没等自己绣好，父亲的生日就过了，于是她又趁在母亲

的生日到来之际，同时补送上给父亲的生日礼物。这样就做了一个"大寿桃"。李讷写给父亲毛泽东的这封家书，从里到外都渗透着"亲"和"爱"这两个字。十五岁的李讷在父亲面前还有些撒娇，但对慈父的依恋和敬爱之情发自肺腑，对严父的教导和感恩之意铭心刻骨："您是我的好爸爸"，"我愿我最亲的小爸爸永远年轻、慈祥、乐观，您教导我怎样生活，怎样去做人，我爱您呀！小爸爸，我愿您永远活着和我们在一起。"

女儿的来信和礼物无疑给已过花甲之年的毛泽东带来了心灵的慰藉。

但自幼体质就弱的李讷，经常疾病缠身，始终是毛泽东的一块心病。一九五八年一月下旬，李讷突发急性阑尾炎，需要手术。又因李讷小时候打针的针头不幸断在肉里，一直没有取出，也要动手术。于是经研究决定两个手术同时做。而不巧的是，此时江青不在北京，去了广州。因为平时女儿看病的事都是江青负责安排照料的，这次毛泽东只能亲自联系，由北京医院院长计苏华和外科大夫王历耕、内科大夫吴洁一起主刀。做手术的时候，阑尾手术很顺利，但取断针头的手术却遇到了麻烦。因为年头久了，针头发生了位移，花了很长时间也没有找到。最后，院长计苏华决定将李讷抬到 X 光室，一边进行透视一边手术，这样才将断针头从身体中取了出来。由于手术是在无菌室外做的，术后伤口发生了感染，李讷连续高烧。

对女儿的病情一直牵挂的毛泽东，无法像寻常百姓那样前往病房探望，只好给女儿写了一封家书，鼓励女儿要以坚强的意志和顽强的毅力战胜病魔。毛泽东自己始终是一个乐天派，他对感冒发烧头疼脑热这样的一般小毛病，是很少打针吃药的，对自身的抵抗力很自信。习惯晚上工作的毛泽东，二月二日夜又是通宵未寝。第二天中午十二点，他吃了几片安眠药，准备上床睡觉。临睡前，他对在医院的李讷仍不放心，便给女儿写了一封家书——

李讷：

念你。害病严重时，心旌摇摇，悲观袭来，信心动荡。这是

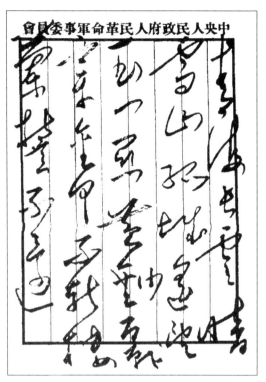

毛泽东手迹

意志不坚决，我也常常如此。病情好转，心情也好转，世界观又改观了，豁然开朗。意志可以克服病情。一定要锻炼意志。你以为如何？妈妈很着急，我也有些。找了小员、院长计苏华、主治大夫王历耕、内科大夫吴洁诸同志今天上午开了一会，一致认为大有好转。你昨夜睡了九小时，你跑出房门在小廊上看画报。白血球降下来了，特别是中性血球，已恢复正常。他们说不成问题，确有把握，你可以放心。这点发烧，应当有的，完全正常。妈妈很不放心，打了电话给她，她放心了。李讷，再熬几天，就可完全痊愈，怕什么？我的话是有根据的。为你的事，我此刻尚未睡，现在我想睡了，心情舒畅了。诗一首：青海长云暗雪山，孤城遥望玉门关。黄沙百战穿金甲，不斩楼兰誓不还。这里有意志。知道吗？你大概十天后准备去广东，过春节。愿意吧。到那里休养十几天，又陪伴妈妈。亲你，祝贺你胜利，我的娃！

爸　爸

二月三日上午十二时

半睡状态执笔，字迹草率，不要见怪。有话叫小员来告我。

　　这封信也是毛泽东写给李讷最长的一封信。一月二十一日，毛泽东在南宁会议上作了《工作方法六十条（草案）》的总结讲话。这次会议对新中国后来的发展产生过重大影响，并且直接导致"大跃进"的开始发动。二月一日，一届全国人大五次会议在北京开幕，这个会议实际上是实现国民经济新跃进的动员大会。毛泽东就是在"我们国家正在面临着一个全国大跃进的新形势"的高度兴奋状态下，忙里偷闲给正在医院住院的女儿写这封家书的。[①]

　　一直坚持教育孩子要有"意志"的毛泽东，在这封家书中四次提到了"意志"这个词汇，而且在"意志可以克服病情。一定要锻炼意志"这句话下面还加了着重号。毛泽东在信中说："害病严重时，心旌摇摇，悲观袭来，信心动荡。这是意志不坚决，我也常常如此。"他将心比心地劝慰女儿，要意志坚决，还把具体的病情、诊治情况和江青的挂念都清清楚楚地告诉了女儿："你昨夜睡了九小时，你跑出房门在小廊上看画报。白血球降下来了，特别是中性血球，已恢复正常。"毛泽东如此地细心，都是让女儿"放心"养病，放下思想包袱。这在其他几个儿女中似乎也是没有见过的，他们实在没有李讷这么幸运地长时间生活在父亲的怀抱之中。为了女儿的病，毛泽东专门召集医生开会进行了研究，并把真实情况也给远在广州的江青打了电话。他口气镇定地对女儿说："李讷，再熬几天，就可完全痊愈，怕什么？我的话是有根据的。"进一步给女儿加油鼓劲。同时他还直接告诉女儿说："为你的事，我此刻尚未睡，现在我想睡了，心情舒畅了。"字里行间，充满了父亲的慈爱呵护。继之，喜爱古典文学的毛泽东

---

① 《毛泽东传（1949—1976）》，中央文献出版社 2003 年版，第 780—783 页。

又给女儿抄录了著名边塞诗人王昌龄的诗歌《从军行七首》之一的"青海长云暗雪山，孤城遥望玉门关。黄沙百战穿金甲，不斩楼兰誓不还"。再次告诉女儿"意志"是战胜病魔的武器，要相信自己，战胜自己。接着，毛泽东又像哄小孩子似的跟女儿说着悄悄话："知道吗？你大概十天后准备去广东，过春节。愿意吧。到那里休养十几天，又陪伴妈妈。"最后，毛泽东无限温情地写道："亲你，祝贺你胜利，我的娃！"末了，毛泽东还补上一句："半睡状态执笔，字迹草率，不要见怪。有话叫小员来告我。"谦逊和蔼如一缕春风吹过脸面，慈爱呵护如阳光照耀在心田，一个父亲的深沉爱心就这样酣畅淋漓地袒露在你的面前，让女儿读来怎么不信心倍增，怎么不觉得这是一种心灵的受用。

一辈子喜欢读书的毛泽东不仅对女儿呵护备至，而且还利用自己在古典文学上的渊博知识，并针对孩子自身的心理特点，亲自为孩子们选择必读书目。一九五九年，李讷考入北京大学历史系，这与父亲毛泽东有着直接的影响。本来受父亲的影响，李讷喜欢文科，可是她母亲江青却要女儿学理科，并且将报名表都填好了。可是李讷内心里还是想学文科。毛泽东就问女儿："你自己到底是怎么想的呢？"李讷说："我不愿意，我还是不能学理工科。"毛泽东就说："那你自己定，可以嘛！"就这样，李讷转学了文科，并选择读北大历史系。在上大学之前，毛泽东到底给孩子们亲自编了一本什么样的教材呢？李讷回忆说："父亲先让我们读《水浒传》，因为《水浒传》好读，故事也比较引人入胜。然后读《红楼梦》、《三国演义》和诗词。"毛泽东还将这些自己亲自选编的诗词打印成册，装订了好几本，每个孩子一本。

一九六〇年的这个时候正好赶上了三年困难时期，全国出现大范围的自然灾害，再加上要还苏联的债务，新生的共和国面临着巨大的困难和挑战。全国老百姓普遍存在吃不饱的问题。对此，毛泽东是心知肚明，也忧心如焚。在家里他带头减少了自己的粮食定量，而且爱吃红烧肉的他也坚持很长时间不再吃肉，不吃鸡蛋，有好长时间毛泽东的腿因此肿得按下去都是一个很深的坑。有的工作人员看见了毛主席这个样子就伤心地抹眼泪。而女儿李讷自从上大学以后，毛泽东也让她像普通百姓家的孩子一样在学校吃大食堂。但只要李讷放假回家，毛泽东还是让厨房千方百计弄点好吃的给女儿打打牙祭。李讷并不知道父亲每天吃的都是青菜，自己又难得回家一趟吃家里的饭，还以为家里一直吃得很好呢，所以每次回家都要"狼吞虎咽"一顿。后来李讷也了解到这个情况，心里非常难过。但毛泽东从来不跟女儿说起这些，他尽量省下来一些给女儿吃，也是作为父亲的一片爱心。

上大学后，学习方式改变了，面对大部头的历史著作，李讷感到有些压力，便给父亲写了一封信。其时，毛泽东正远在杭州刚刚开始他为期两个月（一九五九年十二月十日至一九六〇年二月九日）的特殊的读书生活。针对一九五八年"大跃进"中发生的一些问题，毛泽东深感各级干部非常缺乏经济学知识，自己也觉得需要加强这方面的学习思考。于是在一九五九年的第一次郑州会议和庐山会议上，毛泽东两次建议大家读苏联的《政治经济学教科书》。这次在杭州毛泽东集中时间带头来读的就是这本书，并指定陈伯达、胡绳、邓力群、田家英和他一起读（后来陶铸、胡乔木也参加了）。就在这个时候，毛泽东收到了李讷的来信，便抽空给女儿写了这封关于读书问题的回信——

李讷：

　　病好了没有？想你。要读浅近书，由浅入深，慢慢积累。大部头书少读一点，十年八年渐渐多读，学问就一定可以搞通了。我甚好。每天读书、爬山。读的是经济学。我下决心要搞通这门学问。天寒，善于保养，不要再患感冒。

父　亲
十二月卅日上午六时

读书是毛泽东人生和生活中不可离开的一部分，就是在临终前的一天，毛泽东仍不忘读书，而且在医生的抢救下读了七分钟。酷爱读书的毛泽东在这里告诉女儿"要读浅近书，由浅入深，慢慢积累。大部头书少读一点，十年八年渐渐多读，学问就一定可以搞通了"。这既是毛泽东的读书心得体会，也是他传授给女儿的一种读书方法。这种读"浅近书"的方法，是务实的，是循序渐进的，也是一种认真做学问的最佳途径，对我们每一个人的读书生活都有着深刻的启示。

毛泽东的家教非常严格。位于北京西郊的北大，离家有几十里。每到周末，卫士长李银桥便瞒着毛泽东派人开车去接李讷回家，有时候还偷偷地给李讷送奶粉、饼干等。这事被毛泽东知道了，很不高兴，严厉批评了李银桥。李解释说："不然我也不接，天太黑了，一个女孩子……"毛泽东断然地一挥手，说道："别人的孩子就不是孩子了？别人的孩子能自己回家，我的孩子为什么就不能自己回家？这样影响很不好，我的孩子不能搞特殊。为什么三令五申，还要搞特殊？"李仍不服气："别人的孩子敌特不感兴趣，你的孩子敌特就感兴趣。"但毛泽东仍不以为然地说："感兴趣又怎么样？过去不是感兴趣吗？中国革命照样胜利。不许接，说过了的就要照办，不要用汽车接，让她自己骑车或搭汽车回来。"从此，李讷就总是骑那辆"飞鸽"牌自行车往返于中南海和北大之间，再也没有坐过公车上学回家。

一九六〇年，李讷又大病一场，她回忆说："病得挺厉害的，也是不得不休学。就是缺少营养、浮肿、闭经，很长时间，完全不能睡觉。"就在这年十二月二十六日自己生日的这一天，毛泽东给自己的女儿和身边工作人员讲了一个让女儿一辈子也不会忘记的故事。据林克回忆，当时身边工作人员已经根据毛泽东的意见进行了一次整风。在生日聚餐的餐桌上，毛泽东给大家讲起了故事——

像今天我们在一起吃饭一样，大家团结得很好，这就好。你们整风，检查一下，批评一下，大家还是团结在一块。这就叫从团结的愿望出发，经过批评或斗争，使问题得到解决，在新的基础上达到新的团结。批评就是帮助，对人是有好处的。

从前有张仪和苏秦两个人，都是鬼谷先生的学生。鬼谷是个地方，出了一个先生，所以叫鬼谷先生。后来苏秦在赵国当了宰相，地方就在邯郸。邯郸这个地方，你们到过没有？张仪在楚国做个小官。楚相丢了一块宝玉，怀疑是张仪偷的，把他狠狠打了一顿，满嘴的牙都被打掉了。那个时候，大概还不会安假牙吧！张仪回到家里，叫老婆看看他嘴里的舌头还在不在。他老婆说：舌头还在。他说：那就不要紧了。他跑到邯郸找苏秦，一去就住进"招待所"，大概是"北京饭店"之类的住所，好几天没有见到苏秦的面。后来，苏秦请他吃饭。张仪到了苏秦的衙门，看到摆了酒席，排场大得很，苏秦坐在高处当中，请了各国使节，也有"契尔沃年科"，席面当然比我们今天吃的丰盛得多。但是却把张仪安排在下面角上，盛了点仆人吃的饭食给他吃。这下子张仪的气可就大了，无非是破口大骂苏秦，你这个王八蛋等等。回到"北京饭店"，满肚子的气。"北京饭店"的"经理"看他这个样子，就问他：张先生脸色不痛快，有什么生气的事吧？他说：当然有气！就把当年和苏秦是同学，今天苏秦如此这般对待他说了一番，并且骂苏秦此人简直是无情无义，是王八蛋。这位"经理"说：这样看来，你在赵国待不住了。张仪说：当然待不下去了，马上走。"经理"问他：你到哪里去呀？他说：这倒还没有想好，不管他，走了再说。"经理"说：看来只有到秦国去。张仪一想也对，就此动身。"经理"陪他走到秦国，一路花费大概相当现在的三四十万人民币吧！到了秦国，他们为了见秦王，就走走门路，行些贿赂和送些衣服，一共又花了四五十万人民币。以后，张仪当上了秦国的宰相，"北京饭店"的"经理"就向他告辞回国，并问他今后怎样打算。张仪一提苏秦还是咬牙切齿，并说过两年一定要出兵攻打赵国。"经理"见他这样说，就告诉他，赵国宰相苏秦是个好人，当时苏秦所以要气他，是故意的，怕他在赵国安居下来，不想上进，做不了大事。苏秦知道张仪是个人才能做大事，如果他在赵国依靠苏秦，他也只是当个"科长"什么的就算到顶了。策划张仪到秦国来，和给他一切花销，都是苏秦支使的。张仪一听，这才恍然大悟。"经理"又说："苏秦只希望你当了秦国宰相，十五年内不要出兵攻打赵国。"张仪听后表示：只要苏秦活着，我就决不出兵打赵国。

这是一个故事，你们看苏秦对张仪是好意还是恶意？我们之间，进行批评帮助都是好意。就是明明知道某些批评是恶意也要听下去，不要紧嘛？人就是要压的，像榨油一样，你不压是出不了油的。人没有压力是不会进步的。①

很少给自己过生日的毛泽东选择六十七岁生日这一天，给女儿和身边工作人员讲苏秦张仪合纵连横的故事，是有自己的考虑的。也就是在这几天，中央召开了工作会议。一个月前的十一月二十八日，毛泽东在为中央起草的转发甘肃省委关于贯彻中央紧急指示信的第四次报告的批语中作了严肃的自我批评，对于"大跃进"以来急于过渡的问题进行了比以往更加深入的检讨，分析了"大跃进"以来的重要教训。中央立即将毛泽东的这个重要批语转发给各中央局和各省、市、自治区党委。批语中说："看起来甘肃同志开始已经有了真正改正错误的决心了。毛泽东同志对这个报告看了两遍，他说还想看一遍，以便从中吸取教训和经验。他自己说，他是同一切愿意改正错误的同志同命运、共呼吸的。他说，他自己也曾犯了错误，一定要改正。例如，错误之一，在北戴河决议中写上了公社所有制转变过程的时间，设想得过快了。……"可见毛泽东对自身也是有反省的。这种自我反省的精神自然也是对子女的一种教育。

毛泽东和女儿李讷比较谈得来，又都喜欢古典文学，两人就有了交流思想的习惯。但上大学后，李讷和父亲的关系有了一些微妙的变化，很长一段时间没有回家，甚至也没有给父亲写信，只是到了一九六二年的新年

---

① 《我所知道的毛泽东》，林克著，中央文献出版社 2000 年版，第 172—174 页。

来临之际才给父亲寄了一张贺年片。对此，毛泽东情感上有些受不了，一月九日他给李讷写了一封信——

> 贺片收到，高兴。你为什么不写封信给我呢？为什么那样吝啬呢？你不爱爸爸了，是不是呢？我希望不是，你是爱我的，只因我对你帮助太少，缺乏长谈，互不交心，所以如此。你给我来封信吧。祝你上进！

高处不胜寒。古稀之年的毛泽东似乎比以往更加渴望得到女儿的爱，比以往更加渴望得到家庭的温暖。毛泽东的心是孤独的，他内心的世界是寂寞的。这封家书情真意切，在感动之外似乎也能读到一丝苍凉。尽管这是一种心静如水的苍凉，但表面的平静并无法掩饰情感深层的波澜。对女儿长时间没有回家相聚，没有写信问候和交流，毛泽东没有责怪，哪怕女儿只是寄来一张小小的贺年片，也足以让他感到"高兴"。但他对女儿的爱和问候是不满足的，接着他问女儿："你为什么不写封信给我呢？为什么那样吝啬呢？你不爱爸爸了，是不是呢？"一连用了三个问号，和蔼又小心翼翼地轻声询问女儿这里面的原因，不是批评，却是渴望。这在毛泽东的家书中是从来没有过的。接下来，毛泽东却把女儿没有给他写信的原因归咎于自己："只因我对你帮助太少，缺乏长谈，互不交心，所以如此。"父亲的爱竟然是如此的宽阔和深沉，像大海一样。而末尾毛泽东又叮嘱女儿"你给我来封信吧"，似乎是父亲在对女儿提出一种渴求，读来怎不催人泪下。一颗平常父亲的平常心就好像一不小心掉在了地上，它跳动的节奏和声音是那样的急切和清晰，当我们遭遇这样的一颗慈爱之心的时候，我们的心也油然而生一种揪心的疼痛和无言的感伤，并心怀感动。同样，李讷在收到父亲的信后，明白了父亲一直在深深地爱护着她，她心中的苦闷如风卷残云，一扫而光，并懂得已近暮年的父亲更加渴望得到女儿的理解和热爱，连忙给父亲回信，向父亲敞开了心扉，诉说自己的烦恼和痛苦。

李讷回忆说，父亲的家教真正触及她思想的就是在这一段时间，她"觉得要好好改变自己，就是世界观要根本地改变"。在这段时间内毛泽东和李讷前前后后通了十来封信。毛泽东总是鼓励女儿"为人一定要有意志，要有毅力"，"不要特殊，不要骄娇二气，不要自以为是"。一九六三年新年伊始，李讷给父亲写了一封信，详细剖析了自己的一些缺点和思想变化。在信中，她还谈到自己在大学课程中学《庄子·秋水》后的感想。《秋水》是一篇有名的寓言，记述的是自高自大的黄河水神河伯和虚怀若谷的北海神之间的对话。李讷读后思想触动很大，感觉自己与有的地方很像鼠目寸光的河伯，意识自身存在着狭隘和浅薄。接到女儿的来信，毛泽东看到女儿的思想认识提高了，"喜慰无极"，立即给李讷回了一封信，

李讷娃：

　　刚发一信，就接了你的信。喜慰无极。你痛苦、忧伤，是极好事，从此你就有希望了。痛苦、忧伤，表示你认真想事，争上游、鼓干劲，一定可以转到翘尾巴、自以为是、孤僻、看不起人的反面去，主动权就到了你的手里了。没人管你了，靠你自己管自己，这就好了，这是大学比中学的好处。中学也有两种人，有社会经验的孩子；有娇生惯养的所谓干部子弟，你就吃了这个亏。现在好了，干部子弟（翘尾巴的）吃不开了，尾巴翘不成了，痛苦来了，改变态度也就来了，这就好了。读了秋水篇，好，你不会再做河伯了，为你祝贺！

爸　爸
一月四日

孔子曰：君子欲讷于言而敏于行。毛泽东给两个女儿取名李讷、李敏，寓意深刻。他希望女儿成为少说空话、多做实事的人。毛泽东要求子女不能因为自己身份的特殊而有任何特殊化，什么时候都要谦虚谨慎，夹着尾巴做人。毛泽东的这种家教在给李讷的这封家书中体现得最为直接和

明朗。

这封家书写于一九六三年一月四日。对于这段时间和父亲的交往，李讷回忆说："父亲对子女还是很关心的，希望我们能够在政治上、思想上、学业上都能健康成长。我一九五九年入大学，一九六〇年就是三年自然灾害最严重的时候，我病了，病得挺厉害的，也是不得不休学。就是缺少营养，浮肿，闭经，很长时间，完全不能睡觉，就休学一年，又复学，复学以后身体还是不是太好，有一段因为有病，精神不是很好。三年自然灾害也很快过去了，国家的经济又开始恢复，虽然说是困难，但是大家的精神头还是挺足的，很愉快的。我自己在大学有一个感觉就是，我以前在实验中学，是个女校，而且干部子弟很集中，就是我的同学，可以说还是在那个圈子里面，到了大学就不一样了，都是一些普通群众的子弟，工人、农民子弟特别多，干部子弟很少，这对我帮助很大。因为父亲再严格要求，再要求你不要特殊化，不要自以为是，不要骄傲，但毕竟身上还是有这些东西。你一碰到这么多的群众，说实在的，对自己的触动是很大的，从思想上发生剧烈的变化，就是我要改变，不能像以前那样的，老是自以为是，觉得自己很高明，很看不起人，觉得不应该这样的。思想经过很剧烈的变化，特别是学雷锋，对我触动很大，我就觉得一定要改变自己，一定要变成一个普通的，跟大家一样的，在身体和精神上都健康的一个人，和大家打成一片，真正在政治上能够严格要求自己，学习成绩能够好，在各方面能够全面发展的。我觉得思想上有这么一个变化的过程。我在这期间有一段信给他写得少一点，自己在那想事呢，觉得自己不行；比别的同学差，觉得自己的那些弱点，反正觉得自己要改。"[1]

毛泽东向来说话言简意赅，直截了当，而且净是我们平常说的大白话，读起来非常真诚非常可爱。这封家书也不例外。毛泽东深知高干子弟"翘尾巴"的缺点会影响女儿的成长。这番写给女儿的私房话，批评一针见血，分析入木三分，可谓击中要害，把干部子弟"翘尾巴"的现象和解

---

[1] 《温情毛泽东》，辽宁人民出版社2005年版，第18页。

决的办法与道理进行了彻底的辩证的解剖，并开列了治病的药方。

尤其是毛泽东在家书中明确指出，李讷就是吃了自己是"娇生惯养的所谓干部子弟"的亏，上了大学就离开父母"靠你自己管自己"了，"这是大学比中学的好处"，而"痛苦、忧伤，是极好事，从此你就有希望了"，因为"痛苦、忧伤，表示你认真想事，争上游、鼓干劲，一定可以转到翘尾巴、自以为是、孤僻、看不起人的反面去，主动权就到了你的手里了"。作为伟人，毛泽东却以平常父亲的口吻这样教育子女，在和平年代不能不说是一种高风亮节，真可谓山高水长，堪称楷模。

有理由相信，无论对今天还是对后世，毛泽东对子女的这种家教对人们永远是一种高贵的启示。而在这一点上，天下的父母都应该好好地向毛泽东学习。

李讷收到父亲的这封家书后，立即给父亲写了回信，仅仅十一天后，毛泽东再次给女儿写了一封信——

李讷娃：

信收到。极高兴。大有起色，大有壮志雄心，大有自我批评，大有痛苦、伤心，都是极好的。你从此站立起来了。因此我极为念你，为你祝贺。读浅，不急，合群，开朗，多与同学们多谈，交心，学人之长，克己之短，大有可为。

爸 爸

一月十五日

作为毛泽东和江青唯一的孩子，在红墙中成长起来的李讷自然与她的哥哥姐姐们不同，与她大学同学这些平民百姓的孩子更是不同。在那个把伟大领袖当作神一样供奉的年代，一直生活在父亲毛泽东身边的李讷，在北大自然是个极其特殊的角色。而在这个环境下成长起来的李讷，自然也就有了清高、自负、孤傲、不合群、极大的优越感这些坏毛病。作为父亲，毛泽东是清醒的，深知女儿的这些弱点，所以在家书中总是叮嘱女儿要放下架子，要"学人之长，克己之短"，要"合群，开朗"，要平民化。父女俩频频通信交心，使李讷在思想品德和作风方面都有了长足的进步，毛泽东极为高兴。

毛泽东这个父亲在生活上对子女要求极其严格，但在学习上却又并不像我们所想象的那样严格。确切地说，他不是那种培养"高分低能"的子女的父亲。毛泽东说过："好好学习，天天向上"，也说过"身体是革命的本钱"，他教育孩子看重的并不是考试的分数，而是能否真正把学到的知识用在为人民服务上。李讷回忆说："我在上大学的时候考六门，我全部都是五分，考试完回来就生病住院，父亲就有些看法。他说你不一定都要五分嘛，你也可以有几个四分嘛，三分也没有关系，你只要是总的功课是好的也就行了嘛。你像考察，你得了四分有什么关系呢？那又不是考试。他不喜欢你做得太过了，按他的说法就是过犹不及。你非要全优不可，像这种情况下，他就说，你可以得点四分，只要主课得五分就行了，别搞得太累就行了。他不喜欢那种死记硬背，死读书。我们一去参加劳动，他就特别高兴。你老读，死读，他认为会越读越蠢。"

在家中，毛泽东很民主，和孩子在一起时也很随意，甚至很随便，没有什么拘束，像天下普通人家的父亲一样。孩子有什么想法都可以随便地说出来，发表自己的看法，但并不是顶撞，而且在大方针上还得听他的。毛泽东对子女寄予的希望也是很大的，但他并不希望孩子去做什么科学家、政治家、文学家，他对孩子们说，只要你们做一个自食其力的劳动者就心满意足了。

一九六五年暑假，李讷毕业分配到《解放军报》当编辑，她同其中的大多数高干子弟一样穿上了令世人羡慕的绿军装。一九六六年"文化大革命"爆发，在毛泽东发表《炮打司令部》的大字报后，李讷化名"萧力"(小李的谐音)，以解放军报社总编的身份成为军报"文化大革命"的中心人物。这一年，她年仅二十六岁。

不久，李讷担任了毛泽东的联络员，负责向毛泽东反映北京各大专院校学生运动的情况。当时，红卫兵和"造反派"在学校占领楼房，设置路障，手持棍棒，大搞武斗，互相抓人、斗人，甚至出了人命，造成了严重恶性事件。李讷迅速将这些情况汇报给父亲。于是，毛泽东下决心以"工人、解放军毛泽东思想宣传队"的名义，集合工人和军人徒手进驻北大、清华等重点院校，强制制止两派武斗并解散了组织，这是后来普遍实行的"工人阶级领导学校"的开始。李讷在其中起了积极作用。①

七十年代初，为了锻炼李讷，毛泽东把她送到井冈山中央办公厅的"五七干校"劳动。此时，李讷已届而立之年，大家都为她的婚姻大事操心，给她介绍了几个，她不满意，要求找一个农民干部结婚。后来，她同北戴河管理处的服务员小徐相爱，得到了父亲毛泽东的同意。结婚时，毛泽东托人给女儿送来了唯一的礼物——全套马恩全集。后来因为母亲江青的干预和两个人在学识、性格和背景上的差异太大，两人离婚。不久李讷产下一子。从"五七干校"回到北京后，李讷先后担任过中共平谷县委书记和北京市委书记处书记等职，并在中央办公厅秘书局图书处工作过一段时间。因为婚姻受挫，李讷的精神状态不佳，毛泽东便改选侄子毛远新作为自己和中央政治局的联络员。从此李讷退出了中国的政治舞台，而这也是李讷后来并没有像毛远新那样卷入"四人帮"的一个原因。

一九七六年是李讷人生中最为痛苦的一年。九月九日，父亲毛泽东逝世；十月，母亲江青作为"四人帮"的主犯被抓，李讷的精神世界一下子跌入冰点，再加上婚姻破裂，孤身一人带着年幼无知的儿子，生活的窘迫和精神的重负可想而知，那感觉真的就像天塌了下来一样。但李讷没有辜负父亲的教育，以顽强的意志承受了生命中可承受与不可承受的轻与重，坚强地挺了过来。后来，在李银桥的介绍下，一九八五年她与昆明军区某军分区参谋长王景清结婚，从此有了一个可靠的伴侣，过上了平平常常又和和美美的日子。

对于父亲毛泽东，李讷觉得给她留下的精神财富是无价之宝，而对父亲的情感世界，她用罗曼·罗兰的话形容说："伟人的心灵就像那高山之

---

① 《毛泽东家书钩沉》，潘相陈编著，中共中央党校出版社1997年版，第87页。

巅，那里终年狂风大作，云雾满天，可是呼吸却异常的顺畅。"喜怒哀乐共生，悲欢离合共存，人之常情，物之常理。人生难得平常心。"红色公主"李讷作为毛泽东的掌上明珠，她人生的风风雨雨又岂是寻常百姓家的儿女所能体味的呢？或许，在历史和时间面前，李讷把所有的痛苦和忧伤都化作了生命的一种营养，就像父亲给她取的名字一样。

下卷 乡情篇

第十章

有亲有邻　左爱右亲

——毛泽东和韶山族亲乡亲

"主席三哥"连续十年用自己稿费接济"连饭都吃不饱"的九弟毛泽连

在韶山，毛氏算是个大家族。毛泽东的曾祖父毛祖人生了两个儿子，即毛恩农和毛恩普。毛恩普生了唯一的儿子，就是毛泽东的父亲毛顺生（贻昌）。毛恩农生了三个儿子：毛菊生（贻盛）、毛梅生（贻富）、毛蔚生（贻经）。其中毛梅生生有一子，即毛泽荣；毛蔚生生有三子，即毛泽华、毛泽连和毛泽青。因为毛菊生没有儿子，抚毛泽连为嗣。再加上毛泽东、毛泽民、毛泽覃三兄弟和毛泽东上面早夭的两个哥哥，毛祖人这个家族到了第四代就有兄弟十人，毛泽东排行第三。

毛泽连和毛泽东的关系比较特殊，因为毛泽连的胞姐就是毛泽东的继妹毛泽建。毛泽连为九弟，晚辈一般称他为"九阿公"。他为人忠厚老实，上有老下有小，又患严重的眼疾，家庭十分困难，所以毛泽东对这位九弟格外牵挂，一直把他当作自己亲兄弟一样看待。

毛泽连（字润发），一九一三年八月二十七日出生，比毛泽东小二十岁，也是唯一一位一直坚强地生活在韶山，看护着毛家根基的守望者。新中国成立前他是被国民党反动派悬赏缉拿的"红军土匪头子",成立后他是终生耕耘勤劳憨厚的中国农民。

一九二一年春,毛泽东回到韶山,召集众弟兄围在火炉旁,教育亲人舍小家为大家,去探寻救国救民的真理,并带着毛泽民王淑兰夫妇、毛泽覃、毛泽建到长沙,走上了革命的道路。毛泽华、毛泽连兄弟俩内心其实很想跟着大哥大姐们一起出去,无奈年龄还小无法随行。一九二五年一月,在中共四大召开前夕,毛泽东经武汉来到长沙。二月六日,三十二岁的毛泽东偕夫人杨开慧和儿子岸英、岸青,第三次回到故乡韶山秘密开展农民运动。十二岁的毛泽连和十七岁的毛泽华、九岁的毛泽青欢欣鼓舞。三哥毛泽东走到哪里,他们就跟到哪里,成为毛泽东的联络员、通信员。

通过走亲探友、访贫问苦的形式,毛泽东广泛接触农民,开展"平民教育",在韶山冲、银田寺一带利用原来的祠堂、族校,创办了二十多所农民夜校。毛泽连清楚地记得,毛泽东在夜校讲课时,他们弟兄几个人总是挤在教室里专注地听,通俗易懂,农民容易接受,如讲打倒帝国主义就说"打倒洋财东",这样一听就懂。他还记得嫂子杨开慧生动的讲课,比如讲"手"、"脚"两个字时,就说:人人都有手脚,可是农民的手脚一年到头不停地劳动,却缺衣少吃;地主有手不劳动,有脚还坐轿子,却吃大鱼大肉,穿绫罗绸缎。通过这些学习,毛泽连和众多农民子弟一样,阶级觉悟得到了很大的提高。因为熟悉韶山的地貌人物,每次会议通知,毛泽东都安排毛泽连传达。毛泽东找骨干谈话,毛泽连就端饭送水;毛泽东主持座谈会,毛泽连就在周边站岗放哨。朝气蓬勃的毛泽连跟着三哥翻山过坳,广泛接触群众,迅速发现和培养积极分子,深受教育。

毛泽连回忆说:"在湘潭西二区上七都群众性反帝组织雪耻会的成立大会上,主席亲临大会并讲了话:上海发生日本资本家枪杀工人顾正红(共产党员),公共租界的英国巡捕又在南京路上向抗议的群众开枪,打死打伤多名工人、学生。主席以秘密农协为核心,成立了二十多个雪耻会,作为公开合法的群众组织,开展演讲、散发传单、游行示威,我的兄弟们和青年讲演队热情洋溢地去宣传,带领乡亲们高呼'打倒列强,洗雪国耻'

的口号。我还跟着泽华大哥和农民纠察队、梭镖队一起出操，开展检查洋货、禁止销售洋货等活动。这样，韶山、湘潭和全国一样迅速掀起了规模空前的反对帝国主义列强的抗议怒潮。"

一九二五年六月的一个夜晚，毛泽东在韶山建立了全国农村最早的党支部——中共韶山党支部，韶山地区的革命斗争从此进入了一个崭新的历史时期。这年底，韶山党员发展到一百一十多人，成立了中共韶山总支委员会。毛泽东亲自领导群众开展了平粜、阻禁谷米出境和夺取乡村教育权等政治、经济、文化方面的斗争。毛泽连记得他两次参加了三哥毛泽东亲自组织领导的"平粜"斗争。这年七八月间，韶山一带大旱无雨，农民断粮，饥民遍野。地主豪绅囤积粮食，高价出售，牟取暴利。俗话说得好：打虎亲兄弟！按照毛泽东的部署，在团防局长成青生夜间偷偷地向城里贩运粮食时，毛泽华、毛泽连弟兄在支部书记毛福轩领导下，率领数百名农民早在途中等候。成青生被这突如其来的阵势吓坏了，急忙调集团丁并朝天开枪。谁知附近更多的农民赶来了，声势更加浩大，被逼无奈的成青生只得留下粮食平价卖给了当地农民。成青生的粮食被"平粜"后，其他土豪劣绅只好跟着"平粜"，但永义亭的大地主何乔八却负隅顽抗。韶山党支部又把永义亭一带的农民集合起来，冲进何乔八家杀猪宰羊，"吃大锅饭"。两天后，何乔八不得不屈从求饶，答应"平粜"。农民们取得了胜利，度过了灾年，扬眉吐气。风起云涌的革命形势，激发了毛泽连的革命热情和阶级觉悟。

毛泽连回忆说："一九二五年，主席三哥在韶山一共住了二百零三天。他在韶山的革命活动，遭到地主豪绅和反动政府的憎恨，被通缉逮捕，直到八月二十八日，才在乡亲们的护送下，带着嫂子开慧和侄子岸英、岸青离开韶山。"

一九二七年一月四日至九日，韶山支部书记毛福轩陪同毛泽东第三次回到韶山冲考察农民运动。此时的韶山已拥有党员二百三十多人，农民运动已成洪流迅猛向前发展。毛泽连在毛泽东的指挥下，积极通知有经验的农民和农运骨干到上屋场开会，并主动向三哥汇报他们所了解的情况。毛泽东离开韶山去湘乡考察时，毛泽连和乡亲们送了一程又一程，并询问他何时再返乡。毛泽东眼望蓝天，沉思片刻，深情地说："要打倒帝国主义和封建主义，需要几十年时间，再搞三十年革命，反动派不打倒，革命不成功，我毛润之就不回韶山。"毛泽东对中国革命胜利的坚定信念，深深地感染了毛泽华、毛泽连、毛泽青弟兄，他们纷纷走上了革命的道路。

一九二七年，国民党反动派制造"马日事变"和四一二反革命大屠杀后，毛泽东率秋收起义部队上了井冈山，杨开慧带着三个孩子回到长沙板仓娘家，坚持党的地下工作。湖南和全国一样，深深地笼罩在白色恐怖之中。虽然是革命低潮时期，但十六岁的毛泽连没有动摇没有退缩，在一九二九年夏天坚定地加入了中国共产党，在韶山党支部的领导下，顽强地坚持着地下斗争。七月，他的姐姐毛泽建由耒阳转到衡山县女子监狱。在狱中的一年多时间里，敌人对她严刑拷打，抽皮鞭、压杠子、灌辣椒水、用烧红的铁丝刺穿乳房，她依然大义凛然，敌人得到的口供只有三个字："不知道！"后来，敌人要叛徒彭璜劝降，毛泽建怒目痛斥："要我变节，除非日从西边出，湘江水倒流！"衡山县伪县长、反共老手蔡庆宣亲自提审，并表示不相信共产党人不怕死。毛泽建嗤之以鼻，放声大笑道："革命者不怕死，怕死不当共产党。"临刑前，她给丈夫陈芬的姐姐陈淑元写信道："我将毙命，不足为奇，在个人方面是很痛快的了，人世间的苦情已受尽，不堪再增加，现各处均在反共，这就是我们早就料到了的。革命轻易的成功，千万不要做这样奢望。但是，人民总归要做主人，共产主义事业终究要胜利，只要革命成功了，就是万死也无憾，到那时，我们会在九泉下开欢庆会的。"

一九二九年八月二十日，毛泽建在衡山县城马王庙坪英勇就义，时年二十四岁。一年后的一九三〇年十月，杨开慧被捕。面对穷凶极恶的国民党长沙警备司令部"铲共队"的种种威逼利诱，严刑拷打，杨开慧坚贞不屈，大义凛然："你们要打就打，要杀就杀，要想从我的口里得到你们满意的东西，妄想！""砍头只像风吹过！死，只能吓胆小鬼，吓不住共产党人！"敌人逼问她毛泽东的去向，要她公开宣布与毛泽东脱离夫妻关系，杨开慧斩钉截铁地回答："要我与毛泽东脱离关系，除非海枯石烂！"十一月十四日，杨开慧英勇就义于浏阳门外识字岭，年仅二十九岁。

一九二九年秋，毛泽连在为韶山地下党送信的路上碰见了敌人，为了保护信件，迅速奔跑，情急之下，跳往路基下躲藏，左眼不慎被树枝戳伤了。本来，这是可以治愈的，但当时正处于白色恐怖下，国民党湘潭县党部把毛家上屋场住宅和田地都没收了，正四处重金悬赏缉拿毛泽东的亲属，没人敢公开为毛家人治病，更没人敢于提供帮助。带着伤继续住山洞、钻山沟打游击的毛泽连，眼伤因没有得到及时治疗，伤势开始恶化，发炎流脓并感染到了右眼，不到二十岁时，几乎双目失明。因党组织遭到破坏，毛泽连与党组织也失去了联系。尤其令他伤心的是，他的战友和入党介绍人都在一九三〇年前后牺牲，因此新中国成立后他的党员身份无法得到恢复。一九四九年在北京，毛泽连和毛泽东谈话时提及此事，毛泽东安慰说：你是不是党员都没有关系，你为革命、为党的事业做了那么多贡献，大家都不会忘记你的。

投身革命，毛泽连何尝不想和其他亲人一样跟随三哥毛泽东离开家乡，奔赴战场，与敌人拼个你死我活，但双目失明的他只能在黑暗中煎熬。作为留在韶山的毛家唯一的男人，他还要承担照看家中老、弱、妇、孺的重任。

女儿毛泽建牺牲、大儿子毛泽华失踪、小儿子毛泽连双目失明，真是祸不单行，母亲整日以泪洗面，渐渐也双目失明。除了照顾年迈的母亲的生活，毛泽连还要照看毛泽民的幼女毛远志、烈士遗骨毛华初、毛泽青的童养媳庞淑谊。一九三七年十一月，毛泽连接党组织的指示，与另一同志一起到战火纷飞的长沙接回了毛泽覃的夫人周文楠、儿子毛楚雄及毛泽覃的岳母周陈轩老人和她那体弱多病的继子周自娱。这些老弱病残组合在一起的大家庭的生活，其艰难可想而知。而为了防范国民党反动派的抓捕和迫害，他们东躲西藏、居无定所，有时甚至以深山岩洞为屋，以树叶草地为席，吃尽了人间的苦头。

一九三二年，国民党湖南省主席何键派人到韶山冲的歇虎坪，要挖掉毛泽东家的祖坟。得到消息后，毛泽连暗中联络众乡亲聚会商议，趁敌人还未赶来，乡亲们早早把毛家祖坟墓碑埋好、隐蔽好。敌人一上山，就由事先安排好的乡亲出面给敌人指路。结果，愚蠢的敌人只掘了一座恶霸地主的老坟，毛家祖坟安然度过一劫。

毛泽连左眼受伤后，新婚不久的妻子看见丈夫整天头发蓬乱、衣衫褴褛、神色呆滞，成了残疾人，无法接受残酷的现实，狠心离开了他，沦落他乡。

一九四五年，毛泽连送毛楚雄前往延安。2012 年 7 月，毛泽连的女儿毛小青告诉笔者：那是一个月朗星稀，清辉似水的晚上，毛楚雄吃完晚饭，准备出去找地下党组织负责人，汇报自己的思想，谁知刚出门，一个人迎面走来，拦住他说：进屋去，我告诉你一个喜讯！楚雄哥一看，正是地下党组织的负责人（毛家族人、远房堂哥），样子十分兴奋，便机警地随他打转进屋，急切地问：堂哥，么子好事？堂哥说：有人来接你了！楚雄哥惊喜地问：哪个？是不是我大伯派人来了？远房堂哥点了点头，坐下郑重其事地说：你大伯搭信来，要你随王震旅长的部队到延安去。你马上准备一下，明天就动身。楚雄哥一听，又惊又喜，高兴得跳起来。去延安，到大伯身边去，他盼了多少个日日夜夜啊！现在终于实现了，想象着到延安后见着大伯的幸福情景，激动得半天说不出话来。

毛小青说：

一九四四年毛主席、党中央决定派王震同志率领三五九旅由陕甘宁边区南下，开辟和扩大南方根据地。临行前，毛主席特嘱咐王震同志，到湖南后将楚雄带到部队去。王震同志率领的南下支队于一九四五年北撤经过湘潭时，其中有支队伍在韶山进行休整，并将这个嘱托转告给韶山的地下党组织。楚雄哥得到这个喜讯后，开始不敢告诉年近古稀的外婆，怕老人感到突然，便先跑到离上屋场三四华里路的东茅塘去找我父亲毛泽连。

这正是一九四五年农历的七月中旬，也就是旧风俗中元节的前夕。楚雄哥赶到东茅塘正是吃晚饭时间，我父亲便叫他一起吃。楚雄哥说："我吃过了，找您有点儿事。"我父亲问他么子事。楚雄哥欲言又止。我父亲觉得有点儿奇怪，放下碗担心地问："家里出了么子事？"楚雄哥机灵地摇头说："没么子事，您吃了饭再说。"原来楚雄哥怕当着大家讲，泄露机密。饭后，楚雄哥才把我父亲拉到一旁说："叔叔，告诉您，王震同志的部队到湖南来了，大伯搭信来，接我到延安去。"我父亲一听惊喜而担心地问："有伴吗？""有，冲里有三个人一路去。""几时动身？""明天就走，专来向您告别的。""啊！这么快就走！"我父亲话里有几分舍不得。楚雄哥说："越快越好！我早就盼望这一天了！"叔侄俩说了一会儿，看时间不早了，父亲便拄着根棍子送楚雄哥，一直送了很远。到了麻轱塘，楚雄哥劝止说："叔叔打转吧，莫送了。"我父亲舍不得，又送了一段路。楚雄哥恳求说："现在离屋不远了，叔叔，您眼睛不好，看不见，太远了，个人回去不方便，打转吧！"说着，从袋子里掏出副眼镜递给我父亲，深情地说："这是舅舅在世的时候留下的，您眼睛不好留着用吧，我到了延安后马上给您来信。我走的事您暂时莫向外面说。"接着他又托付我父亲常去看看外婆。我父亲流泪哽咽地说："你放心去吧，家里的事有我！望你平平安安到延安。到那里后，你把我们的情况告诉大伯，只希望他领导八路军，早点儿赶走日本鬼子！早点儿打回来！"又说："你跟着大伯好好干，要为你父亲报仇。"楚雄哥默默地点了点头，叔侄俩分手了。楚雄走了好远，他回头望见我父亲还站在月光下，喊道："叔叔，你快打转吧，我们一定会回来的！"父亲这才慢慢打转往回走。

幸运的是，毛泽连是新中国成立后韶山亲友第一个进京看望毛泽东的人。这也纯属偶然。一九四九年，韶山解放，人民解放军来了，老百姓欢欣鼓舞。第四野战军一三八师师长任昌辉派人去韶山打听毛泽东亲属的下落，第一个见到的人就是毛泽连。当任吕辉确认他是毛泽东的堂弟后，立即安排他进京。于是毛泽连和毛泽东的姑表弟李柯（李祝华）就成了韶山第一批去北京的客人。他俩由四野派专人护送，经武汉，踏上了去北京看望分别了二十多年的三哥毛泽东的旅程。

这天，当秘书叶子龙把韶山老家来人的消息告诉正在批阅文件的毛泽东时，毛泽东简直不敢相信，半信半疑地问道："来客人了？韶山来的？"一脸的惊喜如阳光洒在脸上，"他们是什么时候来的？都是谁来了？"自一九二七年就一直没有回过韶山的毛泽东，怎么也不会想到离开家二十多年，他日夜思念的家乡竟然有亲人来北京看他。

"客人是昨天到北京的，据介绍，一个是您的堂弟毛泽连，一个是您的堂表弟，姓李。"叶子龙说。

"啊，是九弟润发来了！"毛泽东掩饰不住自己的兴奋，"太好了！"

因为工作，毛泽东当天没有时间和毛泽连见面，就定在第二天上午在中南海菊香书屋见面。

一见面，毛泽东就伸出大手和毛泽连、李柯紧紧地握在一起。

毛泽连激动地握着已经是国家主席的毛泽东的手，话还没有出口，就泪如泉涌，眯缝着眼睛望着毛泽东："主席三哥……"

毛泽东感动地说："你就是泽连——润发九弟吧？"

"我是润发呀！"毛泽连泪流满面，声音颤抖着，"我这次和表弟一同来北京，是代表家乡人民来看望您的。"

"好！好！"毛泽东激动地说，又关切地问李柯，"你父亲叫李星明吧，还在不在？"

"家父已经去世多年了。"李柯激动不已地回答道。

"那姑妈呢？"

"还在。"

坐下后，毛泽东感叹地说："几十年不见了，都有些认不出了。我很想念你们，也很想念家乡。你们来了，真是太好了！"

在中南海，分别二十四年的兄弟相逢了。悬殊的身份地位，没有阻碍脉脉的亲情交流；半生的磨难与坎坷，在紧握双手时得到了理解与慰藉。当兄弟俩谈到，毛泽民、毛泽覃、毛楚雄包括姐姐毛泽建、兄长毛泽华在内及毛福轩等许多人牺牲的情景时，毛泽连在毛泽东面前痛哭失声，不能自已。

见面后的第三天，毛泽东叫儿子毛岸英和秘书田家英将毛泽连送到协和医院，住院治疗眼睛。为避免进一步影响右眼，主治大夫建议毛泽连摘除左眼球。其间，毛泽东专程到医院看望毛泽连，毛泽连说："三哥，医生建议我装一只假眼球。"毛泽东说："假眼球，只是个装饰，看不见，只能做个配像，而且需经常清洗，很麻烦。"因刚刚解放，国家非常困难，毛泽连非常理解毛泽东的想法，为了节约，他主动说："既然看不见，还不如不装这个假眼球。"经过近两个月的治疗，毛泽连的右眼恢复到能看见一点点微光。

毛泽连住院治疗期间，护理和生活中的大事小事，都由毛泽东派家人照料，不给政府工作人员添麻烦。毛泽东嘱咐毛岸英、李敏、李讷轮流送饭，搀扶照顾。江青对毛泽连也十分尊重，好几次亲自下厨包了饺子，做了可口的稀饭、小米粥等送给毛泽连补充营养。毛泽连说："江青包饺子的手艺相当的高，一手一次能拼出几张饺子皮。"毛泽东在百忙中尽量安排时间陪毛泽连一起吃饭，并亲自把饭盛好，把菜夹到他的碗中。毛泽连的医疗费、住院费和衣物都是毛泽东从自己的工资中支付的。

在北京住了两个多月，毛泽连和李柯觉得麻烦三哥这么久了，心里有些过意不去，就主动要求回家。毛泽东挽留他们多住了几天。临行前，毛泽东特别叮嘱毛泽连说："九弟，你有困难，回去以后，不要去麻烦政府，你的困难我知道，我今后如能帮你接济点儿就接济一点儿。你是我的亲戚，凡事要在乡亲面前带个好头，不能大事小事都去找政府。"

毛泽连诚恳地点头答应了，此后他的确是按照"主席三哥"的话去做的。毛泽连一回家，他上北京见到毛主席的事一下子轰动了整个韶山，中共湘潭县委也很快知道了，主动上门将毛泽连患病的母亲送往县医院，后又转往长沙湘雅医院就诊。但老人的病情始终未见好转。

上有老下有小，自己又重病缠身的毛泽连，生活的负担确实越来越重，可这位纯朴的农民并未因为自己的三哥是国家主席而向政府要这要那，始终牢记毛泽东的话，安心地种着自家的几亩水田，勉强维持生活，在乡亲们面前带了个好头。一九五〇年九月，毛宇居、文梅清和张友成到北京见到毛泽东，在谈及乡亲们的生活时，特别提到了毛泽连一家的困难，请求是否可以给地方政府打个招呼给予适当照顾。毛泽东说："泽连的困难我晓得，现在也不是泽连一人有困难，我要解决全国人民的困难，如果我只解决他一人的困难，那我这个主席就不好当了。当然，泽连的困难我自己会尽力接济的。"

　　一九五一年，为了给母亲治病，毛泽连陪母亲住进在长沙工作的远房侄儿毛远佛家中。但治疗一段时间后，病情并没有什么好转。于是两人商量，由毛远佛执笔给毛泽东写了一封信，希望能将母亲送北京治病，毛远佛也顺便提出上北京学习的要求。没过多久，毛泽连、毛远佛就收到了毛泽东的回信——

　　泽连、远佛：

　　　　来信收到。

　　　　慰生六婶及泽连均不要来京，也不宜在长沙住得太久，诊病完了即回韶山为好。现在人民政府决定精简节约，强调反对浪费，故不要来京，也不要在长沙住得太久。泽连家境困难，待将来再设法略作帮助，目前不要靠望。

　　　　远佛在印厂工作，可在工作余暇进行学习。

　　　　请你们代我问六婶好！祝你们都好！

　　　　　　　　　　　　　　　　　　　　　　　毛泽东

　　　　　　　　　　　　　　　　　　　　　　　十二月十一日

　　毛泽连牢记毛泽东的嘱托，收到"主席三哥"的来信，并没有张扬，而是将它悄悄地藏了起来。为人老实的他，理解作为领袖的毛泽东。

毛泽东对亲人要求十分严格，但他也不是那种坐视亲友的困难而不顾、没有人情味的冷面孔，他总是默默地帮助着有困难的亲属。在给毛泽连写了这封信不久，毛泽东就从自己的稿费中拿出二百万元（旧币，折合一九五五年三月一日发行的新人民币二百元，下同）寄给毛泽连，帮助"慰生六婶"治病。

　　但多灾多难的毛泽连祸不单行，一九五二年六月母亲刚刚病逝，他自己又不幸摔伤，全家唯一的劳力躺在了床上，孩子尚小，困难可想而知。毛泽东获悉后，非常挂念。七月十一日，他在给毛宇居的信中专门提到："接毛泽连的信，六婶病故，他自己又跌断了脚，不知实际情形如何，脚尚有诊好的希望否？他未提到要钱的话，不知他的生活尚过得去否？暇请查明见告。"同年十月二日，毛泽东在给毛宇居的信中再次提起毛泽连，说："毛泽连来信叫苦，母尚未葬，脚又未好，兹寄人民币三百万元，以一百万元为六婶葬费，二百万元为泽连治病之费。请告他不要来京，可到长沙湘雅医院诊治，如湘雅诊不好，北京也就诊不好了。"

　　一九五三年五月八日，毛泽连给"主席三哥"写了一封信，诉说自己的困境，要求进京诊病。毛泽东知道九弟是故乡诸亲友中最困难的一个，六月二十三日他很快就回了一封信：

　　润发贤弟：

　　　　五月八日的信收到。

　　　　你的眼病、脚病未好，甚念。仍以在家养治为宜，不要来京。因为湘雅医院诊不好，北京也不见得能诊好。

　　　　此复。

　　　　　　　　　　　　　　　　　　　　　毛泽东

　　　　　　　　　　　　　　　　　　　　　六月廿三日

　　毛泽东在信中再次拒绝了毛泽连的要求。可毛泽东并没有甩手不管他的这位穷兄弟，他一直心系着贫苦的九弟，用自己的稿费及时救济了毛泽

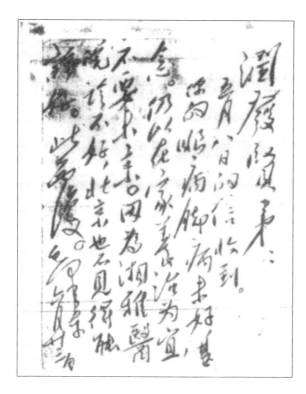

连。毛泽连就用这些钱安葬了母亲、医好了腿伤，他在最困难的时候，听"主席三哥"的话，真的没有去麻烦政府，给国家增加负担。对此，毛泽东极为赞赏，说："泽连算是带了个好头，我的亲戚们都应该向他看齐。"

一九五四年，毛泽东邀请毛泽连随同他的私塾好友邹普勋和韶山同乡谭熙春、毛锡臣进京。回家的时候，毛泽东给邹普勋三人都是每人一只崭新的皮箱，而送给毛泽连的却是一只自己用过的旧皮箱和一件枕套。

后来，毛泽连又准备去北京。毛泽东来信叮嘱说："要自己准备路费，不要麻烦政府。"毛泽东还记得送给毛泽连的那只旧皮箱，对弟弟有些歉意，打趣地说："润发，上次没给你买新皮箱有意见吧！这次买只新的带回去。"毛泽连说："三哥，老弟穷了半辈子，哪里还能讲排场。"但毛泽东未食言，真的买了只新皮箱送毛泽连。

一九五六年，毛泽连眼病再次复发恶化，不得不到北京治疗。毛泽东不仅会见了他，而且医药费用全部替他负担。毛泽东婉转地示意他不要在北京住得太久，毛泽连非常通情达理，说："三哥，我是来治病的，不是来住的，病好了我就回去。这次来没有带什么礼物，三哥您不要见怪。"毛泽东说："不要送什么东西，我们是兄弟，不是外人。"毛泽连转达了乡亲们盼望毛泽东早日回故乡看一看走一走的心愿，毛泽东哈哈笑起来说："我会回去的。乡亲们多次邀请，实在欠了他们的情啊！"

一九三七年十月，毛泽连送弟弟毛泽青去了延安。戎马生涯十二年，直到新中国成立后，毛泽青心里还惦着家里给他娶的那个童养媳庞淑谊。真是姻有前缘，庞淑谊也是十二年未嫁，有情人终成眷属。毛泽东听说这事后，非常高兴，就把毛泽青、庞淑谊夫妇接到北京。其间，毛泽东对毛泽青夫妇表示祝贺之外，还十分关心地说："泽连至今未成个家，又是身带残疾，干脆你俩多生两个（娃）过继过去，将来也好照顾他。"毛泽青当场答应了毛泽东。毛泽青生了三男三女，还没等办过继的事，毛泽连也在老家韶山娶妻生子了。原来，毛泽连从北京回家不久，地方政府就热心撮合湘乡县一个名叫张玉莲的女孩嫁给了毛泽连。张玉莲出身于书香门第，念过私塾，读过诗书，通晓琴棋书画，虽算不上大家闺秀，倒也算才貌双全的小家碧玉。新中国成立前，因家道中落，她沦落到地主家做女工，受过剥削、吃过苦。或许是命中注定，经政府牵线搭桥，张玉莲同意了这门婚事，和毛泽连喜结连理。不惑之年，毛泽连终于喜得千金，取名毛小青。毛小青说："我从小就是父亲最喜欢的'贴心小棉袄'，成为父亲离不开的'拐棍'、'耳目'。记得我很小的时候，父亲总是很遗憾地说看不清我长得什么样，乡亲们都告诉他，我长得和泽建姑姑一个模样，这让我的父亲心中颇为安慰和自豪，连我自己都强烈地感觉到父亲对我这个女儿的爱和毛家老人们对泽建姑姑的爱一样厚重。"

一九五九年六月二十五日，毛泽东终于回到了阔别三十二年的故乡。毛泽东派车将毛泽连接来叙谈，并与他全家合影留念。当毛泽东看到毛泽连的一对儿女时，心中十分欣慰，慈爱地抚摸着毛小青姐弟俩的头，亲切地向毛泽连的妻子张玉莲询问孩子的成长情况。后来，毛泽东还对他的警卫队长陈长江说："我的这弟弟好福气啊！找了一个好漂亮的老婆。"毛泽东无时无刻不在关心着他故乡这个最穷的弟弟，连续十年委托中央办公厅秘书室从自己的稿费中给毛泽连寄钱，每次都二三百元不等，直到湘潭县民政局把毛泽连作为烈属予以抚恤为止。到了晚年，患病的毛泽东躺在病床上还把李敏、李讷姐妹俩叫到身边，语重心长地说："我快不行了，有件事情只好请你们去做，家乡还有两个叔叔，连饭都吃不饱，你们要经常回去看看。"这两个叔叔，一个是毛泽荣，一个就是毛泽连。

毛泽连是毛泽东故乡诸亲属中最早去北京看望毛泽东的人，也是去北京次数最多的一个，共十一次，而他也是毛泽东最贫穷也最为牵挂的一位兄弟，但毛泽东从来没有利用自己手中的权力为弟弟解决任何个人问题。毛泽东在"小家"与"大家"、在"公"与"私"、在"个人"与"集体"、在"家"与"国"面前，始终不偏不私地站在国家和人民的立场上，对自己的亲属严格要求；始终以国家利益为重，不徇私情，不谋私利，这种清明廉洁的政风、家风给共产党人树立了光辉的榜样。而在毛泽东写给其他亲属的家书中，也始终如一地贯穿着这种精神。毫无疑问，毛泽东这种阳光一样高贵的品质，正是人民拥戴他的原因。

不说假话的毛泽荣告诉毛泽东："你住在北京城里，不知道。现在乱了套，会饿死人哩！"

在毛泽东的堂兄弟中，从血缘关系上来讲，毛泽连和毛泽荣与毛泽东最近；从家庭经济生活上来讲，也偏偏是他们两个最为困难。

毛泽荣，小名宋五，也作逊五、胜五，有时也写作泽蝶，生于一八九七年五月二十六日，比毛泽东小四岁。

毛泽东一九二五年回韶山开展农民运动时，多次到过毛泽荣家。这个性格耿直血气方刚的堂弟，在三哥毛泽东的教育和影响下，参加农民协会担任通信员工作，参与了"平粜"活动。大革命失败后，韶山也笼罩在白色恐怖之中，毛泽东的亲属处境都十分危险。毛泽荣同样受到国民党反动派的追捕，被迫流浪他乡，改名毛冬青在华容、沅江等地种田谋生。直到十年后的一九三七年全国抗战爆发，毛泽荣才得以回到韶山，但此时因为房子已经被他人变卖，他实际上已经是无家可归。无奈之下，他只好投奔杨林外祖父家，以种田为生，艰难度日，直到湖南和平解放。

一九四九年十月新中国成立了，毛泽荣和所有毛泽东的亲人们一样，激动万分，立即给当了国家主席的三哥毛泽东写信问候，反映家乡情况，表达思念之情。而毛泽东也没有忘记他的这位兄弟。这年九月，解放后韶山第一个见到毛泽东的毛泽连和姑表弟李柯（李祝华）到北京后，毛泽东还特别向他们询问了毛泽荣的情况。毛泽连把毛泽荣家的困境如实相告，说："主席三哥，五哥的情况真是蛮不好呀，他和堂客李顺芝的眼睛都不太好，身边只有一个养女，没有穿过一件像样的衣，连饭都吃不饱，苦不堪言哩。"

听了九弟的介绍，毛泽东这个三哥非常同情这位性子耿直的五弟。毛泽连临行前，毛泽东特地买了一件皮衣料，托毛泽连和李柯转交毛泽荣，同时在十一月二十八日还给五弟写了一封信：

宋五弟：

　　接到你的信，极为高兴。

　　我这里的情形，可问李祝华、毛泽连二位便知。

　　托毛、李带上皮衣料一件，为弟御寒之用。

　　顺祝健康！

毛泽东

一九四九年十一月廿八日

自从与毛泽东有了联系之后，毛泽荣和毛泽连一样，差不多每年都能接到毛泽东的周济和照顾。这是令毛泽荣感激不尽的。但时间一长，三四年一过，毛泽荣心里越来越觉得有块疙瘩解不开，对毛泽东这个三哥有些"意见"了。为什么呢？要知道，从血缘上讲，毛泽荣和毛泽连一样，是毛泽东最亲近的堂兄弟。毛泽连在一九四九年新中国成立之初就去了北京见到了"主席三哥"，如今都四年过去了，韶山的乡亲们到北京去了一拨又一拨，却偏偏没有他毛泽荣的份儿，就是轮也该轮上他了，许多乡亲还半冷半热地说他几句："你什么时候去北京看望三哥主席呀？为何一直不见毛主席邀请你呀？你看那些不是主席亲戚的人都去了，怎么你还不如他们亲呀！"这令毛泽荣更是恼火，于是有"心病"了，他想：他们能去北京我为啥不能去？难道是"主席三哥"对我有什么意见，对我另眼相看？不管怎么说总得给我一点儿"面子"吧。

于是一九五三年四月九日，毛泽荣再次给毛泽东写了一封信，一是表达感激之情，二是要求进京看望，还给毛泽东寄去了家乡的茶叶、火焰鱼等土特产。他心想，这次三哥毛泽东应该满足他到北京去的要求了。

不久，毛泽荣就收到了"主席三哥"五月二日的亲笔回信：

泽荣贤弟：

　　四月九日给我的信及惠赠食品，均已收到，谢谢你。

　　因你眼睛有病，路上行动恐怕不方便罢，似乎不必来京看我。你有困难，可以相告，替你设法解决。

　　此复。祝你身体健康！

毛泽东
一九五三年五月二日

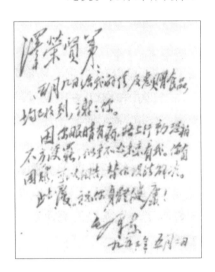

毛泽东致毛泽荣的信（1953年5月2日）

迫不及待地要求进京见"主席三哥"的毛泽荣，颤抖着打开信封，信读到一半，心也凉了半截。他有些不理解了，"主席三哥"怎么就不理解我呢？他想，尽管自己眼睛患了白内障，但也不至于不能出门走路呀！我好歹还是一个能够劳动的劳力呢！就算一个人去不了，不是还可以结伴同行嘛！毛泽荣的心中有了一丝埋怨，赌气再不给毛泽东写信了。

但就在这年的十一月，唐家圫毛泽东的表侄文九明拿着毛泽东在十月二十五日写给他的信，到毛泽荣家找他来了。这回文九明带来的信令毛泽荣几天几夜没有睡好，心中的疙瘩和一切埋怨一下子烟消雾散，往日的苦恼和烦闷也抛到了九霄云外，毛泽荣激动得不住声地说："主席三哥没有忘记我，没有忘记我。"

毛泽东在给文九明的信中说："毛泽荣，小名宋五，是我的兄弟，住在限门前，他多次来信想来京一行，请你找他一路同来。他没有出过门，请你帮忙他。他的路费亦由自备，由我补发。你们来时如可以不找省委统战部则不找，如无路费，可以持此信找统战部同志帮忙。路上冷，每人要带一条薄棉被。不要带任何礼物，至嘱。其他的人不要来。"

按照毛泽东的嘱咐，毛泽荣和文九明在十一月上旬到达北京。一身风尘满脸喜悦的毛泽荣和分别二十多年的"主席三哥"终于在中南海丰泽园里见面了。两兄弟一个一口一声"主席三哥"，一个一口一声"宋五老弟"，好不亲热。

毛泽东紧紧握着毛泽荣的于说："宋五老弟，你好呀！"

"还好，还好，三哥你也好吧？几十年不见了，这世道真难啊！"

毛泽荣说着，泪水从眼眶中掉了下来。

毛泽东也动情了，安慰说："这不又见面了，慢慢就会好起来的。"

在丰泽园，毛泽荣看着客厅四周都是满满的书架，就有些惊诧地说："主席三哥，你这房子不大哩！"

"怎么，和你想象的不一样吧？不过，够用了。"接着，毛泽东又转问毛泽荣，"宋五弟，你的眼睛治好了吗？"

"搭帮主席寄钱，治得及时，基本上保住了。"

"这就好。韶山没有条件，你到北京来了，就顺便去大医院检查一下，要根治，免得将来又犯，就不好办了。"第二天，毛泽东就派秘书陪毛泽荣去同仁医院检查了眼睛。

这天，毛泽东在家中请毛泽荣和文九明吃饭。吃饭时，毛泽荣发现餐桌上只有一碟花生米、一碗青菜、一个汤和一盘腊肉，他就有些纳闷儿，不解地问："三哥，你当了堂堂一国主席，平时就吃这些菜？"

"怎么？你怀疑我不把好吃的拿出来？"毛泽东笑着说。

"那倒不是。"毛泽荣连忙说，"我只是想，你要想的事多，不吃好一点儿，身体弄坏了就麻烦了。"

毛泽东笑着说："我身体这不是蛮好的嘛！"

吃着饭，毛泽荣又突然觉得不对劲，就问道："三哥呀，江青嫂子到哪里去了？怎么没看到吃饭呢？"

"你嫂子她生病住院了。"毛泽东说。

"能见得到不？"

"见得到。只是你这眼睛，只怕到了嫂子跟前也看不大清哟。"

毛泽东爽朗地笑着说。

几天后的一个晚上，毛泽东亲自陪着毛泽荣去医院看望他的这位"江青嫂子"。可到了医院，当毛泽东把江青介绍给毛泽荣的时候，江青只是点了点头，客气地说了声"两位好"，连站都没有站起来。回来的路上，毛泽荣一声不吭。江青对乡下客人的冷淡，使毛泽荣大为不快，很是扫兴。毛泽东似乎看出了毛泽荣的心思，轻声地说了一句："宋五，她就是这个脾气，她到底也是毛家的媳妇嘛。"

尽管江青不冷不热，但她毕竟是"主席三哥"的夫人，是自己的嫂嫂，毛泽荣也就不再埋怨了。倒是李敏、李讷，对他这位"五叔"都非常尊敬，第一次见面时还行了鞠躬礼，这让毛泽荣很是高兴。

过了些日子，毛泽荣要回韶山了，毛泽东特地派秘书带着裁缝到招待所给毛泽荣量体裁衣。为他做了单衣、单裤、棉衣、棉裤和一件大衣，还送了一套棉被、一只皮箱和一箱酒，还有三百万元人民币（旧币）。这些礼物，毛泽荣大都收下了，唯有一箱酒不愿收。他说他不会喝酒。毛泽东就说："你在韶山有些亲戚朋友，又快过春节了，你来北京一趟，回去总得有点儿东西带给他们吧！"毛泽东这么一说，毛泽荣才收下。

到了北京，见到了"主席三哥"，毛泽荣终于圆了梦。欢天喜地回到韶山后，他立即给毛泽东写了一封信，除了按照毛泽东的要求介绍了家乡的"三农"状况，还特别提到了"江青嫂子"，表现了对她的关心和敬重。一九五四年六月二十四日，毛泽东也给他写了回信：

胜五弟：

你给我的信都收到了，很高兴。江青病况略有进步，她对你的关怀，甚为感谢。孩子们都好。你们都好吗？祝进步。

毛泽东

一九五四年六月二十四日

毛泽东在信中专门强调了"江青病况略有进步，她对你的关怀，甚为感谢"。这或许也是毛泽东对毛泽荣在北京见到江青时遭冷遇而表达的一种歉意吧？

毛泽荣性格耿直，敢于说真话，也乐于为农民说话。他多次向毛泽东写信反映乡间实际情况和急需解决的问题。半年后的十二月十八日，毛泽东又给毛泽荣回了一信：

胜五弟：

你的信收到了。

你要求明年四月再来北京一次，我认为可以。还有毛仙梅想来，你可和他一道来。在北京住一个月回家。

寄上人民币二百万元，以助日用。

顺问近安。

毛泽东

一九五四年十二月十八日

毛泽东致毛泽荣的信（1954年12月18日）

按照毛泽东的约定，一九五五年四月，毛泽荣和毛新梅烈士的弟弟毛仙梅等一起进京。毛泽东在中南海家中宴请他们，席间，毛泽荣见毛泽东爱吃红烧肉，就说："三哥回韶山，我们餐餐搞红烧肉给你吃。"

"那好！那好！"毛泽东高兴地说，"你们能经常吃到红烧肉吗？"

这时，毛泽荣放下筷子，一脸凝重地说："莫说吃肉，好多人家连饭都没得吃！"毛泽东一听，觉得事情很严重，就问原因。毛泽荣就告诉毛泽东说：去年秋，中央来了文件，为保证工业化的需要，粮食实行统购统销，除每人每天一斤定量外，全部由国家统一收购。可这么定量，对下地干活的农民来说，哪里能填饱肚子呢？吃一餐都勉强。眼下正值青黄不接的春季，借贷无门，韶山有百分之四十的人饿肚子。

毛泽东沉默了。许久，他才认真地说道：我了解的情况没有那么严重，看来我没有十足的官僚主义，也有五成呢。只有你才肯讲真话。于是，毛泽东立即让秘书把在京的中央领导都请到他家来。很快，刘少奇、周恩来、宋庆龄、彭德怀、彭真等都来到丰泽园。毛泽东就让毛泽荣说说农村农民的生活实情，汇报乡间缺粮的情况。毛泽荣毫无胆怯地说："你们领导闹革命，我举双手赞成，就是粮食要充足点儿。"周恩来总理解释说："现在国家搞建设，有些困难，要注意节约，北京的机关事业单位星期天只吃两顿。"毛泽荣说："乡里没有多少油吃，城里还有副食卖，当然够了。"毛泽东见谈得差不多了，忙打住话头说："好！好！泽荣暂时莫讲了，我们开会研究。"

两天后，刘少奇又来向毛泽荣了解乡间统购统销的具体做法和农民的实际困难。不久，毛泽东和刘少奇到湖南视察工作。据统计，一九五四年全国粮食统购多购了七十亿斤，农民的确有些意见。

从北京回来后，性格耿直的毛泽荣仍然为农民说真话，但这让他吃了不少的亏。为此，他还多次致信三哥毛泽东，要求进京反映问题。一九五六年四月二十日，毛泽东给毛泽荣回了一封短信，说：

泽荣贤弟：

多次来信，均收到了。你今年不要来京，明年再讲吧。

顺祝健康！

毛泽东

一九五六年四月廿日

毛泽东致毛泽荣的信
（1956年4月20日）

毛泽东没有同意他进京，毛泽荣倒没有什么意见，也没有责怪"主席三哥"。但让他百思不得其解的是，一九五九年六月毛泽东回到了韶山，请了那么多的乡亲在松山宾馆吃饭、照相，却偏偏没有请他毛泽荣。尽管出面阻拦他去见三哥的是地方政府，但起码"主席三哥"在阔别故乡三十二年才回来的时候，怎么可能不会想起他这个"肯讲真话"的弟弟呢？更何况这次宴会韶山公社没有让被划为富农的毛碧珠（毛泽东堂弟）参加，毛泽东还生了气，特地派人把他找来参加宴会，还照了相。私下里，毛泽荣觉得可能因为自己曾替"右派"说过情，"主席三哥"怪罪他而不愿与他见面了。因此这段日子，他的内心特别痛苦，又十分无奈。

　　一九五八年开始"大跃进"，一九五九年又开始"反右倾"，因为中央指导方针上的失误，国民经济出现了严重困难。韶山也不例外，农民的生活极其困难。毛泽荣在家里又坐不住了。一九六〇年九月，他没打招呼独自来到北京，要见"主席三哥"。因为正值国庆节，毛泽东很忙，他就径直来到中南海警卫局，请人打电话求见毛泽东。几天后，他终于见到了"主席三哥"。一见面，毛泽荣像竹筒倒豆子似的，把社队干部虚报产量、不科学种田、盲目下令密植造成减产、谁提意见就给谁扣"反党反红旗"的大帽子，以及大队大割"资本主义尾巴"，将社员养的家禽全部没收等情况一一汇报给毛泽东。最后，他还告诉主席三哥："你住在北京城里，不知道。现在乱了套，会饿死人哩！"

　　毛泽东知道他这个"胜五弟"不会说假话，就问道："现在口粮怎么分？"

　　"小孩子三两，大人一斤。"

　　毛泽荣进京"告状"给毛泽东留下了极为深刻的印象。一个月后，中央发出了《关于农村人民公社当前政策问题的紧急指示信》，指出要坚决纠正"共产风"，允许社员经营自留地和小规模家庭副业。

　　到了一九六二年冬天，毛泽荣又一次得到了进京看望毛泽东的机会。兄弟二人相见，毛泽荣没有称呼毛泽东"三哥"，而是恭恭敬敬地叫了声"主席"。毛泽东或许没有注意到这细微的变化，依旧热情地将这个五弟请进客厅，希望像前几次一样，再听听这位性格耿直的庄稼汉实话实说。然而，这次的毛泽荣也真的变了，心中似乎有所顾忌了。一开口，他只是讲自己的困难："家底子穷，老伴有病，我的眼睛又不大好，身边又无儿女，我实在有困难啊。"听罢五弟的诉苦，毛泽东温和地说："泽荣，你有困难，我是知道的。我理解，也同情。但是，我是党的主席，要为大多数人谋利益，不能只考虑你一个人的利益。"

毛泽荣没有吭声。

"目前国家处于困难时期，全国人民都在过紧日子。我这个主席当得不好，我有责任啊！"毛泽东沉重地说，"过去，我们有很多失误的地方。这些，对不起人民啊！但是，今后还是要依靠党的领导，依靠人民群众自力更生，艰苦奋斗。"

与以往不同，这次，毛泽荣只是默默地听着，他没有插言，也不想插言，只是听"主席三哥"不停地说："现在，我们国家面临着这么多的困难，全党上下，全国人民都同甘共苦，这个，你也不能例外呀！"

毛泽荣点了点头。

"苦日子苦到什么程度，我也知道，但这只是暂时现象。当地人民过得去，你也过得去，就不要去找政府了。"说到这里，毛泽东特别叮嘱道，"你是我的亲戚，不能搞特殊化，不能高人一等，今后你来北京，要经过我的批准。"

毛泽荣听了这句话，心里有些不高兴，但"主席三哥"的话句句在理，他无话可说。在毛泽荣回韶山时，毛泽东叫秘书用自己的稿费为他买了一件羊皮大衣，另外还送给他二百元钱。同时，毛泽东还让他给杨林公社带去了一封信，信中说："今后毛泽荣来京，要经过我的同意。"此后，毛泽荣一直在家种田，他曾多次提出要进京看望三哥，但均未获准。一九六八年，毛泽荣又独自去了北京一趟，但没有见着"主席三哥"，怏怏而返。这在外人看来，好像毛泽东已把这位"五弟"给忘记了。其实不然，自一九六二年后，兄弟俩虽然未见过面，但毛泽东总让身边的工作人员给毛泽荣寄钱，而且每次都在二百元左右。对此，毛泽荣是心存感激的。

一九七二年，毛泽荣最后一次与他的"主席三哥"在中南海见面了。此时，毛泽荣已经七十五岁，毛泽东也年届八十。这次是在毛泽荣再三恳求之下，公社的领导才放行的。而红墙里的毛泽东在经历了一九七一年的林彪叛逃事件之后，身体与心境已经与往日大不相同了，他也渴望着见到他故乡的亲朋好友。而自从一九六六年"文化大革命"爆发五年来，那些和他一起出生入死的战友们，有的被打倒了，有的被放逐了，有的在险境中支撑危局，有的甚至已悲惨地死去……而五年前他第二次到故乡韶山时也没有像第一次那样走到乡亲们中去，只是一个人孤独地待在滴水洞里。此后，他就很少见到故乡的乡亲们了。在"文化大革命"中，堂弟毛泽连进京，他没有见；堂弟媳张玉莲进京，他没有见；外甥女陈国生、侄儿媳韩瑾行进京，他也没有见；就连几十年的密友、湖南省副省长周世钊一九六七年要求晋见，他也未予同意。这是为什么呢？仅仅是因为太忙吗？把发动"文化大革命"当作自己毕生干的两件大事之一的毛泽东，或许自己也无法解释他为什么这么做。

　　晚年多次陷入昏迷状态的毛泽东多次对女儿李敏、李讷和身边工作人员表达了希望与韶山亲友见面的愿望。如今，他爱说真话的五弟毛泽荣来了，毛泽东真是高兴啊！在中南海游泳池那间宽阔的客厅里，当毛泽荣看到主席三哥在张玉凤的搀扶下颤颤巍巍地站起来时，看见明显衰老了许多的三哥，毛泽荣心中顿时涌起一阵酸楚，赶忙走上前去，扶着毛泽东在椅子上坐下。

　　"泽荣啊，你怎么这么久也不来看我呀？"毛泽东似乎有些埋怨地说，或许他已经忘了当年写给杨林公社的那封信。毛泽荣紧紧握着"主席三哥"的手，这次他没有叫"主席"，而是满含深情地喊了一声"三哥"，然后坐在了毛泽东的身边。

　　"泽荣呵，还有泽连，怎么就这么多年不来看我呢？"毛泽东又问了一句，眼角里噙着泪花。

　　"三哥，我们都想看你呢！我们都想来看你，但又怕打扰你的工作，就，就……"

"所以就不到我这里来了？"毛泽东接过了毛泽荣的话，"就连我也不看一下了？"

心心相印，息息相通。毛泽东接二连三的埋怨，一下子把毛泽荣心中所有的块垒一扫而光，兄弟间的情谊一下子如穿过云层的晴朗阳光，照耀在心田，所有的委屈和辛酸，所有的责怨和不解，在这一瞬间好像阳光下的露珠，一下子就消失得无影无踪。

"一九六六年六月，我又去过一次韶山。"毛泽东将头仰靠在沙发靠背上，侧着头对毛泽荣说，"因为不得空，我没去看你们，没去看乡亲们，也不晓得乡亲们对我有什么意见没有？"

"也是后来才晓得这件事。"毛泽荣回答说，"不过，当时也听到些风声，说是你来了韶山，住在吊须洞（滴水洞），有一个团的人为你站岗。但是这些话不敢公开议论，只在暗地里传播着。"

"为什么不敢公开议论呢？"毛泽东好奇地问。

毛泽荣没有正面回答毛泽东，而是转了一下角度说："其实你来的当天，就有人看见你了，那是毛继生屋里的细妹子。那天，细妹子在东茅塘公路边的山上扒松毛屑子，看见有一排车往吊须洞开，其中有一辆车上就坐着你。你当时正撩开窗帘往外张望。细妹子见你来了，高兴地赶回家，告诉家里人说，毛主席回来了。这还是下午的事，晚上就有公安局的找上了门，说主席没有回来，不许乱讲。细妹子吓得再也不敢讲二话了。"

毛泽东认真地听着，没有作声，过了许久才问道："你怎么不说话了？"

"三哥，乡亲们还是希望你回去转一转，都念着你呢！一九五九年那一次你回去时，我虽然没见到你，但后来听人讲，那真是韶山的节日啊，男女老少，比办喜事还高兴呢！"

"你告诉乡亲们，我毛泽东会回来的，这一次回来了，也就不走了，落叶还要归根呐！"毛泽东的话语里透出一丝悲凉。

时间过得真快，会见已经大大超过了预定的时间。护士进来了，卫士也进来了，都劝毛泽东休息。但毛泽东思维依然活跃，谈兴很浓，他跟毛泽荣不仅谈到国内的形势，还讲到国际形势，讲到了"三个世界"的划分和美苏两个超级大国争霸，甚至讲到了原子弹和中国的民兵师。最后，他深沉地说："现在，我们国家还有些困难，科学技术也还不发达，我们大家都要努力，要赶上才行啊！"

五年后的一九七七年九月，当毛泽荣随着湖南瞻仰毛主席遗容代表团再一次踏上北京的土地时，他的"主席三哥"已经告别人世一周年了。毛泽荣看着静静地躺在鲜花翠柏丛中的毛泽东，老泪纵横，颤抖地喊了一声："三哥，我是逊五啊，我看你来了！……"

一九八六年二月九日，毛泽荣病逝，享年八十九岁。

有师生情义的堂兄毛宇居是毛泽东在北京与韶山之间的特殊"使者"

在毛泽东写给故乡亲友的家书中，外家要数表兄文运昌最多，族亲要数毛宇居最多。而这位年长毛泽东十二岁的毛宇居，既是毛泽东的堂兄，又是毛泽东少年时代的塾师。这种特殊的关系，也造就了毛泽东和毛宇居之间特殊的情谊。

毛宇居字先甲，派名泽启，号宇居，亦作禹居、疏珠，别号"守一子"，家住毛泽东祖居地东茅塘北侧的萃嘉塘。毛宇居家是韶山冲的书香门第，其祖父毛兰芳曾在清末任过九县的县主官，著名的"韶山八景"诗就出自他的手笔；其父毛福生是国子监监生，叔父毛麓钟是韶山唯一的秀才。毛宇居自幼受家庭熏陶，饱读诗书，在韶山享有"纯儒"的美誉。

血隔几代，情融一家。尽管毛泽东和毛宇居是出了五服的堂兄弟，但两家的关系一直走得密切。毛泽东父母结婚时，还是毛福生帮助操办的婚事。

一九〇六年秋，毛泽东从桥头湾私塾投奔毛宇居门下就读。父亲还特别嘱毛宇居要对毛泽东"严加管教"。毛泽东少年聪慧，但也十分顽皮，这让教过他的老师和父亲都大伤脑筋。但毛宇居管教甚严，对调皮的更是苛刻，轻则批评打手板，重则罚站罚跪，弟子们因此十分惧怕。但毛泽东似乎不以为然，还从不叫毛宇居作先生，而是开口闭口地以"大哥"相称，这令毛宇居很不满意，但毛泽东的聪慧又让他大为赏识。

毛泽东最喜欢阅读旧小说之类的"杂书"，但却遭到毛宇居的反对。有时候毛泽东就把这些"杂书"藏在教科书的下面偷着看。

因为管教严格，毛泽东还是认真阅读了像《春秋公羊传》、《左传》、《随园诗话》、《三国志》、《唐诗三百首》等古典文学和史学名著，这让毛泽东受益终生。当年同学郭梓材回忆说："学生除了泽东以外，我，我哥哥梓阁，义兄耿侯，堂弟桂五等等……泽东同学从小异常聪慧，记忆力特强，过目不忘，他既不喜欢读《三字经》，也不喜欢读《四书》。老师要惩罚他，他就和老师'捣蛋'。他喜看各种小说。那时候，他是一个仅十多岁的小孩子，但在我们心目中已经是一个公认的领导者了。他不但带我们和老师造反，反对那种旧传统，而且打游戏仗，他也起着一种组织作用，由他当指挥，发号施令，叫我们冲锋。"同学刘洪授回忆说："老师出'破题文章'要大家做。他做得快，总是交头卷，还常常帮别人做。他待人很有礼貌，敢作敢为。他常对人说：'逢恶就莫怕，逢善就莫欺。'"毛宇居也回忆说："毛泽东在这里读的是《春秋》、《左传》等经史子集，他最爱的是那些《精忠传》、《水浒》等中国古典小说。"

对这段私塾生活，毛泽东回忆说："我熟读经书，但我不欢喜那些东西。我所欢喜读的是中国古时的传奇小说，尤其是关于造反的故事。在我年轻时，我不顾教师的告诫，读了《岳飞传》、《水浒传》、《反唐》（《隋唐演义》）、《三国》（《三国演义》）和《西游记》等书，而教师则深恶这些不正经的书，说它们害人。我总是在学校里读这些书的，当教师走过面前时，就用一本经书来掩盖着。我的同学大多也是如此。我们读了许多故事，差不多都能够背诵出来，并且一再地谈论它们。关于这类故事，我们较本村的老年人还知道得多。他们也欢喜故事，我们便交换地讲听。我想我也许深受这些书的影响，因为我在那种易受感动的年龄时读它们。"

一九二五年，毛泽东与夫人杨开慧一起回韶山开展农民运动，多次拜访毛宇居。而毛宇居对于毛泽东的革命活动非常支持。一九二七年元月，当毛泽东回家乡搞农民运动考察时，毛宇居作为乡营，在毛震公祠敲锣打鼓地欢迎毛泽东，并致欢迎词，云："毛君泽东，年少英雄，到处奔走，为国为民。今日到此，大家欢迎……"大革命失败后，毛泽东转战井冈山，自此两人失去了联系。

一九三七年全国抗战爆发后，毛宇居得知毛泽东已经是中国共产党、中国工农红军的最高领导人时，高兴至极，并积极支持侄子毛远耀奔赴延安参加革命。

一九三七年十一月，长沙大火后，毛泽东弟媳周文楠一家无处安身，于是周文楠就携母亲周陈轩、哥哥周祖余和儿子毛楚雄回韶山居住。毛宇居对周家生活非常关心，一边安排周文楠在毛氏宗祠教书，一边将毛楚雄接到自家读书，还不时送点儿生活用品。因为国共合作共同抗战，这时韶山和延安已经恢复了通信，毛宇居就把周家的情况写了一封信告知毛泽东，并介绍亲戚谭季余去延安工作。

接到毛宇居的来信，毛泽东非常高兴。一九三八年五月二十六日，他回信说：

宇居兄左右：

　　五月十日信收读。谭季余以不来为上。楚雄等已寄微款，尔后可略接济一点儿。请督其刻苦节省。周先生留居韶山甚好，应看成一家人，不分彼此。此复。即颂时绥！

弟　毛泽东
五月廿日

随着抗战的节节胜利，身居韶山的毛宇居也读到了毛泽东《论持久战》《改造我们的学习》等著作，更加敬佩毛泽东这个学生了。一九四一年，毛宇居和毛国翘在主修毛氏族谱时，在族谱中对毛氏三兄弟给予了极高的评价。称毛泽东是："问中肆外，国尔忘家"，称毛泽民是"琳所

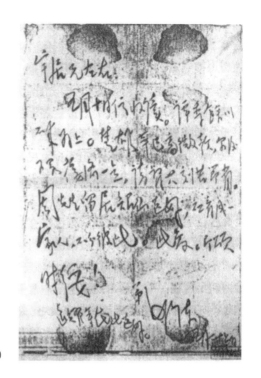

毛泽东致毛宇居的信（1938年5月20日）

齐民"，并收入了周祖余撰写的《毛泽覃先生行状》。而在那个年代，他们对毛泽东的赞颂是需要巨大的勇气，冒着一定的风险的。值得一提的是，毛宇居还冒着生命危险将毛泽东早年在湖南第一师范的读书笔记《讲堂录》，从反动派焚烧的火堆中抢救并保存下来，在新中国成立后无偿捐献给国家。

到了一九四九年，新中国成立了，一个人民当家作主的新时代来了。毛宇居抚今追昔，文思泉涌，以《导师颂》为题创作了十首七律，赞颂毛泽东。其中有两首这样写道——

一领青衫运远谋，手无寸铁敌王侯。

拔山立海翻天浪，斩草除根解逆流。

饥溺为心能得众，黔黎请命矢同仇。

最难主义坚金石，百折不回气逾遒。

思想行为自得师，开诚领导广推为。

成军百万皆精练，立法三章更创奇。

人道信心遵马列，谁知济众媲牟尼。

一腔热血关天下，国尔忘家志不移。

毛宇居将写好的十首诗歌和一封长信，一并寄给北京的毛泽东。毛泽东收到信和贺诗后，很是感动，在一九四九年十一月二十八日回信一封，请第一个来北京看望他的族弟毛泽连和姑表弟李柯带回。毛泽东在信中说：

禹居家兄：

惠示并诗敬悉，极为感谢。此间情形，泽连当可面达。顺问阖族各前辈同辈后辈人们的安好，贵宅各兄弟子侄的健康。

毛泽东

一九四九年十一月廿八日

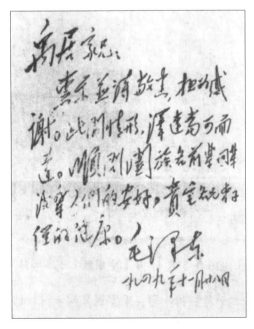

毛泽东致毛宇居的信
（1949年11月28日）

这是毛泽东在新中国成立后给毛宇居写的第一封信。而在此后的日子里，毛宇居和毛泽东这两位有着师生关系的堂兄弟，书信往来极是频繁，毛宇居也因此成为韶山收到毛泽东信件最多的人。因为毛宇居名重乡里、才学出众，与毛泽东关系特殊，因此许多乡亲们都通过他将乡情、民情以及困难、吁求和心声传递给毛泽东。而毛泽东也极为信任毛宇居，经常将一些事情委托毛宇居办理，许多给亲友的答复和馈赠也请毛宇居转交，甚至还请毛宇居帮助他接济困难的乡亲。比如毛泽东少年时代的学友邹普勋就是其中的一位。邹普勋的父亲邹春培也是毛泽东的塾师。快四十年过去了，毛泽东还不忘这位幼年的同窗伙伴。在毛泽连到北京的时候，毛泽东还反复问及邹普勋的情况。回到韶山后，毛泽连将他与毛泽东的谈话告诉了毛宇居。毛宇居听后十分感动，就抽空将故乡亲友的生活情况写了一封信给毛泽东，还特地把邹普勋的困难状况写了进去。

一九五〇年五月十五日，毛泽东回信给毛宇居，说：

宇居兄：

　　迭接数函，极为感谢。乡间情形，尚望随时示知。邹普勋（亨二）如十分困难，病情又重时，如兄手中宽裕时，请酌为接济若干，容后由弟归还。另纸请交邹普勋为祷。即颂健康。

毛泽东

一九五〇年五月十五日

信中"另纸"是指毛泽东同时写给邹普勋的信，全文是："普勋兄：五月七日来信收到，感谢你的好意。贵体渐愈，甚慰。尚望好生保养。你家里人口多少，生活困难至何种程度，你自己还能劳动否，便时尚望告我。此祝健康。"由此可见毛泽东对毛宇居的信任。而毛宇居也遵照毛泽东的交代，将毛泽东的信面交邹普勋，并拿出自己不多的积蓄和财物接济了邹普勋，使邹家渡过难关。

从这件事情和以后的诸多事情来看，毛宇居已经成为毛泽东在韶山最

毛泽东致毛宇居的信
（1950年5月15日）

为信赖的联络人。如：一九五一年十一月十五日，毛泽东委托毛宇居一次就带给韶山故友谭熙春二百万元（旧币）、邹普勋一百万元（旧币）、六婶（毛泽连的母亲）一百万元（旧币）、邻居张四维和毛华珠衣料各四丈。对此，毛宇居也是乐此不疲，不负重托。

一九五一年元月，毛宇居和毛泽东唐家圫的表兄文运昌一起，被聘为湖南省文物管理委员会委员（后改任湖南省文史馆馆员）。作为毛泽东少年时代的老师，又是闻名乡里的"韶山一支笔"，毛宇居凭着自己对毛泽东少年时代的学生生活和成长过程的熟悉和了解，开始着于整理毛泽东青少年时代的故事，向来韶山参观的中外友人介绍少年毛泽东的事迹。

一九五一年三月，毛宇居将自己一边回忆一边采访整理的史料，写成一篇《毛泽东轶事》的长文，寄给毛泽东批阅，征求意见能否印发。对宣传个人一向慎重的毛泽东也很高兴，但兴致勃勃地看完之后，感觉不乏溢美之词，发表不妥，在四月五日就给毛宇居回了一封信：

宇居兄：

　　历次各信及最近长函均收，甚谢。诸承关怀，具见盛意。惟轶事有些内容不适合，似以不印为宜，原稿奉还。

　　复颂，兴居佳胜！乡友便此致候。

毛泽东
四月五日

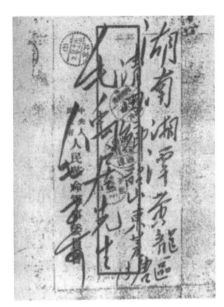

"惟轶事有些内容不适合，似以不印为宜，原稿奉还。"毛泽东委婉地拒绝发表宣传他个人"丰功伟绩"的文章，毛宇居撰写的《毛泽东轶事》一直未能公开发表。这或许是毛宇居的一大憾事，但也是毛泽东谦虚低调的人生品格的写照。

　　一九五一年九月四日，毛泽东致信毛宇居、表兄文梅清和好友张有成——

禹居、梅清、有成三兄：

　　接到梅清、有成二兄的信，想来京一游，我认为可行。如禹居兄有兴趣，亦可同来一游，来者以三

毛泽东致毛宇居的信
（1951年4月5日）

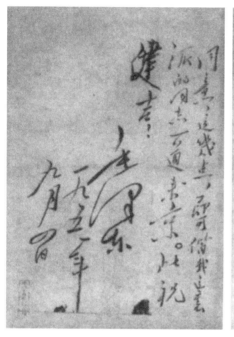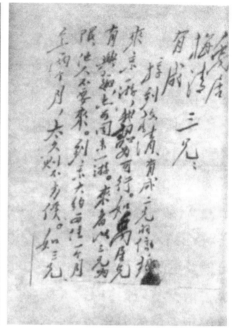

毛泽东致毛宇居、文梅清、张有成的信（1951年9月4日）

兄为限，他人不要来。到京大约可住一个月至两个月，太久则不方便。如三兄同意这几点，即可偕我这里派的同志一道来京。此祝健吉！

毛泽东

一九五一年九月四日

毛泽东派人到韶山把毛宇居接进北京。同行的还有表兄文梅清和好友张有成。毛宇居一行是九月二十三日抵达北京的。当晚，毛泽东就把客人从火车站接到中南海家中共进晚餐。

一见面，毛泽东紧紧握着毛宇居的手，感慨万千地说："宇居兄，多年不见，想念你啊！"

毛宇居激动得说不出话来，紧紧地握着毛泽东的手久久没有松开，反复念叨着："润之主席，润之主席，您好啊！"

寒暄之后，毛泽东还将儿子岸青和女儿李敏、李讷叫到跟前，给他们介绍毛宇居，说："这是从韶山家乡来的，是你们的伯父，快行礼。"

晚上，毛泽东特意安排了几道家乡菜：湘笋炒肉、青椒、红烧肉、鲢鱼汤、空心菜。毛泽东搀着毛宇居走进饭厅，抱歉地说："没有好菜吃，很是对不起。"

毛宇居笑着说："人意好，水也甜嘛！"

毛泽东请毛宇居坐上席。毛宇居连连摆手，诚惶诚恐地说："不合适，不合适，您是国家主席，'天地君亲师'，我乃一介百姓，哪能上座，使不得，使不得的。"

"一日为师，终身为父，你坐上席，也是应该的。"毛泽东笑着说道。

"岂敢，岂敢！我愧为人师，主席主席，不坐上席坐哪里？"毛宇居仍然不肯。

"那是在开大会或出席盛大宴会的时候我坐主席，今天是在我家里，数你年纪最大，又没有外人，你应该坐上席。"

经过几番推让，毛泽东硬是让毛宇居坐了上席，他还念叨着《增广贤文》上的两句："在家不会迎宾客，出门方知少主人。"

对于这次终生难忘的北京之行，毛宇居在这年的十二月二十六日，也就是毛泽东五十八岁生日这天，向韶山学校全体师生作的报告中说：

此次我游北京，是毛主席亲自派员来接的。与我一道去的，还有主席的老表文梅清、幼年时的朋友张有成。我们三人同行，于九月十八日从韶山招待所出发，到长沙乘火车，二十三日到达北京。初到北京站，主席即派人派车来迎接。我们随着接待人员到了中南海含和堂。片刻，主席由含和堂门内出来了。当时我们见了主席，真是无比欢欣和快慰。分别几十年了，我们有许多心里话要跟主席说，可千言万语，话不知从哪里说起。主席满面笑容，向我们走来，同我们握握手，问问安，令人感到格外亲切。主席话语谦和，举止儒雅，那种谦恭的态度，真是不可以言语形容。

是晚，主席留我们在他的住处晚餐。席间主席很高兴地同我们拉家常，给我们斟酒，询问家乡的土改和干部情况，我们逐一告诉了主席。主席的记忆力很强，对家乡的许多老人和过去发生的一些事情，他还记得很清楚。主席身体健康，精神焕发。他的饮食起居一切都很朴素。他穿的还是一件旧外套，吃的也不尚鲜味。作为人民的领袖，生活如此俭朴，主席的品格真是无比崇高、伟大。

我们见过主席后，就住在外面的招待所里。主席是日理万机，仍不时派汽车把我们接到中南海去，百忙中抽出时间同我们叙谈，为时多在晚间。至则谈笑自若，难舍难分，竟至天明。叙谈历年来的事务，谈到国民党政府没收他家的产业，挖掘他家的祖坟，主席都是宽大为怀，毫不计及，且曰："咯辈（方言，即他们）又奈我何？"可见主席的气量从容于一斑。

十月一日国庆节那天，主席派人给我们送来观礼证，叫我们去天安门参加国庆观礼……毛主席和朱总司令站在天安门城楼上，满面笑容地向众人频频招手致意……我们在北京，主席还派人领我们游览故宫、天坛、博物馆、文化宫、颐和园等名胜地，游览万里长城。主席还安排我们参观了天津市容及天津物资交流市场……我们返湘时，主席叮嘱我们，要把这些材料带回去，一定要把家乡建设好……

离开北京的时候，毛泽东还给他们每人买了一件皮大衣、一双皮鞋。当毛泽东发现毛宇居牙齿不好，吃饭不利索时，又派秘书陪毛宇居到医院装了假牙。此外，毛泽东还赠给毛宇居布料、眼镜、枕头、枕巾、衬衣、夹衣等，又送人民币一百五十万元（旧币），并在含和堂前合影留念。受到毛泽东无微不至的关怀，毛宇居"感到格外的荣幸"。

一九五二年，毛泽东韶山最困难的九弟毛泽连，将自己家中母亲病故、自己摔伤的情况告诉毛泽东。不久，旧友张有成也写了封信给毛泽东，反映乡下"粮亏猪贱"和禁酒的问题。另一位堂弟毛泽荣也多次写信给"主席三哥"，反映家中情况，并要求进京。这些大大小小、不大不小的乡间琐事，无不令喜欢做社会调查研究的毛泽东挂牵。而亲朋故旧的来信、来访就是毛泽东极为重视的一个掌握基层情况和社会调查的途径，有的还可以作为制定政策的依据。

为了把乡亲们反映的真实情况搞清楚，毛泽东在一九五二年的七月十一日、八月二十一日、十月二日接连三次致信毛宇居，请他帮助调查核实，以便给他的决定作为参考。毛宇居没有辜负毛泽东的重托，每次都如实地将真实情况具体地告诉毛泽东，深得毛泽东的信任。这三封信件摘录如下：

宇居兄：

归去后来信均收到，甚慰。有复邹普勋一信，请代转交。接毛泽连的信，六婶病故。他自己又跌断了脚，不知实际情形如何，脚尚有诊好的希望否？他未提到要钱的话，不知他的生活尚过得去否？暇请查明见告。接张有成兄的信，乡里粮缺猪贱，不知现在好些否？方便望将乡情赐告。为了了解乡间情况，拟待秋收以后，邀李漱清、邹普勋二位来京一游，请你征求他们二人意见告我为盼！顺致敬意！

毛泽东

七月十一日

宇居兄：

来信收到。李漱清老先生及邹普勋兄前曾表示，希望来京一游。我认为可以同意，借此了解乡间情况。但请你向他们二位说清楚：（一）须他们自己下决心，出远门难免有风险；（二）到京住一至两个月即还家乡。如他们同意这两点，则可于阳历九月间动身北来。到长沙湖南省委统一战线部刘道衡部长处接洽，领取来

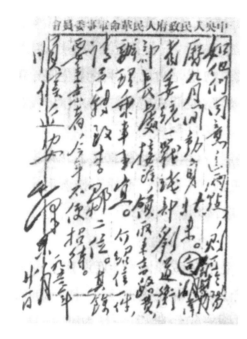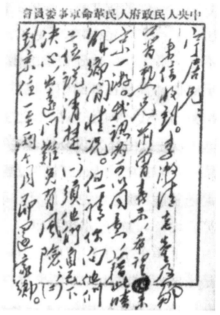

毛泽东致毛宇居的信（1952年8月21日）

京路费，办理乘车事宜。介绍信一件，请予转致李、邹二位。其余要来京者，今年不便招待。

　　顺候近安

毛泽东

一九五二年八月廿一日

宇居兄：

　　李邹二位来京，收到你的信，并承佳贶，甚为感谢。

　　毛泽连来信叫苦，母尚未葬，脚又未好。兹寄人民币三百万元，以一百万元为六婶葬费，二百万元为泽连治病之费。请告他不要来京，可到长沙湘雅医院诊治，如湘雅诊不好，北京也就诊不好了。

　　另寄二百万元给泽荣（逊五）助其家用。他有信来，我尚未

复。请转告他，不另写信了。以上均请费神转致为荷！顺问康吉

毛泽东

一九五二年十月二日

这些钱均是我自己的稿费，请告他们节用。

毛泽东的这些信，无不言真意切，情深义重，赤子情怀溢于言表，读来令人感动。但书信再长，反映的情况也终究有限，所以毛泽东还是经常邀请故乡的亲朋故旧进京叙谈。而此后的日子里，毛宇居也作为毛泽东在北京和韶山的特殊"使者"，先后两次进京，受到毛泽东的亲切接见。

一九五二年冬，韶山小学扩建，湖南省人民政府拨出专款资助。为请毛泽东题写校名，毛宇居受乡政府的委托，于十一月十日风尘仆仆赶到北京去找毛泽东。

毛泽东在中南海菊香书屋接待了第二次来京的故乡"文化特使"毛宇居。待毛宇居说明韶山建校的具体情况后，毛泽东非常高兴地说："这好，现在需要人才，教育就要发展。你是教书出身，要多出力，还要教育人家多出力。"随后，毛泽东又问："学校建在哪里？"

"建在张家山，规模比原来要大，新校舍是请有关专家设计的，又大又美观。"

"那里好，那里好，以后学校规模可以扩大。"毛泽东听了十分满意。

毛宇居见主席谈兴正浓，就趁机提出请毛泽东为学校题写校名的事。毛泽东二话不说，欣然应允，立即提笔写下了"韶山学校"。毛泽东先后写了几张，让毛宇居挑选。

毛宇居就好奇地问道："我们办的是韶山小学，主席为什么写'韶山学校'，而不写'韶山小学'呢？"

毛泽东笑着说："为什么硬要叫小学呢？将来还要发展办中学，甚至办大学嘛！还是叫'韶山学校'好，这样写能适应以后的变化，一次不就写全了？"

毛宇居一听，乐了。

有一天晚上，毛泽东陪毛宇居吃完饭，兴致勃勃地说："宇居兄，今晚，我们回韶山去。"

"回韶山？今晚？"毛宇居一听，有些丈二和尚摸不着头脑了，迷惑不解又惊喜十分地看着毛泽东，心里想：难道毛主席今天要回故乡？

"嗯，回韶山。"毛泽东笑着说，"回韶山看看你自己吧。"

毛泽东一边说一边拉着毛宇居来到大厅里，只见厅里面已拉起了银幕。毛泽东让毛宇居坐下，说："今晚，我请你来看电影。"原来，这部名叫《解放了的中国》的影片，是与苏联合拍的中国第一部彩色纪录片，而影片的大部分外景拍自韶山，其中毛宇居的镜头还不少。

看着电影，毛宇居这才明白毛泽东说的"回韶山"的意思，不禁笑出了声。

"怎么样，看到你自己了吧？"毛泽东笑着问毛宇居。

"不但看到了，我们也回到了韶山哩。"两人会心地笑了。

因为《解放了的中国》在全国放映，不少游客来韶山后，都想见一见毛泽东少年时代的老师，听听他对毛泽东的介绍，古稀之年的毛宇居成了新闻人物。

一九五二年前后，国家粮食形势非常严峻，虽然粮食增产，但因需求量大幅度上升，政府只能用多征购的办法解决。但这样做，农民手里的余粮少了，意见很大。韶山的一些乡亲们就给毛泽东写信，反映农民生活和公粮收购等方面的问题。民以食为天。粮食是影响人民生活、国家建设、社会稳定的大问题。毛泽东对此极为关注，于是再次委托毛宇居帮他了解农村粮食问题的真实情况和现实矛盾。一九五三年八月二十七日，毛泽东致信毛宇居："别后来信久已收到，甚谢。尊恙已愈，甚慰，尚祈注意珍摄。乡间生产、贸易、公粮等项情形，暇时望告一二。顺祝康吉。"

已经七十二岁的毛宇居接信后，在接连两次生病没有痊愈的情况下，按照毛泽东的嘱咐，做了十分认真的调查研究，很快将情况告诉了毛泽东。对地方上的各种事务，毛泽东向来不直接插手，用他自己的话说："地方上的事，我只愿收集资料以供参考，不愿也不应当直接处理一般地方性问题，使地方党政不好办理。"这次根据对乡村粮食问题的调查，中央很快决定对粮食实行统购统销。虽然这不是理想的措施，但却是当时比较好的办法。

一九五六年春，毛宇居的堂弟毛纯珠（泽田）去北京看望毛泽东。临行前，毛宇居修书一封，托毛纯珠转交毛泽东。毛泽东详细询问了毛宇居的身体状况，对这位故乡族兄兼塾师给予了极大的关心。四月二十日，在毛纯珠回家前，毛泽东给毛宇居写了一封回信，说："宇居兄：迭次惠书均已收到，甚为感谢！今借纯珠兄之便，敬致问候之意。即祝兴居康吉！"这次毛泽东再也没有托毛宇居办什么事情了，只是问好祝福。因为这一年毛宇居已经七十五岁了，而且身体不佳，时有病痛缠身。

不过，出乎毛泽东意料，一九五八年九月，七十七岁高龄的毛宇居又出现在毛泽东的客厅里。这是毛宇居第三次走进中南海。同第二次一样，这次毛宇居也是为请毛泽东题写校名的事情来北京的。不过这次，可真的是为了新创办的湘潭大学题写校名。毛泽东对家乡终于有了大学感到非常欣慰，他关切地问道：

"大学办在哪里？"

"办在杨家桥原湘江煤矿旧址。"毛宇居向毛泽东详细汇报了办校的筹备情况。

但在谈到题写校名的时候，毛泽东有些为难，说："近年来，多人求我写字，我都未写，我的字写得并不好。我小时候读书的东山学校，几次来信要我写校牌，我也未写，假如给你们写了，他们不会有意见吗？"

毛宇居笑着说："这个问题好办，你写两张。东山学校那一张我替你送去，两县人民不就都没有意见了吗？"

"这倒是两全其美。"毛泽东笑了笑，答应了。

两天后，下榻和平宾馆的毛宇居收到了毛泽东派秘书田家英送来的一封信和题写的校名。这封信，毛泽东是在九月十日写的，说："宇居兄：遵嘱写了湘潭大学校名二纸，请转致选用为盼。另致东山学校一缄，亦烦转致。"而这封信，也是毛泽东写给毛宇居的最后一封信。

一九五九年六月二十五日，毛泽东一回到阔别三十二年的故乡，就对身边工作人员说："要把我大哥接来。"在韶山松山宾馆一号楼，毛泽东亲切接见了毛宇居夫妇，与他们夫妇和女儿合影留念。毛泽东还挽着年近八旬、手执蒲扇的毛宇居的手，肩并肩走在田间小路上，体察乡情民风。晚上，毛泽东设便宴招待父老乡亲，特意将毛宇居安排在自己一桌。席间，不大喝酒的毛泽东起身走到毛宇居身边敬酒。毛宇居连忙起身相迎，并感激地说道："主席敬酒，岂敢岂敢。"毛泽东爽朗地答道："敬老尊贤，应该应该！"

一九六四年，毛宇居去世，享年八十三岁。

毛泽东破天荒地向当地政府推荐，安排邻居毛爱桂儿子的工作

在公开发表的毛泽东家书中，写作数量最多、时间比较集中的是一九四九年到一九五六年这八年时间内。而且毛泽东在这段时间内给故乡亲友写信，大都是集中在同一个时间甚至在一天内完成。像一九五○年五月十二日这天，毛泽东就一口气给故乡亲友写了七封信，是写家书最多的一天。其中就有下面这封写给毛爱桂的信——

爱桂先生：

来信收到。令兄爱棠于一九二六年参加北伐军，在广东曾见过一面，以后即未见过。有人说已牺牲了，极为可惜。是为国牺牲，是光荣的。此复，并候

合家清吉

毛泽东

一九五○年五月十二日

李远明先生同此不另。

毛爱桂是何许人？乃毛泽东在韶山冲故居"上屋场"的邻居也。

对毛泽东故乡韶山冲的这位邻居，人们都纷纷带着好奇和疑问进行过猜测和打听。如：越南劳动党主席胡志明一九六一年五月二十四日在韶山毛泽东故居参观时、西德联邦议院国防委员会主席曼弗雷德·韦尔纳在一九七七年十月六日来韶山参观时，都曾不约而同地问起毛泽东故居的"邻居"是谁？他们现在在什么地方？遗憾的是，当时翻译都没有回答上来。这更激起了外界对毛泽东"邻居"的好奇心。毛泽东的邻居到底是谁呢？用原缅甸联邦社会主义共和国国务委员会主席吴奈温的话说，这可是"天下第一邻居"。

出生于一九一四年七月的毛爱桂（谱名为毛贻业），尽管比毛泽东小二十一岁，但在家族的排行上，跟毛泽东的父亲毛贻昌同辈，比毛泽东长一辈。因此，当了国家主席的毛泽东，依然尊称他为"爱桂叔"。

没有去过韶山毛泽东故居的人或许并不知道，"一担柴"式的毛泽东故居西侧其实并不是毛泽东家的房子，而是邻居毛爱桂家的，而且中间的那间堂屋还是两家共用的。而东边的这些房子也并不是毛泽东家的祖产，只是在毛泽东出生前十五年的一八七八

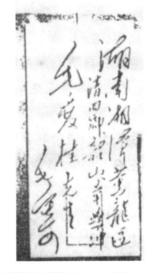

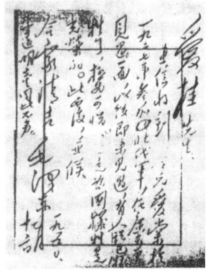

毛泽东致毛爱桂的信
（1950年5月12日）

年，由毛泽东的曾祖父毛祖人（毛四端）从一个叫毛正光的人名下买下来的。勤俭持家的毛祖人原住在韶山东茅塘，有茅屋四间，水田十亩，旱田一亩，山林两块。后来，当毛恩农、毛恩普两个儿子成家立业人口增多后（毛恩农有三子三女，毛恩普有二女一子），因人多地少，住房拥挤，五十二岁的毛祖人决定将两个儿子分家。于是他借银数百两，从毛正光手里买下了现在毛泽东故居上屋场的房屋和土地，当时是五间半茅屋。因为都不愿离开祖居东茅塘，最后只好采取抓阄的老办法决定去留。结果大儿子毛恩农抓得东茅塘的四间茅屋和十亩水田，外加上屋场水田七亩；小儿子毛恩普抓得上屋场茅屋五间半和水田十五亩，因为房屋多了一间半，所以田产减少两亩。就这样，毛泽东的祖父毛恩普和毛爱桂的祖父毛祖富比邻而居。到了毛泽东的父亲毛顺生手上，因为他经营有方，家境渐渐宽裕起来，一九一八年五间半茅屋变成了十四间大瓦房了。但中间的堂屋仍然是两家合用。

俗话说，远亲不如近邻。毛泽东家和毛爱桂家相互帮助，相互照应，相处得十分融洽。毛爱桂的母亲肖氏比毛泽东的母亲文素勤小七岁，但作为上屋场的两位女主人，两人相处得形如姐妹，情同手足。肖氏在毛泽东出生后曾做过其奶娘，还经常悉心照看得了病的文素勤，帮她料理家务。对此，毛泽东非常感激。一九二一年，毛爱桂的父亲毛恩苞去世后，孤儿寡母实在无法支撑这个本来就贫穷的家，于是决定将房子卖给毛泽东家。因为当时毛泽东不在韶山，是弟弟毛泽民办理的。毛泽东回来后知道了这件事，同情怜悯之心顿起，劝说弟弟泽民废除了契约，不但不收回买房款，而且还接济给他们一些钱。这样，毛爱桂母子仍然住在上屋场，做着他们的好邻居。

一九二五年春节期间，毛泽东回到韶山"养病"，开展农运，并成立了"雪耻会"，建立了中共韶山支部。毛爱桂的哥哥毛爱棠就是在这个时候，受毛泽东的影响，成了"雪耻会"的骨干分子之一。因为是隔壁邻居，毛爱棠无形中成了毛泽东在韶山进行革命活动的重要助手和保护者。因此毛泽东在这封家书中说："令兄爱棠于一九二六年参加北伐军，在广东曾见过一面，以后即未见过。有人说已牺牲了，极为可惜。是为国牺牲，是光荣的。"毛爱棠生于一八九五年，一九二五年赴广州参加革命，曾为广东省中共党组织工作人员，一九二七年在湖北武昌牺牲。

因为支部成员许多重要会议都在上屋场秘密召开，而且一般都以打麻将和玩骨牌作为掩护。那时，毛爱桂才十一岁。毛泽东见他很机灵，就经常要小爱桂为他们的秘密会议望风放哨。毛泽东告诉他："你站到山嘴上给我们望风，如果来了不相识的人，你就马上发信号：是吃饭的时候就喊吃饭，不是吃饭时，就打山歌。"毛爱桂按照毛泽东的吩咐认认真真地做了，而且每次都出色地完成了任务，深得毛泽东的赞许。因为大哥参加了革命，"马日事变"后，反动军阀许克祥派兵包围了韶山，并到毛爱桂家捉人。无奈之下，毛爱桂的母亲只好带着他流落他乡，饥寒交迫，靠乞讨度日，流离失所之中，十八九岁的毛爱桂染上了风寒和眼疾，最后几至失明。

毛爱桂还有一个姐姐叫毛春秀，和毛泽东是同年生人，一九七二年去世。按排行算，她应是毛泽东的族姑母，是这封家书中所提及的"李远明先生"的妻子。李远明又叫李溺村，是韶山永义亭商人李复盛的大儿子。李复盛原是一个老实厚道的木匠，后来靠二十两银子起家，开了一个卖日常用品的商号，因地处湘潭和韶山之交通要道，加上经营有方，生意渐渐红火起来，而且与毛泽东的父亲毛顺生也有生意上的联系。自从毛春秀这个"族姑"嫁到李家后，李复盛家就成了毛泽东在长沙读书、工作期间回韶山的一个歇脚点了。因此，这感情就更加亲密了一层。李家老少对毛泽东这个城里读书的书生非常尊重，毛泽东对李家的热情招待也是铭记在心。毛岸英出生的时候，李溺村还应邀专程到长沙毛泽东住处喝了喜酒。而毛泽东在韶山开展农运期间，李家也是毛泽东经常光顾的地方。在毛泽东的影响下，毛春秀一家都参加了农会和妇救会。其中李溺村的弟弟李远知、李溺林也都参加了革命。一九四〇年，毛泽东的侄子毛楚雄在永义亭附近的思三高小读书，平常的日常用品和衣物都由毛春秀料理，当时党组织寄来的救济金也都是先给毛春秀再转交给毛楚雄的外婆周陈轩。

对于这样的邻居，毛泽东始终没有忘记。新中国成立后，一九五〇年五月，毛泽东派长子毛岸英回故乡省亲。临行前，他特地交代儿子到韶山后一定要去看望老邻居毛爱桂。在上屋场，毛泽覃的岳母周陈轩告诉毛岸英：毛爱桂已搬家，住在张旭冲；哥哥毛爱棠参加革命不知下落，姐姐毛春秀住在永义亭。于是，毛岸英立即赶往张旭冲看望毛爱桂一家。当时毛爱桂的眼睛已近失明，生活十分困难。毛岸英揭开他家的锅盖，见吃得很差，心里十分难过，当即掏出五万元（旧币）钱给毛爱桂，安慰他说："大家生活都很困难，土改分到田以后，日子会慢慢好起来的。"毛岸英还详细询问了他一家的情况，并认真记录下来，还叫毛爱桂也给父亲毛泽东写封信去，说明情况。毛爱桂说："前不久我已经托外甥李敦厚给主席写了封信，也不知你父亲收到没有。"岸英说："我父亲一定会给您回信的，您就放心吧！"

果然，毛岸英离开韶山不久，毛爱桂就收到了毛泽东的回信。这就是上文提及的这封家书。接到毛主席的来信，毛爱桂悲喜交加，喜的是毛泽东没有忘记他这个老邻居，悲的是大哥爱棠已经去世。但毛泽东肯定了哥哥"是为国牺牲，是光荣的"，这既是安慰，也是一份骄傲和自豪。

因为眼睛不好，毛爱桂参加劳动有困难，而妻子又患病，儿子毛泽林才十四岁，生活自然十分困难。于是，在无奈之下，他只好再次给毛泽东写信，希望得到关照。

敬爱的毛泽东主席：

您老人家好！

您离开韶山几十年了，为了穷人的翻身，您到处奔走，今天中国革命成功了，没有哪个不欢迎，不高兴！

主席，我是毛竹平之子毛爱桂，家里有六口人吃茶饭，就我一个人劳动。我眼睛又不好，只有一点亮，没有钱医治。其实，有钱治好的话，我还是可以参加劳动的，免得增加国家的负担。

主席，我有一个儿子，已有十四岁了，读过初小四年、高小二年。我想培养他出来为国家做点事情，可惜没有能力。感谢您老人家的关怀，如果有机会学习，您介绍他出去学习几年好吗？

毛爱桂
一九五二年六月

谁都知道，在韶山，自从毛泽东当了新中国的主席后，他的许多至亲好友都写信给毛泽东，要求介绍工作，但均被毛泽东拒绝。毛爱桂作为毛泽东韶山冲的邻居，写信给毛泽东，一要给自己治疗眼病，二要给自己的儿子找学习和工作的机会，这无疑是添麻烦，也是爱亲济亲不私亲的毛泽东所不容的。因此信寄出后，毛爱桂反而不安起来。毛泽东会给他回信吗？毛泽东会答应他的要求吗？

然而，让谁也没有想到的是，四个月后，毛泽东不但给毛爱桂回了信，而且还破天荒地答应了毛爱桂所提的要求——

毛爱桂先生：

你的来信早已收到。多年不见，甚为高兴。你儿子出来搞一点随时随意的工作，我亦十分高兴。可向所属当地机关申请。

毛泽东
一九五二年十月十日

毛泽东给毛爱桂的这封回信一到，韶山像发生了地震一样，轰动一时。韶山的乡亲们，甚至包括毛泽东的至亲们都无法相信毛泽东会为无任何血缘关系的邻居的儿子推荐介绍工作。于是大家都纷纷前来观看，结果把这封信的信纸都给磨破了。一九五一年至一九五二年，作为毛泽东的老邻居和烈士家属，毛爱桂在当地政府的关怀下，先后到湘潭医院、长沙医院和桃源医院住院治疗，长达一年半之久。通过治疗，毛爱桂的视力明显增强，恢复到0.3至0.4，终于重见光明。出院时，政府还为毛爱桂添置了一条棉被，照顾他二百元钱和二百斤大米。不久，毛爱桂的儿子毛泽林也由政府组织部门介绍到株洲市商业部门工作。而这也是毛泽东唯一一次为韶山亲友向当地政府推荐安排工作。

一九五四年秋，毛泽东私塾的同窗好友邹普勋应邀赴京，在回乡时，毛泽东委托他给毛爱桂带回四丈衣料，并捎信请他来北京做客。

一九五五年四月，毛爱桂和大姐毛春秀来到北京。在丰泽园，他见到了分别已经二十八年的毛泽东。一见面，毛泽东拉着毛爱桂的手说："快三十年不见了，都认不出来了。"

毛爱桂激动地说："主席您还好吧，韶山人真想您呀！"

"好啊，好啊，韶山的乡亲们都好吧？这些年来，你也还好吧？"毛泽东关切地问道。

"搭帮主席，我们现在分到了田地，翻了身，有了饭吃了，还好哩！"毛爱桂一边说，一边擦眼泪。

"你的眼睛怎么搞成这个样子了？还看得见吗？"

"看倒是看得见一点点，只是一到傍晚，就什么东西也看不见了。"毛爱桂如实地说，"不过，托主席的福，搭帮主席治好了我眼病，如今算是好多了。"

"不是我替你治好的，是国家替你治好的。"毛泽东谦逊地说，"生活过得好不好？"

"还过得去。"毛爱桂勉强地说。

毛泽东知道毛爱桂心中有难处，但话又不好说出口，就说："你回去后，如果生活有困难，就写信来。"

毛爱桂点点头。接着，两人又谈及了韶山其他亲友的生活情况。

应毛泽东邀请，毛爱桂在北京住了一段时间，看了很多地方，

当他从毛泽东的秘书田家英那里得知，毛泽东送给韶山亲友们的钱和来回的衣食住行都是毛泽东个人从稿费中支出时，毛爱桂感动得不得了，巴不得早点儿回去，省得多用毛泽东的钱。毛泽东没有强留，但在离开北京时，又分别给了毛春秀三百元钱、毛爱桂二百元钱。

此后，生活并不富裕的毛爱桂再也没有去北京麻烦毛泽东。但因为当时档案资料所限，民政部门对其哥哥毛爱棠的牺牲未作为烈士登记。于是

他只得写信给毛泽东，请求帮忙。毛泽东很快将这封信批转到湖南省委，不久湖南省有关部门给毛爱桂复信说："毛爱桂同志：你寄给主席的信，现已批交我们办理。关于毛爱棠烈士的情况，望您能来函详细相告。既然毛主席来信证明，毛爱棠同志是烈士是不会有误的，应该发给烈士证，让其永垂不朽。"于是，毛爱棠烈士的待遇问题很快得到了落实。

一九五九年六月二十六日，正在田里劳动的毛爱桂得知毛泽东回到了故乡韶山，欣喜万分，赶紧放下耕具，在田沟里匆匆洗洗泥巴脚，便满身泥水地急忙忙往松山宾馆赶去。毛爱桂这身打扮，在宾馆门口就被保卫人员拦住了。但毛爱桂不相信毛泽东不见他，便请人写了个条子，托公社干部捎进去，转交给毛泽东。毛泽东收到这个条子后，笑着说："请他进来，我的爱桂叔来了，焉有不见之理。"

这天，毛爱桂还跟着毛泽东的车队一起，在韶山水库亲眼看见了毛泽东游泳一个多小时的场景。毛泽东上岸后，还主动与毛爱桂招手打招呼。正值傍晚夕阳西下时分，在韶山水库的大坝上，毛爱桂紧紧握着毛泽东的手，作了简单的交谈。他们握手的瞬间被摄影记者留了下来，成为毛爱桂终生难忘的回忆。

在松山宾馆，毛爱桂出席了毛泽东宴请韶山乡亲们的招待会。他和毛宇居、毛泽连等一起和毛泽东同席共餐。席间，毛泽东还给眼睛不好的毛爱桂夹菜。敬酒时，毛泽东对他说："你的眼睛不好，能干就干，不能干就不要干，要是劳累过度，眼睛又不好，再上医院治疗就为难了！"

宴会结束后，毛泽东和韶山乡亲们合影留念。对于这张合影照片，毛爱桂一直耿耿于怀——因为他站在最后一排，身材高大的韶山招待所支部书记毛伟昂恰好站在他的前面，把他遮住了大半边。因此照片上只能见到他一半的身影。

相比来说，同样是革命烈士后代的毛福轩的儿子毛迪秋，就没有毛爱桂的儿子这么幸运。毛泽东拒绝了毛迪秋的叔叔毛春轩为他的子侄请求安排工作的要求。一九五〇年五月八日，毛泽东在信中说：

毛福轩（画像）

春轩叔祖大鉴：

去年十二月来信业已收到，甚为感谢。浪秋、迪秋诸位均宜在家工作，不要来北京，以免浪费时间。

此复，顺祝

春安

毛泽东

五月八日

毛春轩（一九〇一——一九五一），湖南韶山市韶山乡韶源村人，农民，毛泽东的远房叔祖父。信中的浪秋，即毛浪秋，是毛春轩的儿子；迪秋即毛迪秋，是毛春轩的侄子。和对其他乡亲们一样，毛泽东拒绝了毛春轩的要求，尽管毛迪秋还是革命烈士毛福轩的后代，毛泽东也没有迁就照顾。

毛福轩，号恩梅，一八九七年四月二十九日出生在一个贫苦的农民家庭。这个从一个放牛娃、小叫花子成长为中共韶山支部第一任书记、湖南省委委员，并打入国民党县公安局任分局局长的毛泽东的远方族叔，他的一生还真有些传奇色彩。他的父亲毛俊明被骗到清军中任炮兵，参战中不幸耳聋眼瞎，被赶回老家。从此十四岁的毛福轩担起了家庭的重担。但毛福轩这个性格刚毅的少年没有被生活的艰难吓倒，而是学会了思考，学会了拼搏，并与大他四岁的毛泽东结成好友。在毛泽东的影响下，毛福轩逐渐走上了革命的道路。

一九二二年秋天，经毛泽东介绍，毛福轩在长沙中共湘区委员会的湖南自修大学附设的补习学校当勤杂工，半工半读，并因此结识了何叔衡、夏明翰、李达等革命者，思想得到了进一步的提升，并初步树立了共产主义理想，决心跟着共产党走。也就是在这年冬天，他受毛泽东派遣，到江西安源煤矿和毛泽民一起从事工人运动，担任安源路矿工人消费合作社的营业员，加入中国共产党。一九二四年底他奉命回到韶山。次年二月，毛泽东回到韶山后，他积极响应毛泽东开展农民运动的号召，愿意做韶山农民运动的带头人。通过他的努力工作，在很短的时间里就团结了表弟邹祖培等一批积极分子，并在韶山团龙豹湾首先成立了秘密农协，这也是韶山二十多个秘密农协中最早的一个。

根据毛泽东的指示，毛福轩利用自己的革命经验和知识，开办农民夜校，并以此为阵地进行革命宣传，既提高了群众的文化水平，又团结武装了群众。到四月间，他们已经创办了十多所农民夜校。就是在这个基础上，中共韶山支部成立了，毛福轩担任了第一任支部书记，并规定党支部的秘密代号为"庞德甫"。同时还成立了公开性的反帝爱国组织湘潭西二区上七都"雪耻会"。他们以"雪耻会"的名义，在韶山举行过爱国示威游行，发动了平粜阻运斗争，支援北伐，等等。队伍越来越大，斗争的影响也越来越大。一九二六年，毛福轩在韶山党的总支委员会的基础上，成立了中共湘潭特别区委员会。"湘潭农运为湖南全省之首"，毛福轩功不可没。

一九二七年一月四日至二月五日，毛福轩提着皮箱子，全程陪同毛泽东实地考察了湘潭和湘乡的农民运动。"马日事变"后，毛福轩当选为省委委员。后来因为湖南省委代书记任卓宣叛变，毛福轩不得不逃亡上海，并通过毛泽民与党组织重新取得联系。一九二九年，经地下党的介绍，毛福轩化名毛恩灏，打入国民党金山县公安局当警察。因为灵活机智，在一次追捕土匪的过程中立功，毛福轩被提升为第三副局长。一九三三年，因为地下党遭到叛徒的破坏，毛福轩在二月二十七日被捕。在狱中，面对敌人

"老虎凳"、"踩杠子"、"钉十字架"等严刑拷打，毛福轩坚贞不屈，宁死不投降，始终保持了一个共产党人的高尚品格。一九三三年五月十八日凌晨，在南京雨花台英勇就义，年仅三十六岁。

多少年以后，当毛泽东在延安听到毛福轩牺牲的消息后，十分悲痛地说："一个农民出身的同志，学习和工作那样努力，一直到担任党的省委委员的工作，是很不容易的。"

一九五九年六月，毛泽东回到韶山时，接见了毛福轩的妻子贺菊英，对毛福轩的革命生涯给予了高度评价，说："毛福轩同志为革命牺牲是光荣的。"而毛福轩打入金山县伪警察局开展地下工作的英勇事迹，后来被潇湘电影制片厂搬上了银幕。

毛泽东告诉乡亲"无论哪一年均不要祝寿"，也不"直接解决乡间问题"

一九四九年三月，中共中央在西柏坡举行的七届二中全会上做出了决议："务必使同志们继续保持谦虚、谨慎、不骄、不躁的作风，务必使同志们继续保持艰苦奋斗的作风。"作为中共的领导人，毛泽东还警告全党：要警惕"糖衣炮弹"的袭击，"夺取全国胜利，这只是万里长征走完了第一步。"会议开幕的这天，墙上还挂着"马恩列斯毛"，可到了大会闭幕的时候，五张画像不这样挂了。会议一致通过了五项决定：不以个人命名地名；不祝寿；中国同志不与马恩列斯并列；少拍巴掌；少敬酒。

一九五三年十二月二十六日是毛泽东六十大寿，韶山的乡亲们都想热热闹闹地庆祝一番，许多人还想亲自到北京参加祝寿活动。大家就请毛月秋代表乡亲们给毛泽东写一封信，表达为毛泽东祝寿的愿望。

毛月秋，一八七九年十一月十九日出生，谱名毛贻明，韶山韶源村青山坳人。毛泽东的远房叔父。和韶山冲其他早期参加革命的亲友一样，毛月秋也是在一九二五年毛泽东和杨开慧到韶山开展农民运动的时候，参加了反帝反封建的"雪耻会"，成为农运的主要骨干，并成为中共韶山支部最早的一批党员之一，曾担任中共慈悦支部书记。"马日事变"后，毛月秋与韶山支部的领导人一起组织农民自卫军，沉着迎战反动军阀许克祥的"围剿"。因力量悬殊失败后，毛月秋离乡背井，但仍然坚持革命理想，秘密从事革命活动，先后辗转于长沙、华容、常德和湖北公安等地长达七个年头，直到一九三五年才回到韶山。可此时他的家已经是残垣断壁，妻离子散，只剩下他一人。但他没有退缩，重整家园，用树枝搭起一个茅棚为家，继续革命。

一九三八年，中共韶山特别支部在毛月秋的这个茅棚里成立，担任联络员的毛月秋和他的家成了党组织在韶山的交通站和开会、训练干部的场所，直到一九四九年三月，他参加了韶山党组织建立的游击队。

韶山解放后，年逾七十的毛月秋遵照党组织的安排，和毛泽东的弟媳王淑兰一起，负责毛泽东故居的管理和接待工作，在征集整理文物、资料和宣传介绍毛泽东革命事迹上做出了可贵的努力。毛月秋把乡亲们的愿望和乡里的一些情况，以及自己想进京看望毛主席的想法，写信向毛泽东作了反映。

十月四日毛泽东给他回了信——

月秋同志：

你给我的信收到。

为了了解乡间情况的目的（不是为了祝寿。为了节约，无论哪一年均不要祝寿，此点要讲清楚），我同意你来京一行。尚有毛翼臣（不知住什么地方）、文东仙（唐家圫）二同志过去来信，表示要来我处一看。如你及乡间其他同志同意的话，你可约同他们二位一道来京。除你们三人外，其他没有预先约好的同志，一概不要来。你们到京住一个短期仍回家乡。

你们来时，即持此信先到长沙湖南省委统一战线部，找那里的同志帮忙，发给你们三人来京的路费，并请他们派一人送你们来京。

　　另请你持此信，到韶山、石城两处乡政府及当地的两个区政府及党的负责同志处，和他们商量，如果他们同意的话，请他们将两乡两区的情况及迫切需要解决的困难问题，写成书面材料，交你带来，作为参考之用（不是为了直接解决乡间问题）。

　　你们三人来时，不要带任何礼物。

　　你们到京时间，以早为好，希望不迟

毛月秋

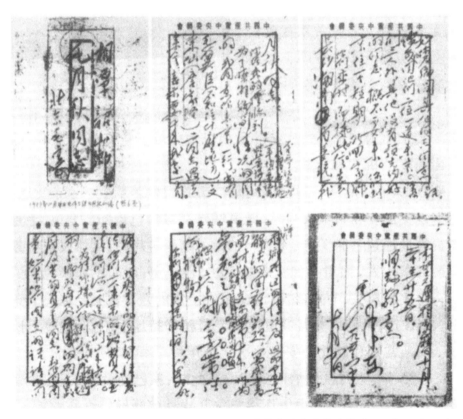

毛泽东致毛月秋的信（1953年10月4日）

于阳历十月二十至廿五日。

　　顺致敬意

毛泽东

一九五三年十月四日

　　毛泽东在这封信中强调"同意你来京一行"是"为了了解乡间情况的目的"，并"不是为了祝寿。为了节约，无论哪一年均不要祝寿，此点要讲清楚"，还特别叮嘱来北京时"不要带任何礼物"。而且"为了了解乡间情况"，毛泽东在信中叮嘱毛月秋等到韶山、石城两处的"乡政府及当地的两个区政府及党的负责同志处，和他们商量，如果他们同意的话，请他们将两乡两区的情况及迫切需要解决的困难问题，写成书面材料，交你带来，作为参考之用"。毛泽东在信中不仅在"参考"二字的下面加上了着重号，而且还在后面特别加括号声明："不是为了直接解决乡间问题。"可见，毛泽东对地方政府是十分尊重的，他的胸怀是谦虚又豁达的。

　　不久，毛月秋等应毛泽东之约赴京。毛泽东在中南海家中热情地招待了他们。

　　一九五四年十二月十二日，韶山的全体农民给毛泽东写了一封信，委托毛月秋寄给毛泽东。信中说："一年来，在党和您的正确领导下，您的故乡在实行国家对农业的社会主义改造方面取得了显著的成绩，全乡共有五百八十六户，至今参加互助合作的有五百二十户，组织面已达百分之九十二点五。去年全乡卖出余粮十二万斤，今年又卖了二十万斤，支援了国家社会主义工业化。互助合作的道路使全乡农民大家富裕，共同上升，增加了生产，改善了生活，并以更多的粮食支援国家建设。"

　　毛泽东收到乡亲们的来信，非常高兴，立即连同毛月秋写给他的信一起批给刘少奇、周恩来、朱德、陈云、邓小平、邓子恢、陈伯达、杨尚昆批阅。同时，毛泽东还在这封信上作了批示："韶山乡的情况，值得一阅。韶山乡五百八十六户，去年卖余粮十二万斤，今年卖余粮二十万斤，增加了八万斤，生活还比去年好。除此信外，现有四位农民来北京，受我招待，他们都说情形很好。"毛泽东在毛月秋的信上批示："毛月秋，七十多岁，老党员，现受政府命看守我家乡的那个屋子。"

毛泽东批语中提到的四位农民是指：毛泽连、邹普勋、谭熙春和毛锡臣（毛泽东信中的毛翼臣系笔误）。

十二月二十八日，毛泽东又及时给毛月秋回了一封信：

> 月秋同志：
>
> 　　你的信，全体农民的信，收到了，十分高兴。请你转告韶山乡的党政同志及全体农民同志，感谢他们的好意。
>
> 毛泽东
> 一九五四年十二月二十八日

一九五七年一月，毛月秋在韶山病逝，享年七十七岁。

和毛泽东有过书信交往的还有一位族叔，叫毛逸民，是韶山韶光村

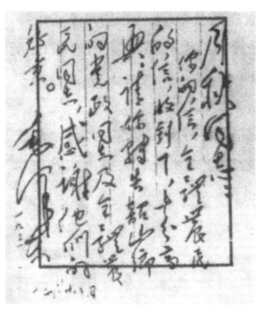 

毛泽东致毛月秋的信（1954年12月18日）

人，一九三八年加入中国共产党，曾与毛特夫（毛泽东的族侄，中共韶山支部最早的五位成员之一毛新梅之子）等在韶山建立小型图书馆，宣传马列主义。一九四四年经组织批准，曾加入"三青团"，担任清溪乡公所文化股主任兼十五保保长，以掩护开展地下工作。一九四七年十月曾担任中共韶山区委委员兼铁皮村党支部书记。新中国成立初期，毛逸民在中共湘潭县三区区委工作。

一九五〇年一月，毛逸民以乡村干部的身份，就韶山革命烈士家属的抚恤、照顾问题致信毛泽东，希望引起主席关注，请政府对韶山这个革命烈士比较集中的地方给予特殊照顾，解决困难。

毛泽东收到信后，动之以情，晓之以理，以人民领袖为天下人民的情怀，婉言拒绝了毛逸民的要求，表现了毛泽东顾全大局，时刻把全国人民的利益放在第一位的伟大胸怀。毛泽东在信中说——

逸民同志：

一月三日来信收到。感谢你的好意，感谢你详细地将乡里情形告诉我。

乡里贫苦人民生活困难，烈士家属更加困难，暂时只好忍耐一点，待土地改革后就可能好一些了，那时人民政府也可能给人民以一些帮助，例如贷款等，人民就可以逐步改善自己的生活。

烈属的照顾是全国范围内的事，全国有几百万户烈属，都要照顾，自未便单独地特殊地照顾少数地方。但最困难的人民，当地人民政府在减租时、土改时及青黄不接的岁月，应当尽可能给以照顾。

你在乡里做工作，很好，可以常常来信，告我以乡中情形。

请你替我问候乡里的同志们，希望大家努力和进步。

此复，顺祝健康！

毛泽东

一九五〇年五月八日

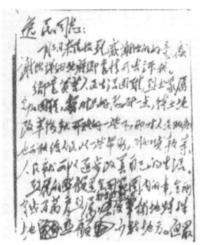

毛泽东致毛逸民的信（1950年5月8日）

作为韶山的儿子，毛泽东热爱家乡；作为国家领袖，毛泽东更热爱中国人民。因此，对韶山烈属的困难，毛泽东从来没有动用自己个人的权力，为家乡人搞特殊化，总是从自己个人的稿费中支出，或买衣物，或直接寄钱给他们，多则五六百，少则一二百，以解他们燃眉之急。这封家书正是毛泽东这一品格的真实写照。

毛泽东生气地说："富农又怎么样？他是我的堂弟，他还能害我吗？一定要把他找来。"

二十世纪五六十年代的中国，家庭出身像一枚烙在中国人脸上的烙印。在韶山，毛泽东亲友中唯一被划为富农的就是毛碧珠。毛碧珠又名毛笔珠，谱名毛泽田，生于一八九五年，是毛泽东堂伯父毛福生的三子，其长兄即毛宇居，二哥即毛智珠。

一九二五年，毛泽东在韶山开展农运，毛碧珠参加了农会。这年八月，毛泽东赴广州后，在国民党中央宣传部任代理部长。不久毛碧珠也来到广州，在毛泽东身边做过短暂的书报管理工作。大革命失败后，农会被迫解散，毛碧珠只好回乡务农，勤劳耕作，一家四口日子也过得比较宽裕。

但到了新中国成立初期的土改时，毛碧珠却被划为富农分子，家中的八亩水田也被划给他人。而这个时候，老伴和儿子毛远翱均已去世，女儿出嫁，只剩下他、儿媳和孙子三个人，祖孙三代相依为命，又顶着"富农"的帽子，生活颇为艰难。

一九五二年哥哥毛宇居进京，毛泽东详细询问了毛碧珠的生活情形。毛宇居如实相告。毛泽东听了，对他的困难十分同情，便托毛宇居回家时捎去四丈布料作为礼物，以示慰问。

农业合作化运动兴起后，年近六旬的毛碧珠也加入了合作社。一九五六年四月，堂兄毛纯珠进京，毛泽东再次打听毛碧珠的生活情况，当毛泽东得知毛碧珠加入了合作社，靠自己劳动养家糊口的消息后，倍感欣慰，于四月二十日写了信，让毛纯珠带回。信中说：

笔珠兄：
　　纯珠兄来说你已加入了合作社，甚为高兴。望你努力工作。顺祝康吉！

毛泽东
一九五六年四月二十日

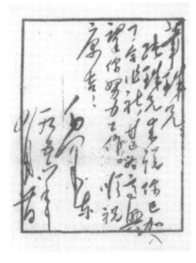

毛泽东致毛碧珠的信
（1956年4月20日）

这封家书尽管很短，但"主席三哥"的回信，给无论是物质上还是精神上、无论是经济上还是政治上处境都十分艰难的毛碧珠，带来了极大的慰藉。

一九五九年六月二十五日，毛泽东回到阔别三十二年的韶山。因为被划为富农，乡村干部虽然知道毛泽东和毛碧珠的关系，却依然把他从与毛泽东会见的亲友名单中划掉了。

六月二十六日上午，毛碧珠从蔡家塘家中赶到韶山冲，想进松山宾馆见见"主席三哥"，但被拒之门外。

在会见乡亲的时候，毛泽东发现诸多亲友中，没有毛碧珠，便问道："怎么毛碧珠没有来？"当地干部不知如何回答，没人作声。毛泽东接着又连问两次："怎么碧珠没有来呢？"

"碧珠划了富农了。"乡村干部推脱不过，只好如实回答。

毛泽东一听，生气了，说："富农又怎么样？他是我的堂弟，他还能害我吗？一定要把他找来。"显然，毛泽东没有忘记在二十年代毛碧珠是积极参加农民运动，支持革命的。

六月二十七日上午，毛泽东在松山宾馆接见了毛碧珠。一见面，毛碧珠先喊了一声"主席"，接着又喊了一声"三哥"。几十年不见，毛泽东一开始还没有认出来，看了好一阵子，才问道："你是谁呀？"

"我是老五碧珠啊，主席！"

"你是五弟啊！认不出来了。"毛泽东深情地握着毛碧珠的手说，"你瘦多了，都认不出来了哟。"

毛泽东的话还没有落音，毛碧珠的眼泪就掉了下来。

毛泽东扶着毛碧珠在身边坐下，递给毛碧珠一支烟，又问："当地对你怎么样？"

因为戴着"富农"的帽子，谨小慎微的毛碧珠在"主席三哥"面前也不敢乱说话，毛泽东自然能听得出来毛碧珠话音中有些压抑和惶恐，便安慰说："你这富农可划可不划。"停了会儿又问道："划了，你有什么意见？"

"没有意见。"毛碧珠回答说。

毛泽东理解地点了点头，说："你老了，身体也不大好，不要去劳动了。告诉你的后人，要听党的话，好好工作。"

听着"主席三哥"的话，毛碧珠泪流满面。中午，毛泽东特地留毛碧珠在松山宾馆吃饭，饭后又与他及其他乡亲一起合影留念。

贺凤生当着毛泽东的面批评"三面红旗"，毛泽东说："对不起农民兄弟，请你代表我向他们道个歉。"

贺晓秋，湖南韶山市韶山乡韶光村人，毛泽东远房姑姑贺毛氏之子，是毛泽东的表弟，两人自幼在一起长大，在同一个私塾读过书，交谊颇深。一九二五年和一九二七年，毛泽东两次回韶山开展农民运动时，贺晓秋始终积极参与。一九二五年八月反动派来韶山抓毛泽东时，是贺晓秋冒着生命危险送毛泽东走出韶山的。大革命失败后，白色恐怖笼罩韶山，贺晓秋带着妻子儿女举家迁居华容，流落他乡，艰苦度日。

新中国成立后，贺晓秋以满腔的热情投入到新中国的建设中。由于刚刚解放，百废待兴，地方工作还不健全不完善，为了将乡间实情反映给表兄毛泽东，一九四九年十二月二十二日，他给毛泽东写了一封信。因为毛泽东正在苏联访问，回国后才读到他的这封信。而此时毛泽东又收到了贺晓秋的弟弟贺晓明的来信，于是在一九五〇年四月十九日写了这封回信：

晓秋贤弟如见：

去年十二月二十二日来信收到。感谢你的好意。所说各项工作缺点，应当改正。如有所见，尚望随时告我。接到晓明一信，我分不清谁是兄谁是弟，请你来信说明。此问

安好。

毛泽东

一九五〇年四月十九日

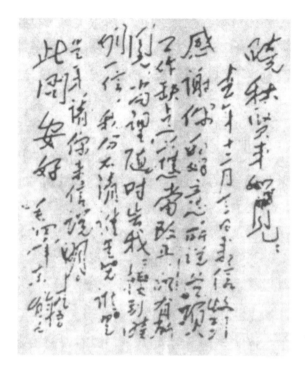

毛泽东致贺晓秋的信
（1950年4月19日）

    收到毛泽东的回信，贺晓秋极为兴奋，他为毛泽东没有忘记他这个表弟而感到幸福。此后他按照毛泽东的嘱咐，将农村实情"随时"致信毛泽东。而从贺晓秋的来信中，毛泽东也掌握了不少农村的真实情况，并对贺晓秋家庭生活的困难表示同情。尤其是当他听说贺晓秋的儿子贺凤生患有严重的骨髓炎时，立即委托中共中央办公厅秘书室给贺晓秋汇去三百万元人民币（旧币）。此后不久毛泽东又寄去一百万元（旧币）给贺晓秋，帮助表弟渡过难关。一九六〇年，贺晓秋在岳阳病逝。

    一九五一年，贺晓秋的弟弟贺晓明再次致信毛泽东，反映农村土改工作和家庭生活情况，并提出到北京找工作的要求。十月十日，毛泽东回信说：

晓林兄：

    九月十四日来信收到，承你告以许多事情，甚为感谢。你的家分了土地，生活有了保障，向你祝贺。你在乡耕作甚好，不要来京。此复，顺祝努力！

毛泽东

一九五一年十月十日

像拒绝其他亲友到北京找工作的要求一样，毛泽东婉拒了贺晓明的请求。信中的晓林系晓明笔误。

贺晓秋临终前，嘱咐儿子贺凤生一定要把乡下"大跃进"的真实情况告诉毛泽东。性格耿直、敢于说真话的贺凤生牢记父亲的嘱托，先后两次进京，都得到毛泽东的接见。

第一次是在一九六〇年十一月，贺凤生拿着毛泽东一九五〇年写给父亲贺晓秋的信，来到中南海。就是凭着这封信，他真的走进了新华门，见到了毛泽东。这个时候，贺凤生担任生产队长，对盛行的浮夸风、"共产风"极为不满。到达北京的时候，毛泽东刚从杭州回来。

在中南海，毛泽东笑着说："我昨天才从杭州回来，听秘书说有这么一位亲戚要见我，我就告诉办公厅，请你今晚来谈谈，接来的客人嘛，岂有不见之礼？何况你贺凤生还有五十根头发跟我姓毛呢，你也是毛家的根蒂哟。"毛泽东的一席话把大家都逗乐了。谈话间，毛泽东还特地问到了贺晓秋的情况。贺凤生告诉毛泽东，父亲已经在今年十月初八去世了。

"应该给我拍个电报嘛，起码我可以发个唁电或送个花圈。你父亲是我的救命恩人呢，没有他们这些人舍身相救，毛泽东早就不在世了。"毛泽东半是忧伤半是埋怨地说，"寄给你治病的钱收到了吗？"

"收到了。一次三百万元（旧币——引者注，下同），一次一百万元，那些钱是您私人的还是公家的？"不知怎么的，贺凤生突然问了这句话。

"当然是我自己的喽！"毛泽东说，"我不需要更多钱，有工资有稿费，又不需要存钱，更何况你们有困难应该支持，共产党人总不能忘恩负义吧！"

贺凤生是个急性子，憋了一肚子话放在心里总是憋不住，于是就大胆地冲着毛泽东说道："主席，您晓得乡里现在的情况吗？晓得下面刮'五风'吗？晓得现在有些干部作风多坏吗？您想不想听听这方面的情况？"

毛泽东怔了一下，随即笑着说道："好哇，我正需要听听这方面的情况。"

于是，贺凤生就把乡村的公共食堂、农村饥荒、干部虚报浮夸等等问题一一向毛泽东作了汇报。客厅里只有毛泽东和贺凤生两个人。贺凤生掏出一大摞"大跃进"集体食堂的油印餐票递给毛泽东，说："主席，我想请你到我们那里去吃几餐钵子饭，吃食堂饿死人啦！食堂不散我不回去了。"

"好一个开头炮。"毛泽东诙谐地说，"讲下去，讲下去，我讲过，不管什么意见都可以提，骂娘也可以讲给我听。"

"你怕没有骂娘？下面真有人骂娘呢。"贺凤生滔滔不绝地说了起来，"解放以后，共产党派来了土改工作队，贫下中农分到田地，自己当家做主了，肃反运动、互助组、初级社、合作化、高级社，一年都有一个新名堂，农民劲头可大呢，干部情绪高，人民群众生活好比芝麻开花节节高，都说感谢共产党、毛主席。"

"不要唱什么赞歌了。"毛泽东笑着说。

"才不呢！但是，'总路线'、'大跃进'、'人民公社'三面红旗提出后，情况就变了。'五风'刮得不像话呢。"

"十二级台风？"毛泽东幽默地说。

"比台风还台风。"贺凤生一边说，一边给毛泽东举例子，"'大跃进'来了，要搞公社化，好不容易一家一户有了房子，一夜之间，全部都要拆了去居民点，土砖墙要捣碎了沤肥料，弄得到处鸡飞狗跳墙，哭爹的哭爹，骂娘的骂娘。一百户两百户连在一起，越大越是集体化，如果老天爷一把火，从东到西几百间茅棚全会烧成灰。小铁锅砸了炼钢铁，小灶拆了积土肥，筷子碗碟全部归公，只允许一个中队开一个食堂，大锅饭、钵子饭、双蒸饭，还没得饱饭吃，餐餐萝卜菜红烧，没得几个油花花，吃得男人大肚子水肿，路也走不动，女人没崽生，瘦得风都吹得起。饥荒起盗心。总不能睁着眼睛等死，一些人只好跑到集体田地扯萝卜菜吃。要是被值夜班的民兵抓到，一根麻绳子吊起来就是半夜。"

"你这个生产队长呢？"毛泽东问道。

"生产队长还不也是个普通社员，如今只有司务长、伙头军不饿肚子，有饱饭吃我就不来找您了，反正食堂不解散我就住在这里不回去！"贺凤生好像是忘了在向国家主席汇报，越说越起劲，"华容县那么多的人去围垦钱粮湖，几十万亩芦洲，要改成良田，想一口吃成胖子。四周要担几十米宽的大堤，横直要开十几米宽的排洪沟，说是为华容人民创造财富挖金山，做法就不那么得人心。不论晴天下雨，白天黑夜，刮风下雪都要干，口号就叫'大雨当小雨，小雨当无雨，落雪当晴天，冰冻当好天'。俗话说，吃不得半斗米就莫来担堤。可这里偏偏是担堤的没得饱饭吃，一餐不到半斤米，还要先完成任务。一个劳动力，一天的任务是十几方土，滑头点儿的完得成，老实人只着急，饿着肚子也要干。芦苇搭的工棚里又脏又潮湿，下雨漏雨，下雪漏雪，刮风进风。干部作风坏，冰天雪地时也要打赤膊干活才叫鼓了干劲，你说缺德不缺德？"

毛泽东越听越觉得沉重，贺凤生越说火气越大："现在的干部都兴放卫星，实际上是浮夸卫星。为了迎接上级的检查，把好几块田里的稻谷移栽到一块田里，硬说是亩产达到几千斤，是'大跃进'带来了大丰收，鬼都笑落牙齿。做假事说假话的是那些人，做官受表扬的也是那些人，吃好喝好的还是那些人。干部当老爷，严重脱离群众，老百姓饿得要死，只能在背后冲天骂娘。"

讲到激动的时候，贺凤生不禁问毛泽东："主席，您不是说党和人民是血肉关系吗？现在皮是皮，肉是肉，是中央要这么搞，还是下面一些干部在腰河里发水？"

毛泽东沉重地回答道："不是腰河里发水。当时把形势估计高了些，责任在中央。从高级社到人民公社只有一年多时间全国就化开了，步子是快了些。有些真正具备条件，而有些只是为了跟风跑。下面有些情况，中央也不一定都清楚。"

交谈中，贺凤生还谈到了祖坟的问题。他说："我们那里不少地方把人家的祖坟都平了，说是为'大跃进'改造囤粮田，也不事先告诉农民，有些坟挖了之后尸骨乱丢，太不讲人道了。我娘的坟就被人挖开了，到现在也找不到尸骨。"

"这还了得！"毛泽东听了非常气愤，"共产党也讲人道嘛，也是爹娘养的嘛。这个问题一定要处理好。"

对于贺凤生直来直去的汇报，毛泽东非常满意，说："感谢你为中央提供了最有价值的情况，那是少奇、恩来和我都捞不到的真实情况呀！"接着，毛泽东又语重心长地说，"你是一个生产队长，大小也是一个带长字号的人物。生产队长也要管几百人穿衣吃饭、生老葬死，不容易呢，担子不轻呀。不管是部长、县长，还是生产队长，都要首先想到为人民服务。共产党员要真正不忘吃苦在前，享受在后，不管什么长，首先要像家庭那样带好一个班。"说着，毛泽东还亲切地关心贺凤生的身体，"你年轻时受了伤，身体发育不好，干基层工作吃得消吗？"

"农民过得，我也过得。"贺凤生说。

谈话结束时，毛泽东极为赞赏地说："那我给你个权利：有困难可以随时找我。你说的句句都是真话，只可惜像你贺凤生这样的干部太少了。中央领导下去，下面尽讲好听的，带你看好看的，很难了解真实情况。么子道理？就怕拐了场掉乌纱帽！农村有句俗话，叫'三十吃年饭，尽拣好的搬'，不像你贺凤生无所求也就无所想，要提倡各级干部都讲真话。"

"那么，食堂散不散呢？"

"食堂是肯定要散的。我的意见还是大锅改小锅，大碗改小碗。要让农民吃饱饭，不能风一阵，雨一阵；任何一级干部都不准搞假家伙。"毛泽东难过地说，"你们华容县那个钱粮湖围垦，也有可能是个好工程，但下雪吃冰，落雨淋雨，使农民兄弟受苦就不太好了，对不起农民兄弟，请你代表我向他们道个歉。"

当着毛泽东的面大胆、直率、激烈地批评"三面红旗"错误的人，除了贺凤生，或许没有第二人。毛泽东也是一个善于听真话的人，贺凤生的一席谈，令毛泽东震惊。于是，毛泽东发出了"大兴调查研究之风"的号召，他自己也派出三个工作组，分赴浙江、湖南、广东等省份调查实情。其结果，是形成了调整国民经济的"八字方针"，并最终接受了胡乔木带领的湖南调查组的建议，解散了公共食堂。

这次谈话，毛泽东和贺凤生谈得十分投机。毛泽东在中南海家中还请贺凤生与他一起共进晚餐。毛泽东为了表示自己的心意，送给贺凤生不少礼品：大中华烟一盒、"上海"牌手表一块、上海产羊毛围巾一条、东北狐皮帽子一顶、大号金星金笔一支、带有毛泽东和朱德头像的笔记本一本，以及二十五斤粮票和五十元人民币。毛泽东还告诉贺凤生："你先回去好好回忆一下，下次专门找个时间听你谈一次，越具体越好，要真实情况，不要掺水，是一说一，是二说二，骂娘也告诉我，只有贺晓秋的儿子才有这么好的礼物给我。"

毛泽东很高兴，还对身旁的工作人员说："交给你一个任务，安排好贺凤生参观北京，调动他的积极性，好给我提意见。"

一九六六年"文化大革命"爆发不久，贺凤生再次赴北京看望毛泽东。

十月七日，风尘仆仆的贺凤生与毛泽东一见面，就气鼓鼓地问道："主席，听说'文化大革命'的烈火是您亲自点燃的？"

"怎么啦？"毛泽东惊奇地问。

"下面又在骂娘呢，过去是土豪劣绅戴高帽子，如今我这个叫花子出身的贫雇农也搞了顶高帽子戴在脑壳上了。"贺凤生话还没落音，端起茶杯一仰脖子喝了个精光。

"你贺凤生还是那样可爱。"毛泽东笑了。

"如今硬是乱搭套，县委书记看芦苇，吊儿郎当的当司令，把您毛主席做菩萨敬，你晓得不？"贺凤生越说越激动，"怎么大小带个长字的都成了走资派呢？凡是走资派都有戴高帽子的任务，就得站到台上接受批斗，高帽子也是按大小带长字号来分。我这个生产队长是华容最小的走资派，用那只洋铁皮子的喇叭筒糊上白纸就成了现成的高帽子，我不肯，造反派可没客气地讲，白白打了我一顿。"

"那你们的县委书记呢？"

"县委书记当然是'特殊待遇'喽，一顶几十斤重的大铁帽，就戴到了华容最大的走资派的头上，脑壳磨破了皮，头上鲜血和冷汗直冒，造反派还哈哈大笑！"说到这里，贺凤生气得手握成了拳头。

"你没夸大吧？"毛泽东半信半疑地问道。

"还怕我说假话！当官的挨整，不当官的也跑不脱呢！隆庆大队有个老实巴交的农民，是个贫下中农的根子，前些年，他有吃有穿，有了老婆孩子小家庭，他逢人就说是托您的福。不知哪里兴个规矩，家家要贴毛主席像，他跑到街上买了一张好大的像贴在堂屋当中，哪晓得被大风刮破了，于是，成了阶级斗争的新动向，是现行反革命分子，红卫兵从那个社员床上拉下凉席，卷起来做个好高的高帽子，一根麻绳捆起来游村。家家户户做'宝书台'，供上《毛泽东选集》，五保户、瞎子家里也要供'宝书'，人人都要活学活用。我是程咬金明人不做暗事，一没做'宝书台'，二没有买石膏像。'宝书'倒发了一套，没看过几回，好多字认不出来。这个为人民服务的语录牌我倒很喜欢，一直戴在身上。"贺凤生恨不得把自己知道的事情全向毛泽东抖搂出来，心中平生了许多不解和怨气。

听了贺凤生的汇报，毛泽东告诉贺凤生："文化大革命是中央会议通过的，原来只是想冲一下少数干部的官气，想不到影响这么大，中央是要采取措施的。任何政党、任何个人，都可能在工作中犯错误，中央也一样，也可能犯错误，党犯了错误也应该纠正。你们那里动不动戴高帽子肯定是不妥的。"

与性格直爽敢于说真话的贺凤生聊天，毛泽东是非常喜欢的，也是极为欣赏的。他曾感慨地说贺凤生报告的"这些情况是十分重要的，哪怕是我和周总理下去，不碰上贺凤生，怕也没人敢提供这么真实的情况了"。

由此可见，毛泽东之所以喜欢贺凤生，是因为贺凤生在他面前说真话，不说假话。而更重要的是，毛泽东愿意听真话。

毛泽东告诉弟媳周文楠："婚姻自由嘛，你再婚，我不干预的。"

周文楠是毛泽东小弟毛泽覃的第二位夫人，又名周润芳、周菊年，一九一〇年生于长沙。周文楠的父亲周模彬曾在晚清任过知县、知州，后携全家住在长沙小吴门一号，在长沙也算是一个名门。其母亲周陈轩也是一位知书达理的女性。

毛泽覃是在长沙读书和从事革命活动中（时任社会主义青年团长沙地方执行委员会书记）与周文楠结识并相爱。起初两人的婚姻还遭到了周文楠同父异母的哥哥周颂年的反对。因为毛泽覃出身贫寒，与周家自然有些"门不当户不对"。后来，周颂年发现毛泽覃是个有志气的青年，反而仿苏轼许苏小妹于秦观之雅，巧结连理。而在第一次国内革命战争期间，周家的松桂园也成了革命者商谈国事、探求真理的地方，诸如郭亮、夏明翰、毛泽民、毛泽覃、萧三等都是周家的常客。因此周文楠和母亲周陈轩也深受革命影响。

一九二五年，毛泽覃随哥哥毛泽东去广州工作。次年七月，周文楠随母亲奔赴广州与毛泽覃结婚。一九二七年四一二反革命政变后，毛泽覃和周文楠夫妇化装离开广州经上海来到武汉。不久，七一五反革命政变爆发，毛泽覃随部队去了南昌。而周文楠因有孕在身，由武汉返回长沙老家，不久在松桂园生下儿子毛楚雄。一九二八年春，因叛徒告密，周文楠被捕，不到半岁的毛楚雄也随母亲入狱，母子双双染病。经周陈轩通过各种关系说情，小楚雄才被接回家中养病，改姓周，靠外婆抚养度日。而周文楠直到一九三〇年彭德怀率领的红三军团攻克长沙才获救，之后随部队前往湘赣苏区。在那里，当她得知毛泽覃已与贺子珍的妹妹贺怡结婚后，痛苦和失望噬咬着她的心。但最后她还是平静地接受了现实，到红三军团的军事政治学校学习，毕业后到十六军政治部从事宣传工作。

一九三七年，毛泽东托人转交给周文楠一封信，并捎去二十元光洋作

周文楠与儿子毛楚雄

为路费，要她到延安学习。但因为工作需要没有成行，直到一九四〇年她才经重庆八路军办事处，随同周恩来来到延安。在延安，周文楠在中央保育院担任教员，并在这里与保育院的教导主任王英樵相爱。结婚前，她前去征求毛泽东的意见。毛泽东说："婚姻自由嘛，这是一九三一年在江西苏区制定的《中华苏维埃共和国婚姻条例》就规定了的原则。你再婚，我不干预的。记住润菊（毛泽覃）是为革命牺牲的，他的精神不朽，值得我们活着的人思念。"就这样，一对相恋的人结合了，且白头偕老。

但不幸的是，儿子毛楚雄在一九四六年随三五九旅南下支队北上的征途中被国民党反动派活埋，壮烈牺牲。

新中国成立后，周文楠和母亲周陈轩取得联系。此时周陈轩已年近古稀，独自生活在韶山，无人照顾，很不方便。周文楠很想把母亲接到自己工作的东北，但从韶山到东北，千里迢迢，路途遥远，时间、路费都成问题，况且母亲又是七十高龄，这一路走来，谈何容易？于是她含泪给毛泽东写了一封信，希望能得到主席的帮助，要求路费请湖南省委按照烈属规

毛泽覃和夫人周文楠（右一）及岳母周陈轩

定给予解决，并且把母亲的来信作为"附件"一起寄给了毛泽东。毛泽东收到周文楠的来信后，立即回了信：

文楠同志：

　　来信收到，甚慰。接你母亲去东北和你一道生活一事，我认为是好的。我可以写信给湖南方面发给旅费。惟你母年高，一人在路上无人招扶是否安全，是否需要你自己去湖南接她同去东北方为妥当，请你考虑告我。如你自己去接，我给湖南的信即由你带去。附件还你。江青她们都好。

　　祝你健康

毛泽东

一九五〇年五月十二日

读完这封家书，我们可以看到毛泽东是一个多么心细的人，考虑问题文楠同志：

表你收到。指你母亲和你...

毛泽东致周文楠的信（1950年5月12日）

总是非常周到，确实令人感动。周文楠接到毛泽东的信后，立即由沈阳启程经北京去湖南。

在北京，毛泽东在中南海接见了她。因为毛楚雄牺牲的消息一直隐瞒着外婆周陈轩，周文楠害怕见面后母亲会问起楚雄的情况，不知如何交代，担心老人家接受不了这个沉重的打击，毕竟楚雄是她含辛茹苦一手抚养大的。毛泽东沉吟良久，动情地说："你告诉外婆，就说我说了，楚雄是个有志气的孩子，是韶山人民的好儿子，送他到国外很远的地方学习去了，也不能通信，免得老人受刺激。时间长了，慢慢也就好了。楚雄年龄不大，为国捐躯，虽死犹荣！"毛泽东还嘱咐周文楠："以后要好好照顾外婆，经常安慰她老人家，让她安度晚年。"

就这样，周文楠在毛泽东亲自关怀和帮助下，终于把七十高龄的母亲接到东北，一家团聚。一九五四年，周文楠任哈尔滨市人民法院刑事审判庭庭长。而周陈轩老人也当选为哈尔滨市政协委员。

毛泽东对外甥女陈国生说："我父母的墓还是一个草坟呐。当地就有好多人建议修墓，我都不让哩！"

一九五〇年五月七日这一天，毛泽东接连给家乡的七位亲友写了信，他们分别是：表兄文涧泉、姻兄赵浦珠、远房叔父毛贻华、大革命时期的同乡林谷生、第一师范同学粟济世、自修大学同学张鼎，还有他唯一的外甥女陈国生。

毛泽东只有一个过继来的妹妹毛泽建，而毛泽建在一九二九年八月二十日就牺牲了，没有孩子，那么毛泽东哪里来的外甥女呢？

事情是这样的：陈国生的母亲陈淑元，是毛泽建丈夫陈芬的胞姐；陈国生的父亲梁泽南，大革命时期曾任中共湖南特委特派员，在湘南开展农民运动和武装斗争，但不幸于一九二八年三月牺牲，年仅三十三岁。幼年的陈国生寄养在母亲娘家，与外祖母相依为命，舅舅陈芬和舅母毛泽建十分喜欢这个外甥女，视若亲生。但更不幸的是，不久舅舅陈芬、舅母毛泽建和母亲先后被捕，被敌人杀害。这样陈国生就成了孤儿，由外祖母含辛茹苦地抚养长大。十八岁这年，她由外祖母做主嫁给了一个名叫宋毅刚的国民党军队小排长。宋为人善良，性格耿直，因放走了一个幼年的小壮丁被开除回乡。一九四九年一月，他在国民党湘乡县警察局任督导员时，率三百人参加起义，脱离国民党，并编入湘中纠察队，先后任中队长、大队长。湖南和平解放，湘中纠察队编入人民解放军四野四十六军一三八师独立大队，宋毅刚被淘汰回乡务农。

新中国成立后，生活在湖南湘乡县鹤厚乡宋家湾的陈国生，想起自己的生身父母和养母毛泽建的牺牲往事，便给已经是国家主席的毛泽东写了一封信，希望舅舅出面帮她找份工作，并要求去北京看望舅舅。

收到信后，毛泽东在一九五〇年五月七日给陈国生写了一封回信：

国生贤甥青览：

来信收到，甚慰。望你们在湖南设法求得工作，不要来北京。乡间情形可来信告我。此问

近好！

毛泽东

一九五〇年五月七日

毛泽东没有忘记妹妹毛泽建，也没有忘记妹妹还有这样一个"女儿"，所以他提笔就称呼陈国生作"贤甥"。而且这封家书发出的时候，毛泽东特别用了挂号。和许多亲友来信求职求工作一样，毛泽东没有答应陈国生的要求；也和给许多亲友回信一样，毛泽东总要求亲友们把"乡间情形可来信告我"。

居庙堂之高，则忧其民。毛泽东何尝不是时时事事把老百姓的饥和寒挂在心上呢？虽然毛泽东拒绝了陈国生来京的要求，但凭着毛泽东的来信，陈国生还是很快就有了一份工作，先是在长沙蔡锷北路的肉食店做出

纳，后来又到长沙茶厂任会计。

一九五一年五月的一天，正在上班的陈国生突然接到省委交际处的电话，说是中南海有电话来，让她到北京去见毛主席。

这个消息如同一声春雷，陈国生做梦也没有想到毛主席邀请她去北京见面。不久，她就和毛泽东的表兄文运昌、文涧泉三人一起到了北京，住在前门饭店。几天后田家英将他们带到了中南海怀仁堂。陈国生终于见到了她的三舅毛泽东。

一见面，毛泽东风趣地跟陈国生说："外甥第一次来看舅舅，带了些什么东西？"

毛泽东这一问，可把陈国生给问傻了，不知如何回答是好，红着脸歉意地说："三舅，我们什么东西都没有带，您需要些什么呢？"

"我还能要你们带什么东西呢？"毛泽东笑着说，"我是问你们带了什么书信呀、报告呀一类的东西没有。"

"哎！"陈国生这才明白毛泽东的意思，忙说，"我带材料来了，只是放在招待所里了。"

毛泽东连忙用家乡话说："你这是床上早，被窝里晏，搞了半天还是没带来。不过不要紧，我派人去

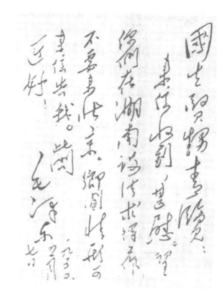

毛泽东致陈国生的信（1950年5月7日）

取来。"

中午，毛泽东留他们在中南海丰泽园家中吃饭。江青也和他们一起用餐。饭后，毛泽东谈兴不减。因为除了陈国生之外，另外两位客人都是自己的表兄，毛泽东和他们也是几十年未见过一面，所以情绪特别好。毛泽东还回忆起自己童年和青少年时代在韶山的往事。当毛泽东讲到母亲给自己取名"石三伢子"的故事时，陈国生想起了为舅母毛泽建修墓的事情，就说："泽建妈妈的墓埋在衡山金紫峰麓，墓上只有一块石碑。三舅，是否可以跟政府讲一下，请他们拨一笔款，把墓修一下。"

毛泽东沉思了一会儿，说道："全国烈士很多很多，有千百万人。现在百废待兴，万事开头难啊。政府搞建设需要大量资金，哪有钱去修墓啊！对牺牲的烈士，我们纪念他们，怀念他们，等国家经济形势好转以后，我们要为他们修墓立碑，刻石铭功，让后人都记着他们。可现在不行，国家还困难啊。我父母的墓也是一个草坟，有好多人建议重修，我不让哩！"

毛泽东这么一说，陈国生也不好说什么了。这时，毛泽东又关切地问陈国生："你爱人过去是做什么的？"

"当过警察局长。"陈国生随口说道。其实，她丈夫宋毅刚只不过是警察局的督导员。

"有血债吗？"毛泽东问道。

"没有，他只是一个小小的头。"

"他民愤大吗？"

"没有民愤。他家本来也很穷，他是抓壮丁出去的，又是因为放跑了壮丁而被人赶了回来，回来后也没有做什么坏事。"陈国生见毛泽东很关切，回答也就格外认真了些。

因为按当时的政策，像宋毅刚这样的人是属于严控的对象。毛泽东听陈国生这么一说，就站起身来，在屋内走了半圈，像是在思考什么问题似的。不一会儿，毛泽东好像有些不放心似的对陈国生叮嘱道："如果你丈夫有民愤、有血债，你就不要回去了，留在北京，并把小孩接来。如果没有血债，民愤又不大，你就马上回去，叫你的丈夫好好地改造。"

听毛泽东这么一说，陈国生眼睛湿润了，她点了点头。

毛泽东继续说："我们也不要把国民党的人全部斩尽杀绝，而是只杀那些罪大恶极，不杀不足以平民愤的人，对那些没有血债、民愤又不大的人，我们要把他们好好地争取过来，改造过来，化消极因素为积极因素。"

听毛泽东这么一说，陈国生释然了。

回到长沙后，陈国生把毛泽东的嘱咐告诉了丈夫宋毅刚。宋毅刚听后很受感动，并时刻牢记毛主席的话，认真改造自己，辛勤劳动。

五年后的一九五五年四月，陈国生和丈夫宋毅刚先后写信给三舅毛泽东，希望能进京看望毛主席。五月下旬，陈国生收到了中共中央办公厅的一封挂号信：

陈国生同志：

你和宋同志先后寄给毛主席的两封信都已收到了，并送给主席看过。主席要我们告诉你，他同意你一人于本月底来北京一次，住一两个星期即回去，除你以外，其他人都不要到北京来。此复。

即致敬礼

中共中央办公厅秘书室
一九五五年五月廿一日

九岁的女儿陈锋听说妈妈又要到北京"主席外公"那里去，也哭着闹着非要跟妈妈一起去北京不可。陈国生就只好带着女儿一起来到北京，住在了厂桥中直招待所。此时毛泽东的堂弟毛泽荣、表侄文炳璋和毛新梅烈士的弟弟毛仙梅等也应毛泽东的邀请，来到了北京，住在前门的一个招待所里。几天后，毛泽东在中南海游泳池的会客厅里接见了他们。

因为中央正考虑在全国范围内进行薪金制度改革，所以这次谈话，毛泽东除了想听听农民的生活情况之外，还想了解一下农村和城镇的教师、复员军人、工人以及一般职员的生活现状。因此，毛泽东还特此把秘书叶子龙、罗光禄叫来做记录。

就在谈话的过程中，在游泳池边玩耍的小陈锋突然跑到毛泽东身边，拉着他的衣角说道："外公，外公，我要你给我买一辆单车好吗？"

"要你妈妈买。"毛泽东笑着说。

"妈妈没有钱。"

"我给你妈妈钱，你妈妈不就能买了吗？"毛泽东充满慈爱地笑了。

没过几天，毛泽东真的派秘书来到招待所，送给陈国生二百八十元钱，并嘱咐说："这钱是主席给小孩子买单车的。"陈国生接过钱，半天没有说出话来，感动得直掉眼泪。只见九岁的小陈锋，高兴得在房间里手舞足蹈，开心极了……

毛泽东说："每个人天天都在写着自己的历史，这历史的好坏，全在于自己而不在于他人。"

家书抵万金。故乡亲友的来信自然是无比的亲切，就是百忙、千忙、万忙，毛泽东也没有忘记家乡忘记亲人，他都抽空写回信，哪怕只匆匆写下几行字，都要表达他热爱故乡的无限情怀。

一九四九年十一月十四日，毛泽东写给堂侄毛远翔的一封信才十二个字："十月十五日来信收到，很高兴。"这封信是毛泽东最短的家书之一，也是新中国成立后毛泽东寄给韶山亲友最早的一封信。虽然只有短短的一句话，说白了只有"很高兴"这三个字，但我们完全可以想见在一九四九年十一月新中国刚成立的这个时候，毛泽东是多么地忙。

毛远翔，又名毛毅，字玄夫，是毛泽东的堂侄。一九二四年出生于韶山萃嘉塘，兄弟四人，依次为远耀、远蓄、远翔、远义。毛远翔于一九四二年加入中国共产党，曾任中共湖南湘潭银回区委书记、湘乡县凤音乡武工队政委等职。在韶山解放前，毛远翔自力更生在韶山毛震公祠办起震东学校，招收贫困子弟入学，自任校长兼教员，向学生宣传革命道理。一九四九年八月十五日，解放军四野第四十六军一三八师经过韶山，在打听毛泽东亲属下落的时候，毛远翔是最早被找到的三个人之一。另外两个人是毛泽连和毛远忠。而毛远翔也代表韶山的乡亲们向路过韶山的解放军致欢迎词。

一九四九年十月，毛远翔进入岳麓山的中国人民革命军政大学湖南分校学习。入学不久，他便给毛泽东写了一封信，介绍了学习的情况以及自己的家世。毛泽东很是高兴，在百忙之中给毛远翔回了上面这封短信。

毛远翔在军政大学学习结束后，分配到湖南省委交际处工作。因为工作的需要，毛远翔觉得自身素质有待提高，有了继续学习深造的渴望，于是他再次致信毛泽东，说出了自己想到北京学习和工作的想法，同时还寄去了自己父母亲的照片。

自从当选新中国主席后，毛泽东已经多次收到故乡亲友像毛远翔这样提出求学、求职要求的来信，这使毛泽东发现了问题，旧社会那种"一人得道，鸡犬升天"的封建思想意识在亲友中滋长。而这种要求自然与毛泽东的理想和追求格格不入，从学生时代就开始革命的他，不就是为了革除旧中国的这些不平等、不民主、不自由吗？在人民和亲友的利益上，毛泽东别无选择，他懂得新中国需要他做什么，更懂得新中国的人民需要他做什么。

一九五〇年五月十二日这一天，毛泽东一口气给周文楠、毛爱桂、文南松、毛远佛、毛泽益、邹庚鹏和毛远翔每人写了一封信，在这七封信中，就有四封是拒绝他们在求学、求职方面的要求的。如：在给文南松的信中拒绝了为表兄文运昌介绍工作，"不宜由我推荐"；在给毛远佛的信中说"不要来北京，学习的事将来有机会再说"。同样，毛泽东在给毛远翔的回信中拒绝了他的要求——

　　远翔贤侄：
　　　　两次来信收到，甚为高兴。你应在湖南设法求得工作，不要来北京，这里人浮于事，不好安置。你的文字已通顺，用力学

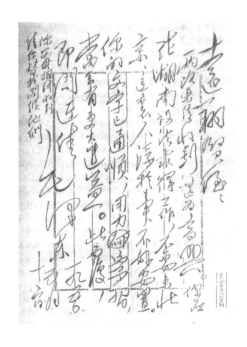

毛泽东致毛远翔的信（1950年5月12日）

习，当会有更大进益。

　　此复，即问近佳

毛泽东

一九五〇年五月十二日

你父母相片收到。请你替我问候他们。

　　尽管毛泽东拒绝了毛远翔的要求，但在同一天写给毛远佛的信中仍然表达了他对毛远翔的关心，他在信中说："远翔是否尚在革大，有一信请转交。远翔略历我忘记了，便时请告我。"

　　毛远翔收到由毛远佛转交的这封来信后，打消了去北京的念头，安心在长沙工作。这年五月，毛岸英回湘省亲，毛远翔全程陪同。在陪同毛岸英看望了外婆、舅舅、舅母之后，他又陪同毛岸英马不停蹄地回到韶山。第二年，毛岸青回故乡，毛远翔仍然像陪同毛岸英一样，从长沙到韶山，深得岸英、岸青兄弟赞赏。而韶山的许多亲友去北京看望毛泽东的事情，也是经过在省委交际处工作的毛远翔亲手办理的。因此当文运昌等人进京后和毛泽东谈到毛远翔时，毛泽东笑着说："这位贤侄不错，学习上很有进步。"

一九五六年，毛远翔调长沙市协和裕织布厂工作，参加资本主义工商业社会主义改造，任该厂公方代表。十一月，毛远翔来到北京参加全国公私合营工商代表大会。会议结束后的十二月五日，毛泽东把毛远翔接进中南海。

这天晚上八点，住在化工部宿舍毛远耀哥哥家中的毛远翔接到了毛泽东请他马上去中南海的电话。在颐年堂，毛远翔终于见到了他心中敬爱的"主席三叔"。

谈话中，毛泽东笑着说："我很想回韶山看看，我去了，他们一定要请我的客，请客又没有米，又没有那么大的地方。真难办啊！"毛泽东还问毛远翔："你们去没去过乡下？那里的情况到底如何？合作化要不要搞？猪和鸡是分散喂还是集中喂的好？"

晚上十一点，毛泽东请毛远翔和毛远耀兄弟吃饭，并向他们敬酒。席间，毛远翔说："主席您老人家说话，还是一口韶山腔。"毛泽东幽默地说："我是个老顽固分子，保守党人。"逗得大家哈哈大笑。

吃完饭，毛泽东又递给他们蜜柚吃，还风趣地说："我们是穷人，现在翻了身，也要讲点儿卫生条件，吃点儿水果好助助消化。"接着，毛泽东像给小孩子讲故事一样，从长征一直讲到当前。在做人处世上，毛泽东说："缺乏帮助人的思想，是不正派的人，别人犯了错误，你去幸灾乐祸，是错误的。没有犯过错误的人，容易犯错误，因为他的尾巴翘得太高了。我们要注意，对犯错误的人，整得过分，往往整到了自己头上。好意对待犯错误的人，可以得人心，可以团结人。对犯错误的人，究竟采取什么态度？是敌视还是帮助？这是区别一个人是好心还是坏心的标志。"

毛泽东接着说："蒋介石给我们五次大'围剿'，一、二、三、四次我们都胜利了，第五次我们就败了，就进行长征，到陕北延安时只有两万多人了。到那里就进行整风，这是失败的结果，要不我们的整风是难得整起来的。"

1950年，毛远翔（左）与毛岸英在长沙

毛泽东还说："打仗不可能老是打胜仗，世上没有常胜将军，胜一下子又可能败一下子，才能总结得经验出来。但又不能老是打败仗，老是败，对士气有挫伤，比如打十仗要胜七仗才好……军阀没有一个成功的，包括蒋介石在内。"在谈到国家发展现实的时候，毛泽东说："如今，城里搞了公私合营，资本家翻不起来了；农村里搞了土改，搞了合作化，地富也翻不起来了。这些做法的结果，就是消灭阶级，消灭剥削，使大家富裕起来。"

毛泽东还跟他们谈了国际形势，说起了波兰和匈牙利事件。在谈到经济建设时，毛泽东说："经济问题要全面分析。有人提出我们是上马还是下马？我说：走路总是一脚在前，一脚在后，绝无两脚一并前进，是有进有退的，但主要的是前进，波浪式的。上马多，下马少。开会也有散会时。平衡是暂时的，不平衡是绝对的。拷贝（即电影胶片——引者注）有动也有不动，如果都动就看不成了。我们是要建立平衡来促使进步。"

在谈到哲学时，毛泽东告诉毛远翔说："任何事物都有统一性和独立性，人也有统一性和独立性。开会是统一性，散会以后是独立性。有的去读书，有的去吃饭，有的去散步，各有各的独立性。成绩也有两重性，好的一面是做出了成绩，不好的一面是做出了成绩会使人骄傲。缺点也有两重性，好的一面是总结了教训，能使人进步；不好的一面是弄坏了事情。"

毛泽东还说："孔子说：七十不逾矩。我说：不一定，因为人的经验总是不足的。孔子又说：三十而立。我说：靠不住，二十九还吊儿郎当。"

谈话结束的时候，已经是凌晨三点钟了，毛泽东勉励他们说："你们要好好学习，努力工作。人在世上要多做点儿有益的事情，有益于社会和人民，要懂得，每个人天天都在写着自己的历史，这历史的好坏，全在于自己而不在于他人。"

作为后来人，今天读着毛泽东的这些富有哲理的话，依然能感悟到伟人的心跳。而作为他的堂侄，毛远翔没有辜负毛泽东的期望。回长沙不久，他又被调任长沙市南区宣传部长。但在"文化大革命"中，毛远翔因为所谓的"历史问题"被下放农村劳动改造。受尽委屈的他也曾想把自己蒙受的冤屈写信告诉毛主席，但他害怕这样会给"主席三叔"添麻烦，最后还是没有打扰毛泽东。

第十一章
有公有私　上下分明

——毛泽东和舅家表兄及后人

第一个收到毛主席回信的文南松是唯一没有进京与表弟毛泽东相见的表兄

文南松是新中国成立后韶山唐家圫毛泽东外婆家亲友收到作为国家主席毛泽东的回信的第一个人。

一九五〇年五月十二日，毛泽东在信中说：

南松表兄：

正月来信收到了，感谢你的好意。运昌兄给我多次信，我回了一信，寄南县白蚌口，不知他收到没有？运昌兄的工作，不宜由我推荐，宜由他自己在人民中有所表现，取得信任，便有机会参加工作。十哥、十七哥还在否？十一哥健在甚慰，他有信来，我已回了一信，不知他收到否？你说乡里缺粮，政府不发，不知现在怎么样？还是缺粮吗？政府一点办法也没想吗？来信时请详为告我。此复。即问近安。

毛泽东

一九五〇年五月十二日

这是毛泽东写给文南松的第二封信，也是最能表达毛泽东对外家表兄们浓厚亲情和不徇私情的一封。

文南松是毛泽东八舅父文玉钦的第三子，名士苹，字鹿秋，生于一八九〇年十月十日，比毛泽东大三岁，是毛泽东两个亲舅父家六兄弟中年龄最小的一个。按文氏大家族排行，文南松排第二十，因此毛泽东称其"文廿阿公"。

毛泽东的童年大部分时间是在外婆家度过的。在唐家圫，毛泽东和几位表兄们同吃同睡同游戏，白天在一起放牛，晚上在一起读书识字，情同手足，情深谊厚。小表兄文南松虽读书不多，但质朴、诚实、正直，是一个勤劳善良的中国农民。早在一九二一年，父母过世后，毛泽东动员全家出去干革命，还是文南松将弟媳王淑兰和继妹毛泽建护送去长沙的。一九二五年，毛泽东在韶山开展农民运动，文南松紧跟着表弟毛泽东，在唐家圫毅然投身于农民运动。大革命失败后，文南松依然相信毛泽东的事业是正义的，对表弟领导的中国革命充满信心。我们今天所看到的毛氏三兄弟和母亲在长沙的合影照片，就是他冒着生命危险珍藏起来的。

一九四九年，人民解放军进入湖南，文南松积极组织群众迎接解放，并鼓励儿子文炳璋参加了地下武装——湘中纠察队。湖南和平解放后，当文南松得知表弟毛泽东已经是"国家主席"的消息后，兴奋得彻夜难眠，立即提笔给毛泽东写信。可是他并不知道表弟到底在什么地方，只是听说毛泽东在北平，于是他充满希望地写了个"北平城里，毛泽东主席亲启"的信皮，将信寄走了。

天遂人愿，尽管因为战事邮路还不是很通畅，但这封信在经过两个月的辗转之后，在十一月份终于送到了毛泽东的手中。开国之初，百废待兴，日理万机的毛泽东即挥笔复了一封短信：

南松兄：

　　来示读悉，极为高兴。

　　祝你健康！

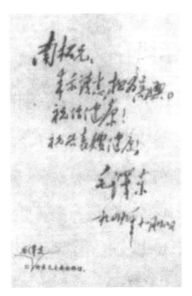

毛泽东致文南松的信
（1949年11月28日）

祝各表嫂健康！

毛泽东

一九四九年十一月二十八日

信写好后，恰好第一个来北京看望毛泽东的毛泽连，在北京住了近两月正准备回韶山。于是，毛泽东将这封信和一张全身近照交给他，请他带回家乡，并嘱咐道："一定要亲手交给文廿阿公。"

一九五〇年春节，对于文家来说，真是个大团圆的节日。一是因为毛泽连捎来了当了国家主席的表弟毛泽东的第一封亲笔信，二是因为流落华容、南县多年的二哥文运昌也回到了唐家坨。不言自明，带给文家更大希望和对未来美好憧憬的最大原因，是表弟毛泽东当上了国家主席。毫无疑问，在几千年封建历史中走过来的中国老百姓的眼中，国家主席毛泽东就是一个相当于封建皇朝"皇帝"这样的大人物。

憨厚朴实的文南松尽管自己读书不多，但他尊重读书人。在他的心目中，他聪明能干读过书的二哥文运昌应该是个有作为有出息的人，而如今表弟毛泽东又当上了国家主席，自己是大字不识几个的农民也就算了，可二哥运昌应该有个相当有身份的工作，为文家撑起门面。于是他便给表弟毛泽东又写了一封信，信中不仅提到了乡下缺粮的事，更重要的是希望表弟毛泽东能够关照二哥文运昌的工作问题。

　　毛泽东收到文南松的来信后，立即于一九五〇年五月十二日回复了本章开篇的这封信。对"运昌兄的工作"，明明白白地说出了自己的意见："不宜由我推荐，宜由他自己在人民中有所表现，取得信任，便有机会参加工作。"显然，毛泽东拒绝推荐。

　　应该说，文运昌在毛泽东的少年时代是一个对他有过影响和帮助的人物。我们可以在《毛泽东自传》中看到，当年十六岁的毛泽东正是因为表兄文运昌的帮助，他才知道了外婆湘乡县城有一个"有趣的新学校"，"并将'新法'学校的变迁情形讲给我听"。而"我的父亲终于让我入学了"，也是因为表兄劝说了父亲，"说这种'高等'教育可以增加我赚钱的本领，这是我第一次远离家乡，离家有五十里。"毛泽东说："我在这学校里有很大的进步。教员都喜欢我，尤其是教经书的，因为我古文作得不错。然而我的志趣并不在经书。我正在读我表兄送给我的两本关于康有为改革运动的书。一本是梁启超编的《新民丛报》。这两本书我读而又读，一直到我能够背诵出来。我很崇拜康有为和梁启超，并十分感激我的表兄，当时我以为他是非常前进的……"由此可见，表兄文运昌对少年毛泽东的影响是存在的，而且这种影响在毛泽东的人生历程中是具有启蒙意义的，是不可忽视的。

　　毛泽东没有忘记表兄文运昌，但作为新生的共和国主席，作为一个有别于中国历史上任何一个时代的"一国之主"，作为全心全意为人民服务的中国共产党的领袖，他不会也不可能利用自己手中的权力为表兄谋个一官半职的。当然，亲友私情共产党人也是需要的，但私利是绝对不谋的。这一点，作为纯朴农民的文南松或许一时难理解。对此，毛泽东没有责怪他，依然对表兄说"感谢你的好意"，而且对文南松来信反映的"乡里缺粮，政府不发"的问题，表示了极大的关注，接二连三非常关切地问道："不知现在怎么样？还是缺粮吗？政府一点办法也没想吗？"并要求表兄"来信时请详为告我"。可见毛泽东是十分重视农村、农民和农业，也就是现在的"三农"问题的。

毛泽东是一个重感情的人。在这封家书中，毛泽东尽管拒绝给文运昌安排工作的要求，但他还是担心表兄文运昌不理解或者误解他，所以一开始就告诉文南松说："运昌兄给我多次信，我回了一信，寄南县白蚌口。不知他收到没有？"因为此前文运昌就多次致信毛泽东，可毛泽东访问苏联未归，所以迟至四月十九日才回复一封信。信发出后，毛泽东担心在南县白蚌口工作的文运昌收不到，五月七日在给表兄文涧泉的信中就曾问询："运昌兄连来数信，已复一信寄白蚌口，不知他收到否？"不到一星期，毛泽东在给表兄的信中多次问起这件事，可见他是重视和表兄文运昌的感情的。

历尽劫波兄弟在，悲欢离合几多情。信中，毛泽东还问起"十哥、十七哥还在否？十一哥健在甚慰，他有信来，我已回了一信，不知他收到否？"这里的"十哥"是指文洋香，是文南松和文运昌的大哥；"十七哥"是指文梅清，是"十一哥"文涧泉的胞弟，是文南松的堂兄。而毛泽东在五月七日给文涧泉的信中，也同样问询"十哥、十七哥还在否？"接二连三的询问，三番五次的问候，字里行间无不洋溢着毛泽东对外公外婆家诸表兄的挂念之情。

毛泽东在外家共有六位表兄，即七舅父文玉瑞所生的文谷香、文涧泉、文梅清和八舅父文玉钦所生的文洋香、文运昌和文南松。七舅和八舅是按文家的大家族来排行的，其实毛泽东亲舅舅就这两个。六位表兄按年龄排序依次是：文谷香、文洋香、文涧泉、文运昌、文梅清、文南松。但新中国成立后只有后四位健在。而在健在的表兄中只有这位大毛泽东三岁的小表兄文南松，是唯一没有进京与表弟毛泽东相见的人。一九五一年，六十一岁的文南松病逝，毛泽东闻讯后，心里非常难过，实感遗憾，托人带了几百万元旧币作为安葬费用。一九五三年，毛泽东邀请文南松的妻子文刘氏赴京叙旧，饱览首都风光，并与她合影留念，弥补了心中的憾事，他说："文廿阿公是个老实人，我最敬重他。"

文涧泉向毛泽东要新长袍要坐飞机，毛坚决不同意；但反映问题时毛承认"人民公社没有办好，群众有意见，下情不能上达，我们患了严重的官僚主义"。

　　七舅文玉瑞是毛泽东的干爹，其次子文涧泉生于一八八一年，长毛泽东十二岁。这位只读了两年书的表兄，精明能干，对表弟毛泽东是崇敬有加，曾参加过毛泽东在家乡开展的农民运动，打土豪斗劣绅。一九二七年还曾陪同毛泽东考察湘乡的农民运动。新中国成立前他曾担任过房内经管、大坪区区总，参与过房谱的修撰工作。新中国成立后，从一九五一年到一九六二年，文涧泉曾先后七次进京与毛泽东相会，六次和毛泽东合影留念，是文家兄弟中与毛泽东相见最多的人。

　　自从收到文南松的第一封信后，毛泽东又陆续与外家的表兄们有了联系，中断了近二十年的音讯终于有了新的沟通。而对毛泽东来说，他最想知道也最为关心的问题是经过战火洗礼之后，他故乡的亲人们是否都还活着。"唐家圫现在尚有多少人？有饭吃否？十哥、十七哥还在否？"因为他的兄弟姐妹和妻儿等大都为革命付出了血的代价，牺牲在祖国的四面八方，他渴望表兄尽快将亲人们的消息告诉他。

　　涧泉表兄大鉴：

　　　　一月十六日来信收到，甚以为慰。唐家圫现在尚有多少人？有饭吃否？十哥、十七哥还在否？便时请你告我。文凯先生宜在湖南就近解决工作问题，不宜远游，弟亦未便直接为他作介，尚乞谅之。运昌兄连来数信，已复一信寄白蚌口，不知他接到否？甫松兄第二次来信已收到。感谢他的好意。此复，顺祝健康！

　　　　　　　　　　　　　　　　　　　　　　　毛泽东

　　　　　　　　　　　　　　　　　　　一九五〇年五月七日

　　这封家书中提到的"文凯先生"是文涧泉的一位族兄。此人毕业于日

毛泽东致文涧泉的信（1950年5月7日）

本东京警官大学，新中国成立前曾担任过湖南汝城县的警察局长。作为家族兄弟，文涧泉心想，请当了国家主席的表弟毛泽东出面给其朋友文凯安排个工作，还不是一个顺手人情。但毛泽东没有答应，婉拒了他的要求："文凯先生宜在湖南就近解决工作问题，不宜远游，弟亦未便直接为他作介，尚乞谅之。"

尽管表弟没有答应帮忙，文涧泉收到毛泽东的回信，还是激动万分，逢人就说："表弟给我来信啦！主席给我来信啦！主席还惦记我们呐！"

一年后的五月十五日，毛泽东致信弟媳王淑兰（毛泽民夫人）："五月九日来信收到，欢迎文涧泉、文运昌两兄来京一叙。请持此电去湖南省委统一战线部见刘道衡同志，请他为两位文先生购买两张快车头等火车票，并酌给路上费用，即可来京。"

二十多年不见，表兄们都老了，毛泽东也近花甲之年。在北京颐年堂，文涧泉拉着表弟毛泽东的一双大手，激动得半天说不出话来。这次来京，毛泽东特意留两位表兄在北京住了四个多月，有空时还亲自陪同他们游览北京名胜。中秋佳节，毛泽东、江青夫妇与他们合影留念。文运昌返湘后，将与表弟毛泽东的合影送给省文物管理会一张。老先生们争相传看，年过八旬的萧仲祁老先生题诗曰："颐年堂上客星留，元首当年共钓游。兄弟肩随依日月，江湖魏阙并千秋。"

文涧泉、文运昌二人回家的时候，毛泽东又从稿费中开支，给每人买了一件皮袍、一只大皮箱，并且给没有来的表兄、表嫂们每人买了一套衣料，晚辈们每人都买了笔记本、钢笔，以及一些水果糖。文涧泉二人推谢，毛泽东说："表兄到北京空手而归，岂不叫人笑话！"

文涧泉一生务农，极少离开乡里，如今有了主席表弟，又去了京城，可谓大开眼界。他或许还不知道他在北京的所有开支花销均是表弟从稿费中支付的，并不是公家报销。因此他心里又有了想法：再到上海等大城市去看一看瞧一瞧。于是他又致信毛泽东，表达了自己的想法，并将自己岳家的一位亲戚想到北京读书的事情请毛泽东出面帮忙。很快，他就收到了毛泽东的回信：

涧泉兄：

　　惠书收到。

　　承告乡情，甚谢。

　　来京及去上海等地游览事，今年有所不便，请不要来。赵某求学事，我不便介绍，应另想法。此复。

　　顺祝康吉，并候各戚友安好！

　　　　　　　　　　　　　　　　　　　　毛泽东

　　　　　　　　　　　　　　　　　　一九五三年九月八日

或许在文涧泉看来，求学读书不同于求工作，该不至于被毛泽东拒绝。但毛泽东的态度就是这样的明朗，对于不正当的要求，他决不迁就，仍然明确地拒绝了。毛泽东决不滥用人民给他的权力，为自己的亲友谋利益。

而对文涧泉个人提出的不合理要求，毛泽东也毫不客气。

有一次来北京，文涧泉在菊香书屋看到韶山来的许多乡亲都穿着毛泽东给他们做的新衣服，一个个喜形于色，他心也动了，就向毛泽东提了要求："表弟，你给韶山的老乡每人做了一件，就把我这唐家圫的表兄忘了，也给我缝制一件长袍吧？"毛泽东没有含糊，摇了摇头，说："现在平均每

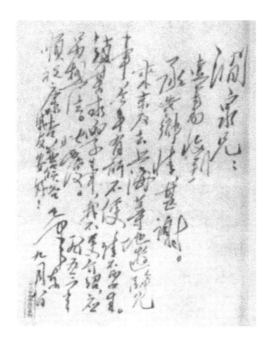

毛泽东致文涧泉的信
（1953年9月8日）

人只有一丈多布票，哪有这么多布来缝什么长袍啊！"文涧泉一听有些不高兴。毛泽东知道表兄心里不舒服，就让工作人员把自己的一件旧长袍送给了这位表兄。

文涧泉来北京次数多了，坐过汽车、火车的他在回家时，向毛泽东提出了要坐一下飞机试一试，开开洋荤。毛泽东听了，没有答应，说："坐飞机太贵了，还是坐火车的好。"文涧泉不让步，说："你堂堂一个国家主席，我就不相信买不起一张飞机票？"毛泽东耐心地劝道："十一哥，不是我买不起飞机票，现在国家正在搞建设，缺钱花，大家都要节约，我是主席，更应带好头啊！"但为了安慰表兄，毛泽东还是从自己稿费中支出三百元，作为文涧泉回家的路费。

要新长袍，主席没做；要坐飞机，主席没让。这并不是毛泽东对他的这个十一哥有意见。恰恰相反，这正是毛泽东待客的原则："亲者严，疏者宽"。表兄文涧泉就是属于"亲者严"。不过，一九五九年文涧泉进京见毛泽东，还真的吃了一些苦头。

一九五八年，中共中央为了尽快改变一穷二白的面貌，提出了"鼓足干劲，力争上游，多快好省地建设社会主义"的总路线，轻率地发动了"大跃进"，忽视了经济发展的客观规律，主观意志决定论取代了科学态度。为了追求"高速度"、"大跃进"，各种高指标、瞎指挥、浮夸风等"左"倾错误开始随之泛滥起来。毛泽东的故乡也不例外。某些人为了追求"高产"，不顾客观事实和效果，要求地翻三尺，大力提倡密植，插秧要插四六寸，甚至四四寸，还说这是"科学种田"。如果不这么做，就是反对"大跃进"运动，就是反对新成立的人民公社，也就是反党、反对毛主席。

　　文涧泉是个有着丰富种田经验的老农，无论如何也不相信这种方法会"科学"到哪里去，不接受这种所谓的"种田经"，于是就在一些公共的场合，发表了不同看法。他向干部们说："正像一个家庭，就是那么一缸子米，儿女多了就吃不饱。稻秧也一样，太密了，禾苗子争肥、争水、争阳光，又不好除草，怎么可能增产呢？"他认为水稻可以密植，但只有合理密植才会增产。文涧泉的话显然不符合上面的精神要求，他的观点被斥为"经验主义"，受到批判，他个人也因此被插了白旗，戴上了"保守"、"落后"的帽子。文涧泉哪里受得了这个气。于是一气之下，他跟谁也没打招呼，自己一个人跑到北京找表弟毛泽东来评评理："到底是毛泽东让这么搞的，还是下边这么搞的，不相信问不出个水落石出。"

　　一到北京，七十八岁的文涧泉有些傻了。找个地方住宿倒不成问题，尽管条件很差，但毕竟能睡觉，可是要见表弟毛泽东可不是他想象的那么容易。因为事先他没有接到毛泽东的邀请，也没有任何联系，毛泽东自然也不知道他来了。在新华门，文涧泉跟警卫战士软磨硬泡，说自己是"毛主席的亲戚"，可怎么也不行，被挡在了门外。既然好不容易来了，却见不到表弟，这可不行。文涧泉有心眼，人进不了新华门，电话总能进去。于是他拨通了中南海的电话，但回答却是："毛主席在外视察，不在家。"文涧泉是个犟脾气，一不做，二不休，一定要等到毛泽东回来，见一面再走。要不然，不就是白来一趟嘛，回去岂不让人笑话。

这天，文涧泉在《人民日报》上突然看到了一则毛泽东在北京会见外宾的新闻。虽然文化不高，但这则新闻却告诉他一个信息：毛泽东在北京！于是他急忙赶到新华门，跟卫兵说："我要见毛泽东，他是我表弟。"

但卫兵是不可能同意他进去的。没有办法，文涧泉就赖着不走，非要跟卫兵争个不休。事有凑巧，正在交涉间，一辆轿车从里面开了出来，轿车里坐着的正是毛泽东。毛泽东看见了文涧泉，立即停车走下来把文涧泉接上了车，并掉转车头，回到了丰泽园的菊香书屋。

终于见到了表弟毛泽东，本来在家就窝了一肚子火的文涧泉，这次在北京又遭到了"冷遇"，开口就没好气地跟毛泽东说："人还没死，瘫了门板。"毛泽东一听，立即安排他换了一个条件好的住处。

接着，文涧泉开门见山地告诉毛泽东："我这次来的目的，是要解决一个问题。"

"什么问题？"毛泽东问道。

"我认为，政府有的政策不行。"文涧泉一本正经地说，"种田搞密植，我不反对，但要合理密植，如今搞什么四六寸、四四寸，甚至板板寸，我做了一辈子的田，还没看到如今这个密法。下面有人说，这是你让搞的，我不信。如果是你让搞的，你这样搞，就错了；如果不是你让搞的，你就要纠正，不能再这么搞了。"

毛泽东听得很认真，文涧泉也是竹筒倒豆子："我文涧泉也不是要摆狠，但是我就是不同意这么个密法。这下好了，有人说我是'保守派'，是'经验主义'，插了白旗不说，还要组织批判我。我就是来告状的，让你也评评理。"

毛泽东一言不发。他喜欢表哥的这种痛快直爽。

"说我'保守'我就保守，做田这种事要不得花架子，至于说我是'保守派'，我怕什么？我人虽然老了，但还可以看水，还可以扯秧，但这么密植，是要减产的，今后可要出大祸事的。表弟，你对这事怎么看？反正我来北京已经这么久了，但还要住下去，要等到政府改变了态度，等我的孙子写信来了，我才回去！"

文涧泉一气说完，才回过神来注意到毛泽东的表情。实践出真知，毛泽东懂得性格倔强的表哥大老远为这个"密植"问题跑到北京来的用心，既佩服表哥的勇气，也能理解表哥的怨气。毛泽东说："密植问题，我会过问的，你的意见是对的，合理密植才是科学的态度。"

毛泽东肯定了文涧泉的意见。文涧泉也高高兴兴地在北京小住了几天就回家了。不久，毛泽东在《党内通信》中对"密植"问题作了指示，要求各地农村改变硬性规定密植幅度的办法。

六十年代初期，新中国出现了严重的自然灾害，国民经济极度困难，各地不时有饿死人的消息传来。为了更全面地了解农村基层和老百姓生活的实情，毛泽东再次邀请心直口快、实话实说的表兄文涧泉进京。

一九六一年七月六日，毛泽东在中南海接见了文涧泉。为了能把自己的真实想法完整地表述出来，这次进京，文涧泉还带来了一个在学校当教师的助手，他的外甥、毛泽覃元配赵先桂的继子赵迎。

文涧泉对毛泽东最关心的农村群众生活问题，一一作了认真的回答。毛泽东还要秘书认真做好记录，整理出来。文涧泉直言不讳地告诉毛泽东："现在，老百姓骂点儿娘在其次，饿死了人可是大事呀，今后有的事，硬不能稀里糊涂了。下面有些干部对下压服，对上糊弄，尽拣好听的话讲，那是花架子，是要误事的呀！"

毛泽东点了点头，沉重地说："农民生活很苦，国家暂时有困难，过几年会好一点儿的。人民公社没有办好，群众有意见，下情不能上达，我们患了严重的官僚主义。我们派一个工作组到你们公社了解一下。你们回去后，要及时给我写信，把农村的情况告诉我。"

文涧泉高兴地点头答应了。说着，毛泽东又对说话大胆直率的赵迎说："赵老师，你今后就做我的通讯员，把乡下的情况都写信告诉我，好吗？"

赵迎连忙说："好！"他又将农村的教育工作进行了汇报。

毛泽东说："我对农村教育工作确实考虑得少了一点儿。我们是文明古国。旧社会，人民缺少文化，受人欺压，这教训不能忘。要在农村普及文化。现在办学困难，可以发动群众，分散办，办农村夜校。我在韶山办过夜校，把夜校办好，群众晚上上学。等条件好了，普及小学、中学教育。在我们这一代，总要为农民做点儿好事才行。"

从北京归来后，文涧泉和赵迎按照毛泽东的嘱咐，经常给他写信反映乡下实际情况，受到毛泽东的肯定。一九六二年，毛泽东又邀请文涧泉来北京见面，这是两位表兄弟最后一次见面，毛泽东已年近古稀，而文涧泉已经八十岁了。

一九六七年一月二十九日，文涧泉去世，享年八十六岁。

对有恩于自己的表兄文运昌，毛泽东依然少有地下了"逐客令"

如果生活有假设的话，我们是否可以这样来一个假设：假如毛泽东没有文运昌这个表兄，或许中国就会多一个米商，而少一个伟大的军事家、政治家和诗人。就连毛泽东本人也承认，他之所以能够在十六岁第一次离开韶山冲，走进湘乡的这个"有趣的新学校"湘乡县立东山高等小学堂，是表兄文运昌把这个消息告诉他的。而且也是这个比毛泽东大九岁的表兄做了毛泽东父亲的思想工作，"说这种'高等'教育可以增加赚钱的本领"，毛顺生才答应满足儿子毛泽东外出求学的要求。毛泽东"付了十四吊铜板作五个月的膳宿费及购买各种文具用品之用"，在这所离家五十里的小学上学了。

这是毛泽东第一次远离家乡。这一年，毛泽东十六岁。他做出了决定人生命运的第一个重大选择。临行前，毛泽东悄悄地把一首自己改写的"立志诗"夹在父亲的账簿里，意气风发的他似乎是在向父亲立"军令状"："男儿立志出乡关，学不成名死不还。埋骨何须桑梓地，人生无处不青山。"后来毛泽东回忆说，在这所新学校里，"有两个是我的好同志"。而这两个朋友一个是著名的诗人萧三，另一个就是表兄文运昌。

在美国记者埃德加·斯诺一九三六年十月采访毛泽东，记录下的唯一的《毛泽东自传》中，毛泽东说："我在这学校里有很大的进步。教员都喜欢我，尤其是教经书的，因为我古文作得不错。然而我的志趣并不在经书。我正在读我表兄送给我的两本关于康有为改革运动的书。一本是梁启超编的《新民丛报》。这两本书我读而又读，一直到我能够背诵出来。我很崇拜康有为和梁启超，并十分感激我的表兄当时我以为他是非常前进（进步）的，但后来他变成了一个反革命分子，变成一个劣绅，并于一九二五至一九二七年间的大革命时代参加反动工作。"由此可见，毛泽东是因为表兄文运昌才接触了许多新的进步的革命思想，所以他在跟埃德加·斯诺回忆起这段时光时，还是满怀深情地说"十分感激我的表兄"。但后面的一段话，说文运昌"变成了一个反革命分子"，这却让文运昌一直耿耿于怀，进而发展成为表兄弟之间心中一辈子也没有解开的疙瘩。故事就这样开始了。

在现存可考的毛泽东写给外家表兄的家书中，毛泽东和文运昌的通信是最多的，跨越的年代也最长。从一九一五年二月二十四日的第一封信，到一九五〇年四月十九日的最后一封信，毛泽东给文运昌的信最能表明他和外家亲人之间的情谊，也最能印证毛泽东本人的心路历程。

咏昌先生：
　　书十一本，内《盛世危言》失布匣，《新民丛报》损去首叶，抱歉之至，尚希原谅。

泽东敬白

正月十一日

又国文教科二本。信一封。

这是目前现存毛泽东最早的信函。

文运昌，派名士拧，又名咏昌、润昌，是毛泽东的舅父文玉钦的次子，在唐家圫文家排行十六。自幼聪颖好学，因此备受开办蒙学馆的父亲器重，希望其能继承父业，延续书香。

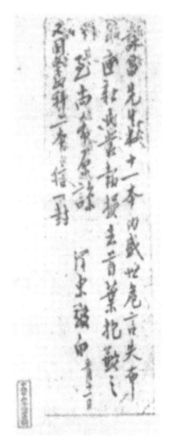

毛泽东写给文运昌的还书便条
（1915年2月24日）

尽管毛泽东在东山高小只读了半年书就去了长沙，但在东山高小的这半年时间里，他确实打开了眼界，思想上产生了一个质的飞跃。要知道，在这里，毛泽东第一次知道朝代已经变了，而且第一次"读了一点外国的历史和地理"，并"在一篇论美洲革命的文章里"第一次听到世界上还有一个国家叫美国。毛泽东还在萧三借给他的一本叫《世界大英雄传》的书中，知道了"拿破仑、俄国叶卡捷琳娜女皇、彼得大帝、惠灵顿、格莱斯顿、卢梭、孟德斯鸠及林肯"。毛泽东在这本书上加了许多圈点。而毛泽东最钦佩华盛顿，经过八年艰苦战争，赢得了美国独立。他说：中国也要有这样的人物。而表兄文运昌借给他的两本书——一本是郑观应的《盛世危言》，一本是梁启超主编的《新民丛报》，给他的影响更是重大，像灯塔一样照亮了他人生前进的航向。

《盛世危言》是毛泽东最早接触改良主义的书。当年毛泽东为了看这书，总是经常在深夜把房间的窗户遮起来，躲在被窝里偷偷地看，好让父亲看不见灯光。《盛世危言》的作者郑观应（一八四二——一九二一，广东香山人）是甲午战争以前早期具有改良思想的代表人物。他于一八六二年写成《救时揭要》，后增订改名《易言》刊行，至一八九三年再增补修订，定名《盛世危言》出版。而此年年底毛泽东才刚刚出生。因这部书是当时影响最大的讲西学、新法的书，所以能畅销不衰，发行达十多万册，并传到韶山这个偏僻的山村。在戊戌变法前几年，此书曾由总理衙门印两千部，分发众大臣阅看，腾播朝野。一八八四年，湘军著名将领彭玉麟在该书的序言中是这样介绍作者的："少倜傥有奇志，尚气节。庚申（一八六〇）之变，目击时艰，遂弃举业，学西人语言文字，隐于商，日与西人游，足迹半天下，考究各国政治得失利病，凡有关于安内攘外之说者，随手笔录，积年累月，成若干篇，皆时务切要之言。"郑观应在书中列举了帝国主义侵略的危机，抨击了清政府顽固保守、政治腐败的种种弊害，呼吁"主以中学，辅以西学"，向西方学习；他主张仿行西方的君主立宪制，发展资本主义的政治经济和文化教育。但毕竟因为郑观应所处的时代局限，他自己也不敢摆脱孔孟纲常人伦的本体，仍然是一个"圣之时者也"的人物。不过，在当时，对于身处山高皇帝远的韶山的毛泽东来说，读起这本几乎与他同龄的图书，自然是茅塞顿开，热情高涨，尤其作者的教育救国思想更是激发了他"要恢复学业的愿望"。

对于梁启超主编的《新民丛报》，毛泽东也是爱不释手，"读而又读，一直到我能够背诵出来"。直到晚年他还谈到当年"受梁启超办的《新民丛报》的影响，觉得改良也不错，想向资本主义找出路，走西方富国强兵的路子"。因梁启超号任公，毛泽东早年还给自己取了个"子任"的笔名，他早年的许多文章风格也大有梁启超的影子。

《新民丛报》反映的是梁启超以进化论为理论基础的所谓"新民说"，在这个总题目下，梁启超在《丛报》上发表了二十篇论文[①]。梁启超的这些论文反复阐述了这样一个论点：中国国民缺乏公德、私德、国家、权利和义务的思想，多"奴性"而少"独立"，可谓"民智低下"、"智慧不开"，认为"欲维新我国，当先维新我民"，而"民德、民智、民力，实为政治、学术、技艺之大原"。今日读来，依然振聋发聩。

---

① 这20篇论文标题分别为：1. 叙论；2. 论新民为今日中国第一急务；3. 释新民主义；4. 就优胜劣败之理以论证新民之结果而论及取法之所直；5. 论公德；6. 论国家思想；7. 论进取冒险；8. 论权利思想；9. 论自由；10. 论自治；11. 论进步（一名论中国群治不进之原因）；12. 论自尊；13. 论合群；14. 论生利分利；15. 论毅力；16. 论义务思想；17. 论尚武；18. 论私德；19. 论民气；20. 论政治能力。

韶山毛泽东纪念馆现保存有一本毛泽东当年阅读的《新民丛报》第四号。毛泽东在其第六篇《论国家思想》一文中有关"国家"和"朝廷"这两个概念的论述旁边，作了这样的批注："正式而成立者，立宪之国家也。宪法为人民所制定，君主为人民所推戴。不以正式而成立者，专制之国家也，法令由君主所制定，君主非人民所心悦诚服者。前者，如现今之英日诸国；后者，如中国数千年来盗窃得国之列朝也。"这段文字是我们目前能见到的毛泽东对历史、政治和国家之见解最早的文字记录。要知道，当时他才是一个十六七岁的农村少年，这种思考、理解中国过去、现在和未来的读书态度，无论怎么看，都是令人惊讶而弥足珍贵的。

到长沙后，毛泽东先后在湘乡驻省中学、湖南省立第四师范学校和省立第一师范学校就读，但《盛世危言》和《新民丛报》两本书却始终携带在身，不时翻阅。一九一五年寒假期间，毛泽东回家过春节，来到外祖家向舅父舅母拜年，顺便带来了《盛世危言》和《新民丛报》等十三本书籍还给表兄。因为文运昌不在家，而书因借阅太久有所损毁，毛泽东便给表兄写了一封短笺，以表歉意。

文运昌是个细心人，爱读书，也喜欢收藏。他借书给人家的时候，有一条规矩，就是必须打借条。表弟毛泽东也不例外。他总是说："相公借书，老虫借猪，有借无还，还是先打条子，后拿书。"因此从某种角度说，毛泽东的这封信其实是一张还书条。惜书细心的文运昌也一直将这两本毛泽东看过的书和便条保存着，直到新中国成立后交给了国家，现珍藏于韶山毛泽东纪念馆。值得一提的是，一九一九年十月，毛泽东的母亲去世，文运昌与父亲、伯父以及堂兄弟一起前往韶山上屋场帮助料理丧事。就在这个时候，细心的文运昌抄录了毛泽东那篇感天动地的《祭母文》和挽联，并将它们保存传世，成为极其珍贵的文献。

长沙岁月是毛泽东人生中最为重要的转折。一九一八年毛泽东从湖南第一师范毕业；一九一九年他第一次来到北京，并与杨开慧恋爱；一九二一年七月，他到上海参加中共一大——毛泽东经历了青春期思想上最初的阵痛和迷茫，寻求救国救民的真理，开始接受马克思主义，成为具有初步共产主义思想的知识分子，走上了革命的道路。

一九二二年秋，担任中共湘区委员会书记的毛泽东，在长沙全力领导湖南的工人运动。当时正值建党初期，为了革命工作，毛泽东辞去了在湖南省立第一师范担任国文教员的职位，和杨开慧住在长沙小吴门外清水塘二十二号。就在这时，文运昌托一位姓刘的同乡给毛泽东带来一封信，希望表弟为这位同乡找一份工作。繁忙中的毛泽东四处打听，为这位"刘君"寻找"位置"，但终因无力玉成其事，只好嘱其返乡。毛泽东在十一月十一日同时写了两封信，一封是给舅父母文玉钦和夫人文赵氏的，一封就是给文运昌的：

> 运昌姻兄：
>
> 　来示接读。刘君实在无法位置，今刘回乡，情形请面询之。弟在此无善足录，生活奇窘，不足为戚友道也。
>
> 　舅父母一函请面呈。各位表兄嫂同此问候，有暇盼兄时赐教言。即颂
>
> 　乡祺！
>
> 弟　泽东　上
十一月十一号

这个时候的毛泽东，作为中共党员，领导着湖南的革命，工作是秘密的，而且经济上的确不宽裕，正如他自己所言："弟在此无善足录，生活奇窘，不足为戚友道也。"作为兄长，毛泽东不仅担负着小弟泽覃和妹妹泽建的读书生活费用，还要养家。因为毛岸英刚刚出生，还没有满月，刚当上爸爸的毛泽东可谓千头万绪，在经济上经常要靠夫人杨开慧娘家的资助。

一九二五年，毛泽东以"养病"为名在韶山开展农民运动。文运昌在表弟的影响下，曾与邹祖培、赵先桂、刘陶友、王镜开等发起组织农民协会，并担任凤音乡农协秘书。有一天晚上，毛泽东和文运昌正在家中围炉

毛泽东致文运昌的信
（1922年11月11日）

夜话，畅谈农民运动工作，突然团防局的几个反动分子来抓人，毛泽东机警脱险后，文运昌被捕。文运昌在牢房中关押了几天之后，经多方营救，才获保释。对此，文运昌说："我那次虽然受了一点皮肉之苦，尝了几天铁窗滋味，却换来表弟平安脱险，真是幸莫大焉，值得，值得。"此后十年间，毛泽东开始了他任重道远的革命，人生起起伏伏，战争血雨腥风，长征万里，关山若飞，表兄弟之间断了联系。

一九二七年"马日事变"后，白色恐怖笼罩湖南，文运昌在韶山无法立足，出走广东，在粤军第三军第一师担任师长的同乡贺瑞庭（湘乡大坪人）那里担任咨议，以养家糊口。后来，又由贺介绍到广东揭阳县枫口警察所，隐姓埋名担任所长。直到一九二九年回到湖南，曾一度闲居，次年随姨表兄王季范到长沙衡粹女子学校任职，后又在长郡中学庶务，继续从事教育工作。

一九三七年，为抵抗日本侵略者，国民党和共产党实现了第二次合作，已经是中共最高领导人的毛泽东，正在陕北领导着抗日救亡运动。也就是在这个时候，长沙青年学生莫立本在文运昌的介绍下，像众多向往革命和自由的青年人一样，千里迢迢奔赴中国的红色圣地——延安，投奔革命。

烽火连三月，家书抵万金。当毛泽东接到由莫立本带来的表兄文运昌的来信后，快慰莫名。分别十年了，转战南北，关山重重，音信全无，多少离情别绪，往事并不如烟。乡愁或许就是这样的一种存在，像血液一样古老又年轻。

文运昌在信中，倾诉了兄弟别离后的思念，并向表弟毛泽东讲述了家中的情况。当毛泽东得知"八舅父母仙逝，至深痛惜。诸表兄嫂幸都健在，又是快事"。他激动之中立即给表兄回了封热情洋溢的长信——

运昌吾兄：

莫立本到，接获手书，本日又接十一月十六日详示，快慰莫名。八舅父母仙逝，至深痛惜。诸表兄嫂幸都健在，又是快事。家境艰难，此非一家一人情况，全国大多数人皆然，惟有合群奋斗，驱除日本帝国主义，才有生路。吾兄想来工作甚好，惟我们这里仅有衣穿饭吃，上自总司令下至火夫，待遇相同。因为我们的党专为国家民族劳苦民众做事，牺牲个人私利，故人人平等，并无薪水。如兄家累甚重，直在外面谋一大小差事俾资接济，故不宜来此。道路甚远，我亦不能寄旅费。在湘开办军校，计划甚善，亦暂难实行，私心虽想助兄，事实难于做到。前由公家寄了二十元旅费给周润芳，因她系泽覃死难烈士（泽覃前年被杀于江西）之妻，故公家出此，亦非我私人的原故，敬祈谅之。我为全社会出一些力，是把我十分敬爱的外家及我家乡一切穷苦人包括在内的，我十分眷念我外家诸兄弟子侄，及一切穷苦同乡，但我只能用这种方法帮助你们，大概你们也是已经了解了的。

虽然如此，但我想和兄及诸表兄弟子侄们常通书信，我得你们片纸只字都是欢喜的。

毛泽东致文运昌的信
（1937年11月27日）

不知你知道韶山情形否？有便请通知我乡下亲友，如他们愿意和我通信，我是很欢喜的。但请转知他们不要来此谋事，因为此处并无薪水。

　　刘霖生先生还健在吗？请搭信慰问他老先生。

　　日本帝国主义正在大举进攻，我们的工作是很紧张的，但我们都很快乐健康。我的身体比前两年更好了些，请告慰唐家圫诸位兄嫂侄子儿女们。并告他们八路军的胜利就是他们大家的胜利，用以安慰大家的困苦与艰难。

　　谨祝兄及表嫂的健康！

毛泽东

十一月二十七日

　　这封信，毛泽东润墨挥毫，一口气写了五页纸，是毛泽东写给故乡亲友家书中最长的一封。在这六百余字的信中，毛泽东不厌其烦地反复表达了自己的思乡之情，字里行间无不充满着对亲人们的思念和眷恋，比如："快慰莫名""至深痛惜""十分敬爱""十分眷念""得你们片纸只字都是欢喜的""我是很欢喜的"。

　　对文运昌反映的"家境艰难"，希望来延安工作的问题，毛泽东告诉表兄，共产党领导的八路军是有别于中国历史上的任何军队的一支新型军队，"惟我们这里仅有衣穿饭吃，上自总司令下至火夫，待遇相同。因为我们的党专为国家民族劳苦民众做事，牺牲个人私利，故人人平等，并无薪水。"毛泽东以此来劝告表兄和韶山的亲友们不要为薪水"来此谋事"。而对于表兄开办军校之事，毛泽东也明确地说："计划甚善，亦暂难实行，私心虽想助兄，事实难于做到。"细心的毛泽东怕亲人们的误解，还向表兄解释："前由公家寄了二十元旅费给周润芳，因她系泽覃死难烈士（泽覃前年被杀于江西）之妻，故公家出此，亦非我私人的原故，敬祈谅之。"

　　为了表明自己的这些态度和意见，毛泽东动之以情，晓之以理，希望表兄理解他，支持他，他深情地说："我为全社会出一些力，是把我十分敬爱的外家及我家乡一切穷苦人包括在内的，我十分眷念我外家诸兄弟子侄，及一切穷苦同乡，但我只能用这种方法帮助你们，大概你们也是已经了解了的。"国难当头，中国每一个老百姓的日子都不好过，那该怎么办？毛泽东耐心分析说："此非一家一人情况，全国大多数人皆然，惟有合群奋斗，驱除日本帝国主义，才有生路。"他希望以"八路军的胜利就是他们大家的胜利，用以安慰大家的困苦与艰难"，"虽然如此，但我想和兄及诸表兄弟子侄们常通书信，我得你们片纸只字都是欢喜的。"千里之外，毛泽东先天下之忧而忧，后天下之乐而乐，他爱家爱亲人，但更爱国家、更爱身处水深火热中的人民。

这封家书中提到的刘霖生（一八六五——一九四九），是毛泽东的堂姨表兄，名新茧，是毛泽东的大姑母的儿子。他中过秀才，擅长诗文、联语，文思敏捷，且生性刚毅耿直，不畏权势，好打抱不平，在乡民中颇孚众望，曾任湘乡县女子中学校长、湘乡县临时参议会议长等职。大革命时期，对中国共产党寄予很大的同情，积极鼓励和支持自己的子侄等参加农民运动。毛泽东父亲毛顺生去世时，毛泽民请刘霖生做丧事礼主。文运昌的母亲、毛泽东的八舅母文赵氏去世，因毛泽东兄弟均在外从事革命活动，毛泽民的妻子王淑兰便委托刘霖生代写挽联。在刘霖生代毛泽东写的挽联中有"问到旧栽桃李，已成大树将军"之句，寓意极是深刻。对于表兄告知的这些情况，远在陕北的毛泽东因此对这位长他二十八岁的刘霖生充满了感激之情，故"请搭信慰问他老先生"。

一九三八年底，日军进犯湖南。长沙大火后，文运昌在长沙南门外的两间破屋也烧成灰烬。从此，他携妻带子，流落湖滨、华容，靠耕田度日，后又因日军侵略和战乱，又从华容迁往南县白蚌口。直到一九四九年底湖南和平解放，他才回到故土与家族团聚。尝尽了颠沛流离之苦的文运昌，对这二十年的苦难岁月赋诗云："乱时亲友相逢少，焚后楼台入梦多。儿女始知成重累，诗书且喜却愁魔。"

一九四九年十月，新中国成立后，毛泽东的堂弟毛泽连成了第一个进京看望毛泽东的家乡亲人。毛泽东除了详细询问唐家坨外家亲友的情况外，特别关心文运昌的情况。恰好这时，毛泽东收到了表兄文南松的来信，于是毛泽东请毛泽连回韶山后务必去唐家圫一趟，将他的回信和一张全身近照转交给文家的表兄，并代向文家亲友问候。

这样，失去十年的联系，终于又有了音讯，而让文家的表兄们兴奋得难以入眠的是，他们的表弟毛泽东已经不再是"赤匪"，而是堂堂正正的人民当家做主的国家的主席了。这简直就是难以形容的骄傲和自豪。欣喜之中，文运昌一连给毛泽东写了好多封信，将家中的情况及乡政现状悉数相告，同时还打听毛泽民、毛泽覃等表弟的情况。

润之表弟主席：

……大哉主席，巍巍乎，荡荡乎，德并禹汤文武，风高唐宗宋祖，钦佩之至，景仰之至！

运昌不敏，体弱才薄，难并驰驱，前民十六年春为客武昌，揖别老表以来，契阔之情，时切暮云春树。至民廿六年秋，承寄书札，由肤施传来，内容专为全世界人类争解放……

运昌素性刚直，见嫉于豪门土劣，只得别井离乡，作糊口偷生之游……如果重治民主直属，可能同策扫除恶势力，以扶助滨湖的客籍农工，作彻底解放，不难一反掌耳。慧眼垂青，起用故旧，定当推新政策于滨湖粮仓之地。究弊纠偏，劝农兴业，以辅英明盛世之民主仁风者也。陈言浅俗，故旧莫遗。祈惠箴规，以醒田舍老眼。不胜拜祷之至。诸希谅察，敬贺勋祺！

表兄　文运昌

一九五〇年四月十九日，刚刚访问苏联归来的毛泽东，在百忙之中，复信表兄文运昌：

运昌仁兄如晤：

接到了你的许多信。感谢你的好意，因忙迟复为歉。吾兄健

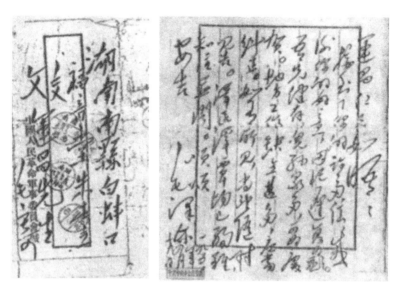

毛泽东致文运昌的信（1950年4月19日）

存，儿孙众多，可为庆贺。地方工作缺点甚多，应当纠正。如有所见，尚望随时见告。泽民泽覃均已殉难，知注并闻。顺颂安吉。

毛泽东

一九五〇年四月十九日

　　因为文运昌的信是通过南县白蚌口福音堂的一位朱姓朋友发往北京的，所以毛泽东回信时仍然寄到这个地址。但信发出后，毛泽东一直放心不下。在同年五月七日给表兄文涧泉的信中询问道："运昌兄连来数信，已复一封寄白蚌口，不知他接到否？"接着又在五月十二日致表兄文南松的信中再一次询问："运昌兄给我多次信，我回了一信，寄南县白蚌口，不知他收到没有？"直到文运昌复信给他，毛泽东才放下心来。可见，在毛泽东心中，他还是十分感激和牵挂着他的这位读书最多、给他在少年时代帮助最大的表兄。

　　这年五月，毛岸英遵照父亲毛泽东的要求回故乡省亲。在唐家坨，毛岸英被文家老老少少四十多口热情招待，在一起吃了一顿"大餐"。临走时，文运昌和文南松将自己冒着生命危险保存了三十年的毛泽东父亲、母亲的相片和毛氏三兄弟分别与父母在长沙的合影，以及毛泽东写给文运昌的还书便条等，一并交给毛岸英。

一九五一年元旦，经中国人民革命大学湖南分校教育长方克（即莫立本）的引荐，文运昌担任了湖南省文物保护委员会委员，后改任湖南文史研究馆馆员。也是在这年五月，毛泽东致信弟媳王淑兰，"欢迎文涧泉、文运昌两兄弟来京一叙"。就这样，文运昌第一次坐上了新中国的火车，到了北京，进了中南海，坐在颐年堂里和表弟毛泽东一起畅谈情谊，共话桑麻，欢度中秋。

一九五六年十月，毛泽东再次邀请文运昌、文涧泉和文梅清三位表兄进京，并由文运昌的儿子文凤良陪同。在北京，他们住在西郊宾馆，毛泽东在中南海先后两次接见了他们。

第一次接到毛泽东要接见他们的消息时，他们正在北海公园里游览，是叶子龙秘书亲自带车来接他们进入颐年堂的。据文凤良回忆，第一次会见，毛泽东主要询问了农村的生产生活情况，谈话一共进行了三个多小时。吃完饭他们接着谈，毛泽东回忆起家乡的山山水水和人文风俗。在讲到他小时候农村作兴在正月间耍龙灯、狮灯和花灯时，他说："玩灯，不仅是热闹新春，还可以活跃文娱生活，其中还有艺术性的东西哩。"

第二次会见，毛泽东给表兄们讲了新中国成立后取得的辉煌成就。吃饭后，毛泽东和表兄们合影留念。之后，毛泽东让秘书叶子龙拿出自己的稿费一千九百五十元，叫文凤良转送给文涧泉、文梅清和文运昌各三百元，文洋香妻子、文南松妻子和文慕陶各二百元，文凤良自己一百五十元，另三百元作为唐家圫堂屋的修缮费用。最后毛泽东还希望表兄们经常给他写信，把故乡农村、农民和农业的真实情况如实告诉他。

早在一九五〇年正月初，文南松曾给毛泽东写信，请当主席的表弟为表兄文运昌安排一份工作。毛泽东没答应，说："运昌兄的工作，不宜由我推荐，宜由他自己在人民中有所表现，取得信任，便有机会参加工作。"

一九五四年，文运昌给毛泽东的秘书田家英写信，随信开列了文家后代十五个人的名单，要求田家英给予照顾安排工作或保送升学。田家英将信转给毛泽东。毛泽东看后说："这种事，我毛泽东是不会答应的。共产党不同于国民党，是因为共产党是为人民谋利益的，而不是为自己的私利奋斗。"并在信上批示："许多人介绍工作，不能办，人们会要说话的。"

亲者严，疏者宽。毛泽东处理亲友关系本着"三大原则"：亲亲，但不为亲徇私；念亲，但不为亲谋利；济亲，但不为亲撑腰。对表兄文运昌亦是如此。文运昌一共六次进京，每次都受到毛泽东的热情接待。因为不拘小节，爱喝酒，好讲大话，文运昌因此得了一个外号，叫"酒癫子"。他的这种性格就是到了中南海毛泽东家里，也不曾改变。一九五四年秋，文运昌在北京住了一段时间后，仍舍不得离开。这时，恰逢韶山毛泽连、邹普勋几位乡亲去北京，他们在得到毛泽东款待后准备回家，毛泽东便叫文运昌与他们同行。文运昌一听有些不高兴，说："主席，我还没有打算走呀！"毛泽东听了，有些生气地说："你走不走由你，我不管了！"文运昌没奈何，只好打道回府。毛泽东对亲属这么下"逐客令"的情况还真是少有，主要因为文运昌没有意识到自己身为国家工作人员，生活上有时又不够注意形象，令毛泽东失望。毛泽东曾有些难过地说："我的亲戚，过去为了我受了苦。现在有缺点，应该批评。我管也不好，不管也不好，管了，他们有意见，但不管也不行，我还得要管。"

在《毛泽东自传》中，我们可以看到，毛泽东曾提起非常感激表兄文运昌，但同时也说文运昌后来"变成了一个反革命分子，变成一个劣绅，并于一九二五至一九二七年间的大革命时代参加反动工作"。这里的"反动工作"指的就是文运昌在广东粤军第三军第一师担任咨议和在广东揭阳县枫口警察所担任所长。对毛泽东表弟在"自传"中对自己历史问题的微词，文运昌是清楚的。他自己就收藏了二十世纪三四十年代出版的三种版本的《毛泽东自传》。在北京，文运昌曾专门就《毛泽东自传》中的这段话，和表弟毛泽东当面进行了辩驳，认为这是不实之词。毛泽东略加解释，然后幽默地笑着说："我们只好到美国去打官司喽！"而在抗敌救亡出版社一九三七年印行的《毛泽东自传》中，把推荐毛泽东上东山高小的表兄翻译成"姨表"，并说"姨表在那里当了一个教员"。对此，文运昌在书上批注道："一个鬼在那里当教员！"

一九五六年，文运昌到北京与毛泽东会面时，文运昌当着王季范的面，再次提起《毛泽东自传》中的这段"不实之词"，要毛泽东重新定义。毛泽东意味深长地说："十六哥，我没有把你当反革命看待，如果把你当成反革命，还会接二连三地把你请到我这儿来吗？"

是的，毛泽东确实没有把文运昌当作"反革命"看待，一直都非常尊重这位在他少年时代曾引领他走出韶山看世界的表兄。但对于表兄的这段历史，以及表兄身上沾染的不良习惯，毛泽东还是有所保留的。一九五五年六月，毛泽东在北京第二次接见外甥女陈国生时，曾谈到文运昌这段历史，颇有感慨地说："文十六阿公是摇鹅毛扇的。"陈国生不解其意，问："什么是摇鹅毛扇的？"毛泽东叹了口气说："两面派嘛。"但历史有时真的像一个恶作剧。在"文化大革命"中，《毛泽东自传》中的这段"毛主席说的话"成为历史的"铁证"，确实给文运昌的儿子文凤良带来了厄运，他因此受到"管制"，关押两个多月，而其子女也因爷爷文运昌的这段历史

文运昌珍藏的三种版本《毛泽东自传》

问题丧失了读书和就业的许多机会。

尽管毛泽东和文运昌因为这段个人历史问题，始终没有达成共识和谅解，结下了难解的疙瘩，但在一九六一年十二月知道表兄文运昌去世的消息后，毛泽东哀痛不已，立即嘱咐秘书拍了一封唁电，并寄去五百元作为丧礼，表达哀思。

文运昌去世后，其子文凤良遵照他的遗嘱，将他一生珍藏的文物资料全部捐献给国家，其中包括毛泽东父母的照片、毛泽东少年时代读过的各种书籍、三种《毛泽东自传》和四百六十多册线装古旧书籍，以及毛泽东送给他的大衣、万寿山手杖、皮箱等，成为研究毛泽东生平的珍贵文物。

毛泽东致信湘乡县石城乡政府，声明舅家的所有亲戚都不能搞任何特殊化

文炳璋是毛泽东表兄文南松的次子，毛泽东的表侄，一九二〇年出生。一九四九年六月，湖南和平解放前夕，最崇拜表叔毛泽东的文炳璋毅然参加了共产党领导的地下武装——湘中纠察队，活跃在湘潭、湘乡一带，保护乡里，迎接解放。也就是这一年，他入伍到广东军区防空司令部通信连工作。

文炳璋参军后，父亲文南松已经是重病缠身，家中生活非常困难。远离家乡，文炳璋收到家书，希望寄些钱回家。可是文炳璋哪里能解决？无奈之下，他把家里的困难写信告诉毛泽东，希望表叔能给予帮助。收到表侄的来信，毛泽东很挂心。恰好这时毛宇居、张友成、文梅清等人来京，毛泽东就向他们问及文南松家的情况。当时，文炳璋的父亲文南松已经去世，家中只有母亲刘氏和哥哥文孝根相依为命。而政府也对军属开始有了一些照顾，文炳璋家的困难已经有所缓解。毛泽东这才放心。

一九五一年十月十日，毛泽东抽空给在广州服役的表侄回了一封信：

炳璋同志：

　　七月五日来信收到，谢谢你。
乡里来人说，你家生活情况有了
一些改善，你可安心在军队工作。
此复，顺祝进步

　　　　　　　　毛泽东
　　　　　　一九五一年十月十日

毛泽东致文炳璋的信
（1951年10月10日）

　　毛泽东对韶山亲友的要求一直非常严
格，坚持"济亲不私亲"，不搞任何特殊
化。早在一九五〇年五月二十七日，毛泽
东就致信湖南湘乡县县长刘亚南，就文家
亲属的待遇问题表明了自己的立场。他在
信中说：

　　　　兹有湘乡四都凤音乡大坪坳
　　文氏兄弟四人来信，付上请你看
　　一下。他们对当地区乡政府的工
　　作有些不满意的话，未知实际情
　　形究竟如何。假如可能的话，请
　　你派一个同志去调查一下，以其
　　结果告我。文氏兄弟都是贫农，
　　信上则替地富说话，是何原因，
　　亦请查明告我。至于文家（我的
　　舅家）生活困难要求救济一节，
　　只能从减租和土改中照一般农民
　　那样去解决，不能给以特殊救济，
　　以免引起一般人民不满。

刘亚南县长按照毛泽东的指示，立即派人到文家进行调查，并认真做了一些说服工作，文家兄弟的态度有了改善。但随着一九五一年毛泽东接二连三地邀请文家兄弟进京，文家一些人又开始骄傲起来。一九五四年，文炳璋转业回到家乡，担任湘乡县石城乡武装部部长。到职后，他发现他的亲属中确实有些因去北京见过毛主席，开始说大话，有的甚至不大听从地方干部的管理。作为军队转业干部，文炳璋觉得自己至亲中有一股不正的风气，心里不是滋味。于是他就给表叔毛泽东写了一封信，汇报了文家亲友中有人"不大服政府管"的情况。

毛泽东接到文炳璋的来信后，非常重视，也非常生气。他从来就反对"一人得道，鸡犬升天"的封建陋习，于是他非常严肃地给湘乡县石城乡党支部和乡政府写了一封长信——

石城乡支部、石城乡政府诸同志：

毛月秋同志来北京，带来你们的报告，甚为感谢。

我的亲戚唐家圫文家，过去几年常有人来北京看我。回去之后，有些人骄傲起来，不大服政府管，这是不对的。文家任何人，都要同乡里众人一样，服从党与政府的领导，勤耕守法，不应特殊。请你们不要因为文家是我的亲戚，觉得不好放手管理。我的态度是：第一，因为他们是劳动人民，又是我的亲戚，我是爱他们的。第二，因为我爱他们，我就希望他们进步，勤耕守法，参加互助合作组织，完全和众人一样，不能有任何特殊。如有落后行为，应受批评，不应因为他们是我的亲戚就不批评他们的缺点错误。

现有文炳璋同志的一封信，付给你们看，我是同意文炳璋同志的意见的，请你们加以处理。并请你们将我这信及文炳璋的信给唐家圫的人们看，帮助他们改正缺点错误。我相信，只要我和你们都采取正确的态度，只要他们不固执成见，他们的缺点错误是可以改正，并会进步的。

　　此致

　　同志的敬礼！

毛泽东

一九五四年四月二十九日

　　毛泽东这封写给中国最基层的乡政府的信，永远值得中国共产党人读下去。事实上，再也没有什么语言可以形容毛泽东的这种共产党人的优良且宝贵的作风。因为任何评述、任何形容，或者任何口号，在毛泽东这些平平淡淡又实实在在的文字面前都黯然失色！

　　显然，毛泽东肯定了文炳璋的做法，也因此喜欢上了这位坚持原则的表侄。后来在收到文炳璋要求来京晋见的信后，毛泽东欣然同意。

炳璋同志：

　　二月十五日的来信收到。你可去找毛泽荣（逊五）、毛仙梅二人，和他们一道来京一行，即持此信为证。其他各人均不要来。请你转告文梅清、文东仙二同志，他们给我的信收到了，他们的问题我不能解决，他们不要来京。韶山方面有要来的，除泽荣、仙梅二人可以来之外，均不可来。问你母亲及各位朋友好！

毛泽东

一九五五年五月一日

　　此信给毛泽荣、毛仙梅二人一阅。

　　毛泽东邀请堂弟毛泽荣和毛新梅烈士之弟毛仙梅二人进京，不是直接将信寄给他们本人，而是寄给文炳璋，这是毛泽东对文炳璋的高度信任。而且毛泽东还请文炳璋"转告文梅清、文东仙二同志，他们给我的信收到了，他们的问题我不能解决，他们不要来京"。文梅清是毛泽东亲舅舅文玉瑞的三子，他的亲表兄。文东仙是文运昌的嫡亲堂弟，在文氏家族中排行二十五，人称"廿五阿公"，与毛泽东关系也非同一般。但毛泽东依然坚持原则，没有同意他们的要求。

毛泽东舅家一共有八个表兄弟，他都十分关心，百忙中抽空给他们写了很多家书，并多次接他们到北京中南海做客，寄钱赠物，深情无限。但当他们提出要毛泽东推荐到北京或家乡工作，毛泽东一概不理，从未答应。由此可见毛泽东不徇私情、光明磊落、清正廉洁的伟大作风和高尚情操。

一九五三年十月二日，毛泽东接到了任农业合作化时期初级社社长的表侄文九明的来信，要求进京面见毛泽东，陈述自己在工作中发现的农村在粮食征购、牲畜喂养和一些基层干部搞形式主义等问题的意见。文九明是毛泽东表兄文洋香的次子，生于一九一三年七月，在大革命时期担任过儿童团团长。毛泽东接到他的来信后，很快就给他回了信——

九明同志：

　　十月二日的信收到。你有关于乡间的意见告我，可以来京一行。自备路费，由我补发。毛泽荣，小名宋五，是我的兄弟，住在限门前，他多次来信想来京一行，请你找他一路同来。他没有出过门，请你帮忙他。他的路费亦由自备，由我补发。你们来时如可以不找省委统战部则不找，如无路费，可以持此信找统战部同志帮忙。路上冷，每人要带一条薄棉被。不要带任何礼物，至嘱。其他的人不要来。

毛泽东

十月二十五日

　　能于十一月上旬到京为好。

毛泽东在这封信中，专门"至嘱"说"不要带任何礼物"。而且毛泽东还在这句话下面特地加了一排着重号。说起"礼物"来，毛泽东和文九明之间还有一段故事呢！

一九五三年秋，文九明第一次进京见到了表叔毛泽东。临行前，文九明想：几十年不见表叔了，带点儿什么东西作为见面礼呢？能算得上土特产的也只有酸豆角和火焰鱼了。可像样的也就是火焰鱼能拿得出手。但却遭到了妻子的反对，说什么"人家北京城里的一个主席，用老话说那是实实在在的一个'皇帝'，什么东西没吃过，还吃你这寸把长的小鱼？要带，就带一个大鱼。"对！夫妻俩一合计，文九明就带了一条大熏腊鱼作为礼物。

当这条大熏腊鱼放在颐年堂的客厅里时，毛泽东没有作声，让秘书收下了。谁知在吃饭时，毛泽东突然问文九明："这次土改，你们家划了什么成分？"

"贫农。"文九明理直气壮地说。

"贫农好啊！"毛泽东一边说一边给文九明碗里夹菜，"贫农是我们依靠的主要对象。你这个贫农可要带头啊！"

"怎么没带头呢？四九年一解放，我就当上了乡支前委员，负责几个片的征粮工作呢！"

"好啊，你可是为国家作了贡献的呢，不过——"毛泽东稍稍停顿了一下说，"看来你这个征粮委员，怕是通过征粮，征肥了一点吧？"

文九明一下子愣住了，停住了筷子，直直地望着毛泽东。"如果不是捞了点什么好处，你怎有钱买了一条这么大的鱼送给我呢？"

文九明一听乐了："表叔，天地良心，我文九明要是拿了一粒谷回家，那就要遭天谴了。不过，这鱼可不是花钱买的，而是自家塘里养的。"

毛泽东这下放心了，笑着说："韶山和唐家坨，都是火焰鱼出名，我说九明啊，下次来可莫带这么大的鱼了，顶多带一包火焰鱼就行了。其实，你什么东西都不需要带，要带就带点乡下的材料来。你回去后，要多收集一些农村情况的材料，写了给我寄来也行，带来也行。"

文九明连连点头。从北京回来以后，他按照毛泽东的要求，多方收集农村的情况，向毛泽东反映。毛泽东收到文九明要求进京报告乡情、民情的来信后，在短短的二十天内就同意文九明进京，并在信中特地嘱咐"不要带任何礼物"。进京后，毛泽东听了文九明的汇报后，非常高兴，说："这是来自最基层的意见，是难得一听的真话。我要听的就是这些实话，今后你来，还希望是这样。"

毛泽东是个不徇私情、坚持原则的人，但也是一个极为细心的人。

毛泽东之所以在信中"至嘱"文九明"不要带任何礼物"，还有另一个原因，这封家书写于一九五三年十月二十五日，再过两个月，带头倡导"不祝寿、不送礼"的毛泽东即将迎来他六十岁的生日。

毛泽东，一个多么富有人情味的人！

第十二章

有恩有爱　感天动地

—— 毛泽东和岳家及其亲友

开国大典前夕，毛泽东在一个月时间内，给杨开慧母亲向振熙写了两封家书，并委托王稼祥夫人朱仲丽给岳母带去皮大衣一件。

　　一九四九年春，人民解放军胜利渡过长江，占领南京。七八月间，湖南解放。在欢庆胜利的隆隆炮火声中，杨开慧的哥哥杨开智给毛泽东写了一封信，托部队转交给已经进京的毛泽东。杨开智是杨开慧的胞兄，字子珍，一八九八年生，一九二五年毕业于北京农业大学。在信中，杨开智将母亲向振熙仍然健在等家中的情况，告诉了已经是中共中央主席的妹婿毛泽东，并询问打听自己的女儿杨展的消息。

　　毛泽东的岳母向振熙，湖南平江人，一八七〇年生于一个书香门第，是个具有大家闺秀风范的女性。一八八八年与杨昌济结婚。夫妇共生育三个子女：杨琼、杨开智、杨开慧。大女儿杨琼，出生后不久夭折。一九二〇年，不到五十岁的杨昌济在北京病逝，向振熙独自抚育一双儿女上学。一九三〇年十一月，杨开慧被捕牺牲后，向振熙老人强忍丧女之痛，并将保姆陈玉英视同亲生，一起照顾毛泽东和杨开慧的儿子毛岸英、毛岸青。

　　毛泽东接到姻兄杨开智的来信后，立即用电报回信如下——

长沙上营盘街三十号

杨开智先生：

　　来函已悉。老夫人健在，甚慰，敬致祝贺。岸英岸青均在北平。岸青尚在学习。岸英或可回湘工作，他很想看外祖母。展儿于八年前在华北抗日战争中光荣地为国牺牲，她是数百万牺牲者之一，你们不必悲痛。我身体甚好，告老夫人勿念。兄从事农场生产事业甚好，家中衣食能过得去否，有便望告。此复。

　　敬颂大安。

毛泽东

八月十日

毛泽东致杨开智的信
（1949 年 8 月 10 日）

毛泽东父母早逝，双双都没有看见儿子成家立业。勤劳善良的他们尽管给大儿子泽东张罗了一门亲事，但儿子和媳妇罗氏没有感情，且罗氏不久因患病在二十一岁那年就不幸死去；二儿子泽民尽管也已娶妻，但还没有生子添丁；三儿子泽覃更是年幼，才十四岁。两位老人是带着遗憾离开这个世界的。因此毛泽东对父母的爱也带着深深的遗憾，感到自己没有尽到孝心。因此，他把对母亲的爱同样也倾注在他的"亲爱的夫人"杨开慧的母亲向振熙老人身上。

一九二〇年冬天，毛泽东和杨开慧结婚后，向振熙就长时间和毛泽东夫妇住在一起。一来可以给毛泽东从事革命活动打掩护，二来也是为了照顾女儿女婿的生活，洗衣做饭、打扫卫生等等。再说，因为杨昌济英年早逝，家境自然也就不很富裕，全靠老夫人精打细算勤俭持家，勉强维持生计，继续供一双儿女求学。就在毛泽东和杨开慧结婚这年，老夫人还拿出自己的一点儿家底来支持毛泽东创办文化书社。

在长沙，向振熙跟女儿杨开慧住在长沙小吴门外清水塘二十二号中共湘区委员会机关所在地。后来，随着女婿毛泽东工作的变动，她干脆就和女儿一起搬回长沙县隐储山下板仓冲的家中。在母亲的照料下，杨开慧顺利地生下了毛岸英、毛安青和毛岸龙三个儿子。因为革命的需要，毛泽东长年在外工作，有时一出门就是大半年，年轻的杨开慧是在母亲的呵护下，一边抚育孩子一边工作的。一九二四年六月和一九二五年底，五十多岁的老夫人先后两次千里迢迢地陪同杨开慧携儿子岸英、岸青到上海和广州，与毛泽东团聚。

一九三〇年十月，杨开慧被捕后，向振熙老人承担起抚育七岁的岸青和三岁多的岸龙两个外孙的责任。十一月，杨开慧牺牲后，保姆陈玉英带着八岁的岸英出狱，来到长沙板仓杨家，向振熙待陈玉英如同己出，像亲生女儿一样，和她一起照顾年幼的三个外孙。一九三一年，毛泽民的一封来信经过地下党组织辗转递到杨开智手中，要求将毛泽东的三个孩子送往上海。后来，经过党组织的周密安排，向振熙和儿媳李崇德乔装打扮成走亲戚的样子，冒着国民党反动派白色恐怖的危险，将三个孩子安全护送到上海，交给毛泽民、钱希均夫妇。向振熙能做到这一切，在二十年代末和三十年代初的长沙这个"绝非居住的好地方"，是多么地不易！要知道，"在'白色恐怖'时期，三天两头就出现公开处决共产党的场面。甚至很难避开街上的行刑队伍，因为太过于寻常了。通常队伍前会响起尖锐的号角声，士兵亮出枪尖上的刺刀，大叫：'杀！'囚犯的手被反绑，在推挤之下走过街道，有的面如死灰，有的脸色潮红，大吼大叫，表达不满及反抗。他们甚至无法有尊严地死。"而"在队伍中总有光脚的小孩穿梭奔跑，兴奋地咧开嘴，将整件事当成玩乐嬉闹的场合"。而向振熙老夫人所做的这一切，正是在"毛泽东被宣布是公众的敌人"和女儿已经因此被国民党湖南省主席何键直接下令处死的时候。①

此后，向振熙就与三个外孙断了联系，对他们的生死下落杳无音讯。在苦熬了十八年之后，向振熙终于接到了如今已经革命成功的女婿毛泽东的这封来信，悲喜交加。儿子杨开智把毛泽东的来信一字一句地念给她听，听着听着，杨老夫人不知不觉已是老泪纵横。

到一九四九年八月的时候，健在的向振熙老夫人恐怕是毛泽东最为牵挂和关心的长辈了。②在信中，毛泽东提笔就对"老夫人健在"，表示了"甚慰"，并致"祝贺"。简简单单的几句话，或许只有经历过白色恐怖的十年内战和抗战以及解放战争的人，才能体味生命"健在"这两个字所担承的重量，怎能不值得祝贺呢？因为仅为了革命就有"数百万牺牲者"，其中毛泽东家就有弟弟毛泽民和毛泽覃、妻子杨开慧、妹妹毛泽建、侄子毛楚雄，再加上向振熙的孙女、毛泽东的内侄女杨展。

杨展是杨开智的亲生女儿，杨开慧的亲侄女，出生于毛泽东和杨开慧结婚的一九二〇年，一九三七年加入中国共产党。一九三八年，她在就读的周南女中建立的中共支部中担任支部书记。同年底，她在奶奶和父母的

---

① 《黄河青山——黄仁宇回忆录》，黄仁宇著，生活·读书·新知三联书店2001年版，第217—218页。

② 此时毛泽东的父母已经去世，贺子珍的父母也已经去世了。贺子珍去苏联后，毛泽东还将贺子珍的母亲接到延安赡养；贺子珍的父亲在江西去世后，毛泽东还专门寄去了安葬费用。

鼓励和支持下，继承姑妈杨开慧的遗志，前往延安，进入陕北公学学习。此间，毛泽东曾写信给她，鼓励她好好学习。一九三九年秋天，她响应中共中央"到敌人后方去"的号召，和大批热血青年一起随军进入晋察冀边区。一九四一年秋，日寇对晋察冀进行大规模"扫荡"，在一次紧急转移中不幸牺牲，年仅二十一岁。

向振熙和杨开智是在接到毛泽东的来信后，才知道"展儿于八年前在华北抗日战争中光荣地为国牺牲"的消息的，这真是悲喜交加——喜的是革命已经成功，悲的是杨展已经牺牲。

在这封信中，毛泽东还将儿子毛岸英和毛岸青在北平的情况简单地向外婆进行了通报，并说："岸青尚在学习。岸英或可回湘工作，他很想看外祖母。"因为杨开智在致信毛泽东的同时，也给外甥毛岸英写了一封信。毛岸英稍晚也给舅舅杨开智写了一封回信——

舅父并转外婆：

看到舅父的来函，悲喜交加，热泪不禁夺眶而出（终然是个有高度感情的动物）。离别已经二十年了，对于人生来讲，这不是一个短小的时间。

你们都好吗？二十年的苦头终于熬过来了，长沙也解放了，全中国的解放就在眼前。数十年，一直被压迫、被欺凌、被侮辱、被残害的中国人民胜利地站起来了！你们也站起来了！让我们首先向你们祝贺这一伟大事变吧！一九三一年与外婆分别后，去上海过了五年流浪生活，一九三六年底到苏联（可惜没学一门技术），一九四六年初回到延安，学了一个时期中文，参加了土地改革运动，现在北平中央机关里工作。岸青也于一九四七年回国，现在尚未正式参加工作，他的耳朵有些毛病，但不很要紧。我的身体很好。勿念。

我们都很想来看你们，只要有可能，我想，我是一定要到长沙来的。回国后，我曾给你们写过好几封信，大概都没收到（这

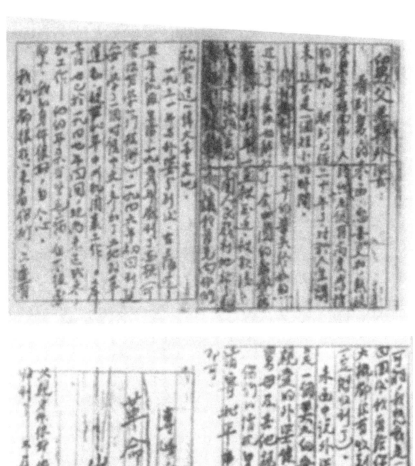

毛岸英致舅舅杨开智的信（1949年8月17日）

封信我想你们一定能收到了）。

来函中说外婆"健康非常"，对我是一个莫大的安慰。我谨祝舅父、舅母及其他亲人安好。

你们的情况望多告诉我，来信请寄北平邮政信箱五十四号即可。

此致

革命敬礼

岸英　叩

一九四九年八月十七日

父亲身体很好，他给你们的电报，谅已收到了。

又及。

第一封信寄出后，毛泽东心里或许感觉缺了点儿什么，但解放战争还没有完全结束，公务繁忙，又该如何表达自己的这份孝心呢？还有，侄女杨展的牺牲，又该如何安慰她的父母、自己的姻兄呢？一个月后的九月十一日，当毛泽东得知王稼祥的夫人朱仲丽将回湖南长沙省亲，赶紧委托她去探望岳母向振熙。毛泽东委托朱仲丽顺便给杨老夫人带去了一份小小的礼物，并亲笔写了一封信——

杨老太太、开智夫妇：

托朱小姐来看你们。

皮衣料一套，送给老太太。另衣料二套，送给开智夫妇。

毛泽东

九月十一日

在短短一个月之内，毛泽东就给岳母大人写了两封家书，并呈送礼物，足见毛泽东敬老孝敬之心。朱仲丽的父亲朱剑凡和杨开慧的父亲杨昌济友谊深厚，而朱剑凡在长沙创办周南女校，对毛泽东创办新民学会和文

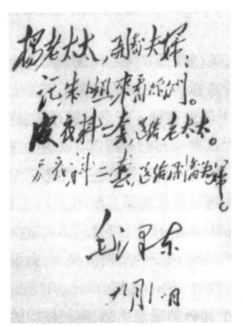

毛泽东致杨开慧母亲的信
（1949年9月11日）

化书社都曾给予积极支持、赞助和投资，对毛泽东也是倍加赏识。对于这次长沙之行，朱仲丽在其著作《毛泽东、王稼祥在我的生活中》详细记叙了她当毛泽东"特使"的经历——

　　我是在政协开幕前几天返回长沙的。这时，党中央机关已搬进中南海。我和稼祥也搬进中南海暂住。在我要探亲的前两天，叶子龙来找我，他轻声问我："听说你要马上回家探亲？"

　　"是的。"我抿嘴笑笑。

　　"毛主席叫你代他去探望杨开慧的母亲杨老太太，可不可以？"他问我。

　　"当然可以的。有什么叫我做的，我一定办到。"

　　"叫你带封信，还买点儿东西，亲自给杨老太太和开慧的哥嫂杨开智夫妇。"他的声音很小。

　　"你告诉主席，我乐意当这个特使。"我说，"请回告主席，保证万无一失。"

"等会儿我把主席写好的一封信交给你。"他高兴地走了。

我明白，毛主席叫我当这个"特使"是再合适不过了。因为我爸爸是杨开慧的父亲杨昌济先生的同学和挚友，又是杨开慧和她的嫂嫂李崇德的老师。我们一家与杨家非一般关系，而且当年主席又在我们家住过，他很尊敬我的爸爸。

我随即把这事告诉了稼祥，稼祥说："你可不要把信遗失了，要亲自上门拜见，把话传达到。"他还嘱咐我说："我即将赴莫斯科，你回长沙，一路小心，替我问候你的妈妈。你回京后要尽早出发，我俩在莫斯科大使馆相见！"他又告诉我，火车票已送来，明天下午动身，要我像一个老百姓一样回家省亲，不要自认"荣归故里"，摆架子。

我正在忙着清理行装的时候，叶子龙来了。他交给我一封信，信封上是毛主席的亲笔字："杨老太太启。"又交给我一沓钞票，一个不太大的包袱。叶子龙说："这些东西是主席自己的，这二百块钱也是他过去存下来的稿费，叫你到长沙再买些礼物送给杨老太太一家人。"

"买什么好呢？"我问。

"毛主席说交给你去办，没说买什么礼物。"叶子龙站在院子里，没有进屋里坐。他机灵地做了一个手势，努了一下嘴，对我暗示。

我默然会意，连连点头。我俩会心的动作，可谓心照不宣。毛主席叫我带信、带东西，拜会和慰问杨老太太一家人，没有和江青商量，江青也是不知道的。我完全理解这一点，我会保守秘密，以避免江青的醋劲。

我回到了长沙，投入了妈妈的怀抱。……第二天，我带着毛主席的嘱托，来到杨老太太家。我先把毛主席的亲笔信，端端正正地放在杨老太太的手中，然后又把礼物送上。

杨老太太打开信。杨开慧的哥哥杨开智和嫂嫂李崇德也过来看。……他们反复看着信,低头拭泪,默默无语。

杨老太太年已七十九岁,穿一件粗布浅蓝色单上衣,一条黑色布裤,长型脸,五官端正开阔,举止文雅,声音柔细。杨昌济先生去世后,特别是杨开慧牺牲后,她坚强不屈,终于盼来了革命的胜利。

我喝了一口茶说:"这几年,你老人家身体可好?毛主席叫我亲自来看望你老人家,向你老人家问候。"

"国民党威胁恐吓,都没有把我这条老命送掉。近年我眼见全国局势喜人,全国完全解放在望,我高兴,唯有挂念润之的健康。今天,看到他的亲笔信,心里畅快,润之是我家的姑爷,又是人民的领袖,我祝福他。"老人家十分激动。

房子里的谈话活跃起来。

"润之在学生时代经常到我家来讨论社会问题,探求救国之道。他特别喜欢这个大书柜。"杨开智指着倚墙而立的栗色的古香古色的大书柜。"家父藏书很多,润之有时候一读就是很长时间,忘记坐下来,忘记喝茶水,一直站着低头看。家父不敢打扰他,让他看个饱。有时我进来,家父做个手势,挤挤眉眼,我便赶紧走开。每次他读后,这书柜上的书和报纸刊物,便参差不齐了,有时书掉在地上他也没有发现。"

杨开智又说:"每逢润之来我家做客,我的妹妹开慧倒茶给他喝,烧菜给他吃,也跟着参加一些问题的讨论。妹子比我脑子灵活,常问:'世界上为什么有贫富之分?''我们女人为什么总是低男人一等,没有自由和权力?'"

我问道:"当时他们多大了?"

"当时妹妹只有十六七岁,润之也只有二十四五岁。那时他又瘦又高,那双眼睛总是雪亮的。"

李崇德接着说:"记得一次正值暑假,润之穿着草鞋,拿把雨伞，褂子被汗水湿透了一大块，他是走了一百二十里路到我们家的。那时我们住在板仓。"

"是呀，"我说，"听我父亲讲过，毛主席年轻的时候，是非常艰苦的。而且也有意识地磨练自己的意志。"这些往事，我知道的不多，但我很想多知道一点儿。

"润之和开慧结婚的第二年，他们又来到板仓，为的是进行社会调查。妈妈为他们准备好房子，是女婿啊，婚后第一次回来，全家高兴啊！他没在家闲坐，每天外出，开慧陪着他，调查板仓一带社会情况，向农民宣传革命道理，在那里，播下了农民运动的种子。"

"那一次，只住十多天就走了。"李崇德补充说。

"记得，这些事我都记得。"杨老太太说，"他们第四次回家是一九二七年初，邀请了许多贫农、手工业工人、小学教员、店员，在我们家里开会，他们向润之报告板仓农民运动情况。那时，土豪劣绅都吓破了胆，逃的逃，躲的躲，在农民协会的大刀梭镖下，威风扫地。那次开会，对这些事，润之和开慧连声喊好咧！"

"一九二七年夏天，又闷又热又叫人不安。妹妹已经生了三个孩子。润之是最后一次来板仓。那是清算陈独秀的错误后，秋收起义在即。润之秘密地送妹妹回家开展地下工作。匆匆忙忙，只住一个晚上就离开了。后来，妹妹她……"杨开智讲不下去了。杨老太太眼眶中也蓄满了泪水。

我忙把话题引开："老人家，你的身体健康状况，是毛主席最挂念的。"

"还好咧，只是有些咳嗽。你回北京带个平安信给他。"

"看病方便吗？"我问。

"妈妈有我们照应，请润之放心。"杨开智说。

"我想，不久你们就可以到北京见到毛主席了。"我说。

"是的，我们都盼望这天的到来。"李崇德微笑着。

我告辞的时候，杨老太太抓住我的手，似乎有什么话哽塞在咽喉。但是，她没有讲出来，只是叫我带给毛主席一封回信。

回到家里，我心里很不平静，把杨老太太和杨开智夫妇讲的话，详细告诉给妈妈。妈妈慨叹地说："至今我还想念开慧，怀念昌济先生，我们朱家和杨家情谊是那样深。唉，开慧离开得太早了，万恶的反动派啊……"

我探亲结束回到北京时，稼祥已动身赴苏了。我仍暂时住在中南海，并趁江青不在之际向毛主席作了汇报。

"主席，你叫我办的事，已经办好了。"我对毛主席说。"好，好。"毛主席请我坐。

"我见到了杨老太太、杨开智夫妇。信和礼物亲手交给了他们。他们非常想念你，让我转达对你的问候。他们一切都好，要你不要挂念。"

毛主席沉思着，似乎又回到了当年，一时思绪难平。"这一次，在杨老太太身边，得到了一些书本上学不到的知识。他们三个人回忆往事，介绍了许多你当年从事革命活动的事。""噢，都给你讲了？"毛主席微笑着问。

"当然不是全部。但就他们所讲的，也令我敬佩，深受教育。""我把开慧送到板仓那年，正是蒋介石叛变革命、屠杀共产党员和爱国人士之时。我在八七会议上提出了'枪杆子里面出政权'的观点，随即组织秋收起义，没有料到和开慧生离死别……"我看得出，毛主席至今对杨开慧仍是十分眷恋。不久，毛主席又打发儿子岸英和岸青兄弟回长沙看外婆和舅舅、舅母。[①]

① 《毛泽东、王稼祥在我的生活中》，朱仲丽著，中共中央党校出版社 1995 年版，第 170—176 页。

毛泽东拒绝杨开慧哥哥杨开智来京工作的要求,"任何无理要求不应该允许",并提出"三不"要求:不要有任何奢望,不要来京,不要使政府为难。

新中国成立前夕,在接到毛泽东的两封家书和礼物之后,在湖南长沙某农场工作的杨开智,尽管工作干得十分不错,但他也产生了到北京工作的想法。于是他致信毛泽东,希望能给他在北京找一份工作或在湖南省得到一个相当于厅长位置和待遇的安排。毛泽东接到这封信后,没有直接回信给杨开智,而是在十月九日给时任湖南省军政委员会委员、长沙市军管会副主任王首道发了一封电报。电报是这么写的——

首道同志:

　　杨开智等不要来京,在湘按其能力分配适当工作,任何无理要求不应该允许。其老母如有困难,可给若干帮助。另电请派人转送。

毛泽东
十月九日

毛泽东坚持原则,严明纪律,声明对杨开智的"任何无理要求不应该允许"。同时,他还"另电"杨开智——

杨开智先生:

　　希望你在湘听候中共湖南省委分配合乎你能力的工作,不要有任何奢望,不要来京。湖南省委派你什么工作就做什么工作,一切按正常规矩办理,不要使政府为难。

毛泽东
十月九日

最反对旧社会"一人得道,鸡犬升天"搞裙带关系的毛泽东,在自己至亲的姻兄面前公私分明，决不以私废公，决不以自己的权力为亲朋好友谋权谋利。在毛泽东看来，"做事以做事论，私交以私交论，做事论理，私交论情"；"权力只可以用于法，用于法则有效；权力不可用于私人之交，用于私人之交绝对无效。岂惟无效，反动随之矣"。

毛泽东在这封家书中，对杨开智提出了三个"不要"：不要有任何奢望，不要来京，不要使政府为难。而且要求其"听候中共湖南省委分配合乎你能力的工作"，"派你什么工作就做什么工作，一切按正常规矩办理"。

杨开智是一九二五年的北京农业大学毕业生，在农业科技等专业上有自己的特长。一九五〇年，湖南省委安排他在湖南省农业厅工作，担任技师兼研究室主任。之后，他还担任过省茶叶公司的副经理和省茶叶经营管理处的副处长等职。再后来，杨开智还曾担任湖南省第三届、第四届政协委员，第五届政协副主席，第五届全国政协委员。

毛泽东和江青联名写信向杨开慧母亲祝贺八十大寿，并派爱子岸英带着珍贵的礼物——人参、鹿茸等礼物去长沙看望外婆。

一九五〇年四月十三日，是岳母向振熙老人八十大寿。毛泽东令爱子岸英带着珍贵的礼物——人参、鹿茸等去给外婆祝寿，同时还亲笔给向振熙和杨开智夫妇各写了一封信，表达祝贺之意和血缘之情。

毛泽东在给岳母的信中说——

向老太太尊鉴：
　　欣逢老太太八十大寿，因令小儿岸英回湘致敬，并奉人参、鹿茸、衣料等微物以表祝贺之忱，尚祈笑纳为幸。
　　敬颂康吉！

毛泽东　江　青

一九五〇年四月十三日

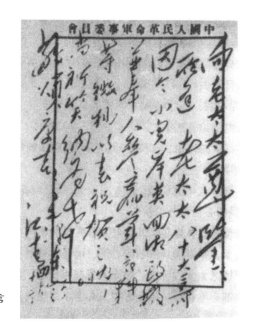

毛泽东、江青致杨开慧母亲向振熙的信
（1950年4月13日）

　　这是毛泽东家书中唯一一封以"毛泽东、江青"夫妇联合署名的。毛泽东之所以在这封信中以他和江青两人的名义，是因为他从朱仲丽那里得知，向老太太非常感谢毛泽东对她的感念之情，也非常关心毛泽东个人是否有人照顾，牵挂着毛泽东的家庭生活。因此，为了了却老人的惦念，毛泽东就特意署上了妻子江青的名字。

　　一九五〇年五月下旬，毛岸英带着父亲的重托来到阔别整整二十年的故乡，探望他日夜思念的外婆，给外婆祝寿。

　　对外孙毛岸英的到来，向振熙欣喜万分，喜上眉梢。分别二十年了，看着当年分手时才八九岁的外孙，如今已经长成一个英俊的青年了，外婆笑在嘴上乐在心里。长得像母亲杨开慧的毛岸英，历经磨难，砺研成才，深受父亲的信任和厚望，在毛泽东写给杨开智的第一封家书中，就说："岸英或可回湘工作，他很想看外祖母。"可见，毛岸英一直没有忘记小时候外婆对他的慈爱，经常跟父亲谈起自己童年在外婆家的日子，甚至还想回故乡湖南长沙工作，以便一边工作，一边照料外婆。

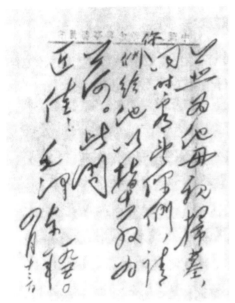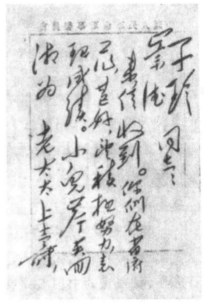

毛泽东致杨开智的信（1950年4月13日）

　　毛岸英把父亲毛泽东带给外婆的人参和鹿茸亲手交给外婆，说："外婆，这是爸爸让我送来孝敬您老人家的，给您补养身体。"向振熙接过毛泽东送来的人参和鹿茸，心里更是高兴，说："岸英啊，别看你爸爸是个大人物，他也有赤子之心哩！过去我常给他做好吃的，现在不能做给他吃了。"

　　毛泽东在委托毛岸英捎给杨开智的信中说——

　　子珍[①]、崇德同志：

　　　　来信收到。你们在省府工作，甚好。望积极努力，表现成绩。小儿岸英回湘为老太太上寿，并为他母亲扫墓，同时看望你们，请你们给他以指教为荷。此问

　　　　近佳！

毛泽东

一九五〇年四月十三日

---

　　① 子珍是杨开智的字。

毛泽东在同一天写了这两封信，后面的这一封只署了他一个人的名字。

毛岸英遵照父亲的嘱托，在舅舅的帮助下，一起去给母亲杨开慧扫了墓。但遗憾的是，就在这年的十一月五日，被誉为"第一位志愿军战士"的毛岸英在母亲牺牲整整二十年的忌日刚过，把年轻的生命捐献给了伟大的抗美援朝战争，永远留在了异国的土地上，年仅二十八岁。

第二年，毛泽东又派毛岸青田长沙探望外婆，并给母亲杨开慧扫墓。

毛泽东致信杨开慧的舅舅向明卿，就杨开慧的表弟向钧烈士抚恤一事指出："须统一行之，不能只顾少数。"

在毛泽东一九五〇年四月十二日给岳母向振熙写好祝寿信之后的第六天，也就是四月十九日，他又给向振熙的亲兄弟、杨开慧的舅舅向明卿写了一封信——

明卿先生惠鉴：

　　去年十月十二日来信早已收到，因事迟复为歉。令侄向钧同志是共产党员，一九二七年曾任衡山县委书记，是个忠实的能干的同志。一九二七年国民党叛变被捕，光荣殉难。以上这些，先生可以报告湖南省委。惟抚恤一事，须统一行之，不能只顾少数。如省委未能即办，先生亦宜予以体谅。此复，

　　敬颂

大安

毛泽东

一九五〇年四月十九日

毛泽东在这封家书中提到的向钧，是杨开慧的表弟，在大革命时期曾在湖南衡山地区秘密组织发动农民运动，是毛泽东在湖南领导农民运动时

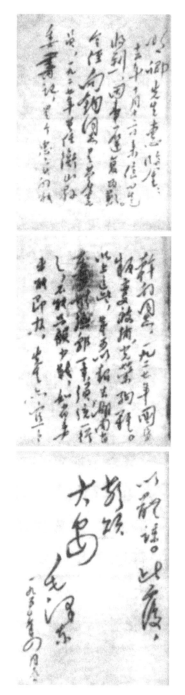

毛泽东致向明卿的信
（1950年4月19日）

的部属，曾直接和毛泽东有过革命工作上的交往。一九二七年大革命失败后，向钧作为中共湖南省委组织部门的负责人，并担任湘潭地区工农武装的领导工作，组织广大群众和反动的地主武装进行斗争。年底在一次与国民党反动派的武装斗争中被捕，并被关进长沙的监狱。

美籍华人历史学家黄仁宇先生在他的回忆录《黄河青山》中也曾提到向钧烈士的事迹。因为向钧是黄仁宇"三舅母的弟弟"，而黄仁宇的父亲黄震白是同盟会会员，曾担任孙中山先生在广东的军事指挥官许崇志的参谋长。黄仁宇回忆说：向钧作为共产党员被判处死刑后，在行刑前的一个星期，"我父亲去狱中看他，劝他请求宽恕，才不致送命，但他断然拒绝。他死时，只有二十出头。他的死在我们家投下阴影，父母亲提到他时，都会降低音调"。

在井冈山上的毛泽东听到向钧殉难的消息后，非常难过。所以在二十多年后，他对向钧的革命斗争生涯仍然记忆犹新，在信中不仅详细准确地说出了向钧牺牲的时间和职务，而且还作了忠实的评价："向钧同志是共产党员，一九二七年曾任衡山县委书记，是个忠实的能干的同志。一九二七年国民党叛变被捕，光荣殉难。"

但为什么"去年十月十二日来信早已收到，因事迟复为歉"呢？这是因为毛泽东在收到向明卿的信不久，即一九四九年十二月六日，就踏上了北上的专列，开始了他人生中的第一次出国访问——出访苏联，直到一九五〇年二月十七日才结束莫斯科之行，三月三日回到沈阳。

向明卿没有等到毛泽东的回信，有些着急，于是又给毛岸英写了一封信，并叫在北京工作的儿子向三立也给毛岸英写了一封信，询问向钧烈士的抚恤问题。毛岸英在接到舅姥爷向明卿和表舅向三立的两封来信后，在十月二十四日给向三立写了一封回信。这封回信很长，主要讲了两个问题。前面先就舅舅杨开智"希望在长沙有厅长方面的位置"的要求，严肃地提出了批评，后面就向钧烈士的抚恤问题作了回答——

关于抚恤烈士家属问题，据悉你的信已收到了。事情已经转组织部办理，但你要有精神准备，一下子很快是办不了的，干部少事情多，湖南又才解放，恐怕会拖一下。请你记住我父亲某次对亲戚说的话："生活问题要整个解决，不可个别解决。"这里所指的生活问题，主要是指经济困难问题；而所谓整个解决，主要是指工业革命、土地改革、统一的烈士家属抚恤办法等，意思是说应与广大的贫苦大众一样地来解决生活困难问题，在一定时候应与千百万贫苦大众一样地来容忍一个时期，等待一个时期，不要指望一下子把生活搞好，比别人好。当然，饿死是不至于的。

你父亲写来的要求抚恤的信也收到了。因为此事经你信已处理，故不另复，请转告你父亲一下并代表问候他。

毛岸英的回信，有情有礼，合情合理。

毛泽东从苏联访问回国后不久，马上就给向明卿写了上面的这封回信。毛泽东首先肯定了向钧烈士为中国革命所做出的牺牲，是光荣的。对于新中国成立之初的烈士家属抚恤这个带有普遍性的问题，毛泽东是十分关心的，但他必须从全国的大局出发，因为这是一个关系到国家政策和人民生活的大问题，需要全盘考虑，统筹安排，统一解决，并不能只照顾个

杨开慧的母亲和哥哥杨开智一家

别家庭，更不能因为烈士家属是自己的亲戚，就搞特殊化优先解决。面对向明卿急切的心情和烈属的合理要求，毛泽东还是委婉地给予了回答，除了让他们将烈士的事迹"报告湖南省委"之外，又劝慰他们要耐心等待，"须统一行之，不能只顾少数"。最后，毛泽东还叮嘱向明卿说："如省委未能即办，先生亦宜予以体谅。"

日理万机的毛泽东，可谓用心良苦。

对于夫人杨开慧娘家的亲人，毛泽东始终以礼相待。一九五〇年，杨开智到北京开会。他是和夫人李崇德一起来的，毛泽东抽空在中南海接见了他们夫妇。一九五二年，杨开智又到北京开会，毛泽东再次在中南海接见了他。

一九五四年四月，毛泽东叫秘书田家英给杨开智寄去六百元钱，并代写一封信，告诉他：烈士柳直荀的妻子李淑一，现在长沙教书，生活困难，曾有人提出希望推荐她进文史馆任官员，但因文史馆资格颇严，不好介绍。毛泽东想从自己的稿费中送她若干，作为帮助，请杨开智侧面打听一下，征得她的同意。杨开智收到信后，很快就把这件事给办好了，并回信讲了自己的看法。于是，毛泽东根据实际情况给李淑一寄去了自己的稿

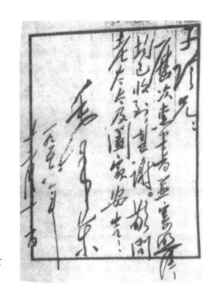

毛泽东致杨开智的信
（1956年12月13日）

费，帮助夫人杨开慧生前好友渡过了难关。

　　转眼到了一九五六年。这年年底，毛泽东在接到杨开智寄来的全家福后，立即回了一封短信——

　　子珍兄：

　　　历次惠书并寄照片均已收到，甚谢。敬问老太太及阖家安吉！

　　　　　　　　　　　　　　　　　　　　毛泽东

　　　　　　　　　　　　　　　一九五六年十二月十三日

**　　毛泽东知悉杨开慧堂妹杨开英患有肺病后，即从自己的稿费中"寄上一点钱以供医药之用"。**

　　二十世纪五十年代，新中国经济快速增长，政治稳定和谐，可谓是开国以来最好的时期。毛泽东作为新中国的最高领导人，工作不可能不忙，因此家书就相对写得少了。但在他每一封写给杨开智的信中都要问候岳母向振熙。而就在上面这封信刚刚发出三天之后，他再次提笔给杨家的另一位亲戚——杨开慧的堂妹杨开英，写了一封回信——

开英同志：

很久以前接你一信，甚为高兴。拖延未复，以后查不到你的地址了。近日毛世美他们来看我，知道你在大连的育英中学做教务长，又说你仍患肺病，甚为系念。寄上一点钱以供医药之用。如有所需，尚望告我。我的情况尚好。杨老太太及杨子珍夫妇和我仍有联系。便时望以你的情况见告。

祝好！

毛泽东

一九五六年十二月十六日

杨开英的父亲杨昌岂，是毛泽东岳父杨昌济的亲弟弟。杨开英是杨昌岂的三女。而信中提到的毛世美（又名毛臻），是毛泽东的远房侄孙。毛世美的祖父毛泽先（毛智珠）是毛泽东塾师毛宇居的胞弟。在抗日战争时期，毛泽先将大儿子毛远耀（即毛世美的父亲）和二儿子毛远蓄送到延安，参加了革命；新中国成立前夕，毛泽先又支持三儿子毛远翔参加了中共党的地下活动。毛泽先的家可谓是一个典型的革命家庭。在延安时，毛泽东和毛远耀就有往来。一九四九年，毛远耀出任衡阳市市长、市委书记，后来调到北京，曾任化工部办公厅主任。一九五一年，毛泽东曾请毛泽先到北京做客，居住达一月之久。因此，毛世美也就有机会去中南海毛泽东家中做客。在给杨开英的信中，毛泽东真诚表达了他对杨家亲戚的关心和爱护。当他听说杨开英患有肺病，非常挂念，并马上"寄上一点钱以供医药之用"。还说"如有所需，尚望告我"。

两年后的一九五八年二月，毛泽东在得知杨开英结婚和肺病已经康复的消息后，又致信祝贺——

友妹：

　　来信收到，很高兴。结婚了，病也好了，为你祝贺。好像是在一九五六年，听了胡觉民同志说你又穷又病，曾付一信，并寄了一点钱给你，不知收到否？我还好。江青有一点病。谢谢你的问候。祝你努力为人民服务，同时注意身体。并问李同志好！

毛泽东

一九五八年二月二十日

　　在这封信的开头称呼上，毛泽东将"开英同志"改称"友妹"，这是一种更为亲切的表示。"友"即杨开慧。毛泽东早在一九二三年作词《贺新郎·别友》时，就称自己"亲爱的夫人"杨开慧为"友"。在毛泽东眼里心中，杨开慧不仅是他的妻子，而且还是他最亲密的革命战友。在这封信中，毛泽东称杨开英为"友妹"，可见杨开慧在其心中的地位就从来没有改变过。而且毛泽东还清楚地记得两年前他"曾付一信，并寄了一点钱"给杨开英这样的琐碎小事，足见其把对杨家亲人的关爱始终放在心头，可谓无微不至。信中提到的胡觉民即毛远耀的夫人（毛世美的母亲），"李同志"即杨开英的丈夫李辉。

毛泽东知悉岳母去世后，十分哀痛，致信杨开智说："葬仪，可以与杨开慧同志我的亲爱的夫人同穴。我们两家同是一家，是一家，不分彼此。"

一九五八年二月十一日，毛泽东给杨开智写了一封慰问信——

子珍同志：

　　几次来信，均已收到。听说贵体有些毛病，望好好养息。两

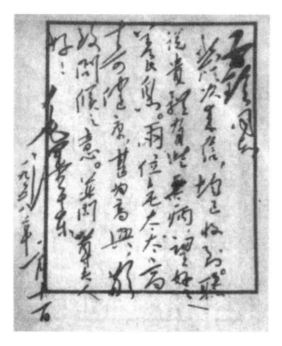

毛泽东致杨开智的信
（1958年2月11日）

位老太太高寿健康，甚为高兴，敬致问候之意。并问尊夫人好！

毛泽东

一九五八年二月十一日

　　毛泽东是在接到杨开智来信，听说他身体有病后马上回信的。当他得知向振熙老人和她的姐姐都年近九十高龄，身体仍很健康时，非常高兴，敬致问候。第二年，毛泽东回韶山，在长沙接见了杨开智，并询问了其家庭以及工作情况，给予了极大的关心和照顾。

　　到了一九六〇年四月，毛泽东接到杨开英来信，说她将回故乡长沙为她的伯母祝寿，于是他又给杨开英回了一封信——

　　开英同志：

　　　　杨老太太（岸英的外婆）今年九十寿辰，无以为敬，寄上二百元，烦为转致。或买礼物送去，或直将二百元寄去，由你决

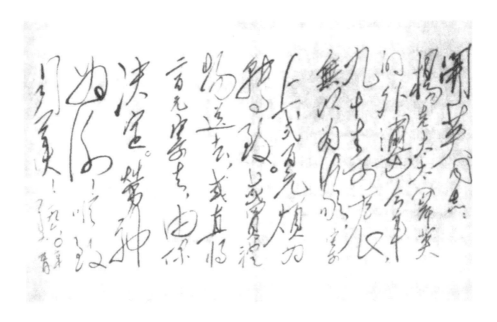

定。劳神为谢！顺致问候！

毛泽东

一九六〇年四月二十五日

　　十年前，岳母向振熙八十大寿的时候，毛泽东令爱子毛岸英带着寿礼亲自前往长沙祝寿，可如今，爱子已逝十年，已经没有什么人可以代替他前往长沙为老岳母祝寿了。恰好他收到了杨开英的来信，便请她代为献礼。可见毛泽东的孝心。

　　两年后的一九六二年十一月，向振熙老人去世。噩耗传来，毛泽东心情十分悲痛，立即给杨开智发出唁电——

开智同志：

　　得电惊悉杨老夫人逝世，十分哀痛。望你及你的夫人节哀。寄上五百元，以为哀悼。葬仪，可以与杨开慧同志我的亲爱的夫

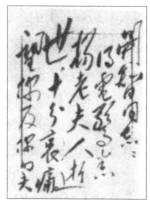

毛泽东致杨开智的信
（1962年11月15日）

人同穴。我们两家同是一家，是一家，不分彼此。望你节哀顺变。

　　敬祝

大安

毛泽东

一九六二年十一月十五日

　　毛泽东的这封唁电很短，八十余字，不但字字见真情，而且笔锋狂草，可见其心情悲痛，是研究毛泽东色彩斑斓的情感世界的一份珍贵文献。在这封家书中，毛泽东第一次用"杨开慧同志我的亲爱的夫人"这样的语言，来称呼已经牺牲三十二年的杨开慧。情义无价，已近古稀之年的毛泽东对自己初恋情人的思念，依旧不曾改变。而"我们两家同是一家，是一家，不分彼此"的贴心问候，又如何不令人感动呢？

　　毛泽东就是这样一个有着"赤子之心"的人。新中国成立初期，全国由供给制改为薪金制以后，毛泽东从自己的个人稿费中支出专门的生活费，每月按时寄送给岳母向振熙老人，一直赡养到老人去世，尽了为人子为人婿的一份孝心。如果说有在天之灵的话，他亲爱的夫人杨开慧也一定会含笑九泉了。

教诲录与家常话

（后记）

　　有一位日本学者说，在中国上下五千年的历史上，出现了四个伟大的人物，他们是孔子、秦始皇、毛泽东和邓小平。虽然，这只是观察中国历史的一个角度，但却值得我们中国人思考。我觉得，这不仅是一个角度，更是一个高度。

　　对于毛泽东的思考，相对于我的父辈来说，现在的我们更加理性了。谁也不能否认毛泽东是一个世界级的伟人。无论是作为一个政治家，还是作为一位军事家；无论是作为一个诗人，还是作为一名书法家；无论是作为一个国家的领袖，还是作为一个公民；无论是走向辉煌的正确，还是带来灾难的错误，毛泽东的才能、智慧和勇气，以及他独具一格的政治风范、不拘一格的人格魅力，都是独一无二的，都给我们留下了深深的思考和无穷的回味。

　　历史是有局限性的，历史人物亦然。毛泽东，是一个历史造就又造就历史的人，是一个推动历史又被历史推动的人，是一个改变历史又被历史改变的人。因此，毛泽东的历史，是一代中国人的精神思想史，也是一代中国人的文化史。对于毛泽东生平传记的研究和思考，我是从二〇〇一年编校《毛泽东自传》开始的。这就注定我对毛泽东的研究一开始就带有人性的色彩，是从这个"人"开始的，从他这个在中国土生土长的农村娃的成长开始的。伟人也是凡人，有着普通人的喜怒哀乐，有着普通人的酸甜苦辣，有着普通人的悲欢离合，也有着普通人的爱憎是非和儿女情长。作为伟人毛泽东，亦为人子、为人夫、为人父，他的亲情世界同样有着与普通百姓一样的阴晴圆缺，一样的柴米油盐酱醋茶。毛泽东不是神，毛泽东就是毛泽东，就是一个吃中国饭、喝中国水、穿中国衣、读中国书、写中国字、说中国话、在中国的黄土地上长大的中国人。

修身，齐家，治国，平天下；劝学，读书，交友，济苍生。读毛泽东的家书，看毛泽东的家人、家世、家事，品毛泽东的亲情、友情、乡情。一部《毛泽东家风》，可谓是一部革命家为人处世的教诲录，亦是一部政治家从政为官的家常话。我希望读者朋友们透过这本书看到毛泽东丰富的有风有雨有彩虹的情感世界，希望领袖家风给我们的生活、生存和生命带来一些正能量的启迪，并在愉悦的阅读中带来一些正能量的思考，以及读书的快乐。

丁晓平

二〇一九年九月九日于北京看云楼

资料来源和参考书目

1.《毛泽东自传》，斯诺录，汪衡译，丁晓平校注，解放军文艺出版社 2001 年版；

2.《毛泽东传（1893—1949）》，中央文献出版社 1996 年版；

3.《毛泽东传（1949—1976）》，中央文献出版社 2002 年版；

4.《毛泽东书信选集》，人民出版社 1983 年版；

5.《毛泽东书信选集》，中央文献出版社 2003 年版；

6.《毛泽东年谱》，（上、中、下），中央文献出版社 2002 年版；

7.《毛泽东印象》，丁晓平、方健康编选，中央文献出版社 2003 年版；

8.《翻开我家老影集——我心中的外公毛泽东》，孔东梅著，中央文献出版社 2004 年版；

9.《听外婆讲那过去的事情——毛泽东和贺子珍》，孔东梅著，中央文献出版社 2005 年版；

10.《毛泽东致韶山亲友书信集》，中央文献出版社 1996 年版；

11.《毛泽东的青少年时代》，中国青年出版社 1979 年版；

12.《毛泽东诗词集》，中共中央文献研究室编，中央文献出版社 1996 年版；

13.《毛泽东家事图系》（上、下），张民、胡长明主编，中央文献出版社 2003 年版；

14.《毛泽东家书品读》，柳常青编著，红旗出版社 2004 年版；

15.《毛泽东家书钩沉》，番桐陈编著，中共中央党校出版社 1997 年版；

16.《毛泽东、王稼祥在我的生活中》，朱仲丽著，中共中央党校出版社 1995 年版；

17.《红墙内外：毛泽东生活实录》，权延赤著，昆仑出版社 1989 年版；

18.《湘魂：毛泽东的家世》，裴建编著，群众出版社 1996 年版；

19.《温情毛泽东》，中央文献研究室第一编研部编，辽宁人民出版社 2005 年版；

20.《我所知道的毛泽东——林克谈话录》，林克著，中央文献出版社 2000 年版。

责任编辑:郭　娜

责任校对:吕　飞

图书在版编目(CIP)数据

毛泽东家风/丁晓平 著. —北京:人民出版社,2019.12(2025.1 重印)

ISBN 978－7－01－021459－7

Ⅰ.①毛… Ⅱ.①丁… Ⅲ.①毛泽东(1893－1976)-家族-史料 ②毛泽东
著作-书信集 Ⅳ.①A752 ②A43

中国版本图书馆 CIP 数据核字(2019)第 234454 号

毛泽东家风

MAO ZEDONG JIAFENG

丁晓平　著

人 民 出 版 社 出版发行

(100706　北京市东城区隆福寺街 99 号)

环球东方(北京)印务有限公司印刷　新华书店经销

2019 年 12 月第 1 版　2025 年 1 月北京第 11 次印刷
开本:710 毫米×1000 毫米 1/16　印张:24.5
字数:490 千字

ISBN 978－7－01－021459－7　定价:79.00 元

邮购地址 100706　北京市东城区隆福寺街 99 号
人民东方图书销售中心　电话 (010)65250042　65289539